清代詩選

金學主 譯

明文堂

◀ **고염무**(顧炎武 1613~1682)**의 고향 '천등진'**

중국 10대 매력도시 중 하나인 곤산시에 속한 천등진은 상해와 소주 사이에 위치하고 있다. 옛이름은 '천돈'으로, 춘추시대 오나라가 강변에 세운 1,000번째 돈(군사적 요새)에서 이름이 비롯됐다고 한다.

▲ **황종희**(黃宗羲, 1610~1695)
중국 명말(明末)·청초(淸初)의 사상가

▼ **추근**(秋瑾 1875~1907)
절강성의 산음현 출신, 여성 혁명가

▼ **정섭**(鄭燮 1693~1765)
蘭竹 軸(난죽 축)

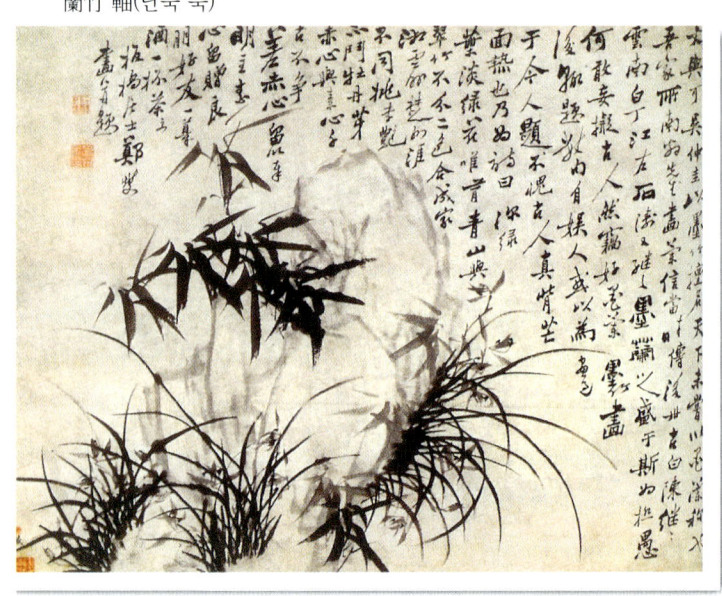

◀ **왕시민**(王時敏 1592~1680)
　澹云有賞 軸(담운유상 축)

▼ **화암**(华嵒 1682~1756)
　雙喜圖 軸(쌍희도 축)

▼ **반공수**(潘恭壽 1741~1794)
　虞山騰迹 卷(우산등적 권)

◀ **장굉**(張宏 1577~?)
　吳中胜覽 册(오중성람 책)

심진(沈銓) ▶
　雙鶴圖 立軸(쌍학도 입축)

▼ **거소**(居巢)
　游魚圖 鏡框(유어도 경광)

역자 머리말

중국문학사를 훑어보면 시를 중심으로 하는 3000여년에 걸친 전통문학의 발전은 당(唐)을 거쳐 북송(北宋)에 와서 그 정점을 이루고 남송(南宋) 이후로는 더 이상 발전하지 못한다. 필자의 『중국문학사』(신아사 간)는 그러한 문학발전의 양상을 바탕으로 문학사의 시기구분을 하고 있다.

따라서 필자는 남송 이후의 중국문학에 대하여는 그다지 중시를 하지 않았기 때문에 시도 이전 시대의 작품에 비하여 매우 적게 읽어왔다. 그러나 근래에 와서는 조국이 이민족에게 무력으로 압박을 당하고 심지어는 그들의 지배를 받게 되었을 적에 중국의 지식인들은 어떤 마음가짐이었고 어떤 행동을 하였을까 특히 궁금해졌다. 이에 남송 이후로는 원(元)·명(明)·청(淸)을 통하여 몽고족과 만주족이 왕족을 세워 중국땅을 지배하기 시작할 때와 그들의 왕조가 무너질 무렵 중국 시인들의 작품에 특히 관심을 두고 읽기 시작하였다.

이런 바탕 위에 이루어진 것이 『명대시선(明代詩選)』과 『청대시선』이다. 우리도 과거 36년 동안 일본의 지배를 받은 경험이 있는 때문일까, 이들의 많은 시들이 직접 가슴에 와 닿는다. 그리고 많은 것을 생각하고 반성하게 한다.

그러나 이 시선집 번역 편찬의 목적이 전적으로 그러한 시대변화에 대한 관심에서 나온 것만은 아니다. 문학사적인 관심도 늘 함께 하였다. 남송 이후 자기네 전통을 잃은 문인들이 그들 선인들의 문학을 어떻게 이해하고 받아들이고 있는가, 그리고 선인들의 문학을 받아들이고 존중하면서도 그들의 시는 왜 복고(復古)·의고(擬古)의 범주를 벗어나지 못하는가 따위의 관심이다. 그리고 청대에 와서 크게 발전한 고전시에 대한 창작이론들이 어째서 그들의 실제 창작을 뒷받침 하지 못하고 있는가 하는 것도 아직도 해결하지 못한 큰 문제의 하나이다. 따라서 새로운 시론(詩論)을 내세운 시인들의 작품도 그 특징을 찾아 뽑아서 번역하려고 노력하였다.

그러나 아직도 시를 뽑는 기준이며 번역에 문제가 많음을 스스로 인정한다. 독자 여러분들의 거리낌 없는 고견을 알려주시기 간절히 빈다. 끝으로 어려운 출판계의 실정에도 불구하고 양서출판을 사명으로 알고 일에 전념하는 명문당 사장 김동구씨에게 각별한 경의를 표한다.

2005년 11월 7일
역자 **김학주** 인헌서실에서

청대시선(清代詩選) 차 례

머리말

해제(解題)

1. 청대 문학의 특징 — 17
2. 청대의 시 — 19
   1) 청초의 시 — 20
   2) 종당시파(宗唐詩派) — 21
   3) 종송시파(宗宋詩派) — 23
   4) 성령시파(性靈詩派) — 24
   5) 만청(晚淸)의 시 — 26

시선(詩選)

1. 청 초기의 시

전겸익(錢謙益, 1582-1664)
   꽃이 없어(無花) — 31
   옥중잡시(獄中雜詩) — 32
   등불 밑에서 안사람이 꽃병에 꽃을 꽂는 것을 보고서 장난삼아 지은 네수의 절구(燈下看內人揷瓶花戲題四絕句) — 34
   성집도 낙엽시에 화작함(和盛集陶落葉) — 36
   금릉에서의 후관기(金陵後觀棋) 육수(六首) — 38

오위업(吳偉業, 1609-1672)
  배 징발하는 노래(捉船行) ― 39
  슬픈 노래(悲歌) 오계자에게 드림(贈吳季子) ― 42
  오강을 지나면서 느낀 감상(過吳江有感) ― 46
  회음을 지나가면서 느낀 감상(過淮陰有感) ― 48
  눈에 막히어(阻雪) ― 50
  옛 친구를 만나(遇舊友) ― 51
  입으로 읊어 소곤생에게 줌(口占贈蘇崑生) ― 52
  스스로를 탄식함(自嘆) ― 54
  매촌(梅村) ― 56

고염무(顧炎武, 1613-1682)
  가을 산(秋山) ― 58
  바다 가에서(海上) ― 61
  정위(精衛) ― 62
  뱃사람 노래(榜人曲) ― 64
  강남의 여러 친구들과 이별하며(與江南諸子別) ― 65
  다시 효릉을 찾아가서(再謁孝陵) ― 67

황종희(黃宗羲, 1610-1695)
  사마 장창수를 애도함(哀張司馬蒼水) ― 69
  잠을 이루지 못하고(不寐) ― 71
  꽃피는 아침 석정에 묵고 나서(花朝宿石井) ― 72
  모란정 창하는 것을 듣고(聽唱牡丹亭) ― 73

송완(宋琬, 1614-1673)
   낙엽을 슬퍼함(悲落葉) — 76
   감회(感懷) — 79
   제비(燕子) — 80
   배 속에서 사냥개를 보고 느낌(舟中見獵犬有感) — 81

시윤장(施閏章, 1618-1683)
   개구리밥과 새삼의 노래(浮萍免絲篇) — 83
   목동의 노래(牧童謠) — 88
   닭 울음(鷄鳴曲) — 90
   호수 북쪽의 산가를 찾아가서(過湖北山家) — 91
   배 안에서 입추를 맞음(舟中立秋) — 92

오가기(吳嘉紀, 1618-1684)
   아침 비가 내리네(朝雨下) — 94
   가을장마(秋霖) — 96
   일전의 노래, 임무지에게 드림(一錢行贈林茂之) — 97
   이씨 댁 며느리(李家娘) — 99
   책 팔아 어머니 제사 지내며(賣書祀母) — 107
   세금 다 내고(稅完) — 109
   아내의 생일(內人生日) — 109
   영감이 얼음 위를 걷는 노래(翁履冰行) — 111

모기령(毛奇齡, 1623-1713)
  거울을 들여다보며 부른 노래(覽鏡詞) ― 114
  유생에게 지어 줌(贈柳生) ― 115
  오나라 궁전 노래(吳宮詞) ― 116
  그림 부채에 써넣음(題畫扇) ― 117

굴대균(屈大均, 1630-1696)
  노련대(魯連臺) ― 118
  어린 딸과의 작별(別稚女) ― 120
  진승전을 읽고(讀陳勝傳) ― 121
  임술년 청명날 지음(壬戌淸明作) ― 123
  말릉(秣陵) ― 124
  홍두곡(紅豆曲) ― 126

주이존(朱彝尊, 1629-1709)
  말먹이 풀 노래(馬草行) ― 127
  내청헌(來靑軒) ― 129
  옥대생의 노래(玉帶生歌) ― 130
  운중의 동짓날(雲中至日) ― 138

왕사정(王士禎, 1634-1711)
  강가에서 (江上) ― 141
  가을 버들(秋柳) ― 142
  금릉으로 가는 도중에(金陵道上) ― 146

패교에서 아내에게 붙임(灞橋寄內) 이수(二首) — 147
죽은 아내를 애도하는 시(悼亡詩) 삼수(三首) — 149
혜산 아래 추류기가 찾아오다(惠山下鄒流綺過訪) — 153
진회잡시(秦淮雜詩) — 153

송락(宋犖, 1634-1713)
바다 가에서 읊은 잡시(海上雜詩) — 155
한단의 길 위에서(邯鄲道上) — 156
오강(烏江) — 158

사신행(査愼行, 1650-1727)
까마귀가 곡식알 주어먹는 노래(鴉拾粒行) — 159
비온 뒤(雨後) — 160
처음 귀주(貴州) 지경으로 들어가 보니 그 고장 사람들은 모두 높은 바위 절벽 사이에 살면서 사다리를 놓고 오르내리는 것이 원숭이와 다름이 없다. 이를 보니 마음이 슬퍼져 이 시를 짓는다(初入黔境土人皆居懸岩峭壁間緣梯上下, 與猿猱無異, 睹之心惻而作是詩) — 161
오언절구(五言絶句) — 162

고사립(顧嗣立, 1669-1722)
망부석(望郎回) — 165
관중의 백성들(關中民) — 167

2. 청 중엽의 시

조집신(趙執信, 1662-1744)
시골 집(村舍) — 170
반딧불(螢火) — 172
길가의 비석(道旁碑) — 173

심덕잠(沈德潛, 1673-1769)
보리 베는 노래(刈麥行) — 177
황산의 소나무 노래(黃山松歌) — 179
달밤에 강을 내려가며(月夜渡江) — 183

여악(厲鶚, 1692-1753)
새벽에 도광 절정에 올라가(曉登韜光絶頂) — 185
영은사의 달밤(靈隱寺月夜) — 187
봄 추위(春寒) — 189
장강을 배를 타고 돌아오면서 연자기를 바라보고 지음
  (歸舟江行望燕子磯作) — 189
죽은 애희를 애도함(悼亡姬) — 190
호수 가 누각 벽에 적음(湖樓題壁) — 192

정섭(鄭燮, 1693-1765)
고기잡이(漁家) — 194
고약한 사사로운 형벌(私刑惡) — 195

흉년으로 떠돌아다니는 사람들의 노래(逃荒行) ― 198
소흥(紹興) ― 206
도정(道情) ― 207
유현의 관서에서 대를 그리어 장배이신 포괄 중승에게 드리며
 (濰縣署中畵竹呈年伯包大中丞括) ― 210

원매(袁枚, 1716-1797)
마외(馬嵬) ― 212
다시 마외역에 적음(再題馬嵬驛) ― 214
봄날의 잡시(春日雜詩) ― 216
섣달 보름 밤(十二月十五夜) ― 217
감회를 적음(書懷) ― 218
적벽(赤壁) ― 219

조익(趙翼, 1727-1814)
한가히 지내며 책읽기(閒居讀書) ― 222
시를 논함(論詩) ― 224
비싼 쌀(米貴) ― 226
후원서시(後園居詩) ― 227

옹방강(翁方綱, 1733-1818)
나부산을 바라보며(望羅浮) ― 230
한 장갑(韓莊閘) 이수(二首) ― 232

황경인(黃景仁, 1749-1783)
　어린 딸(幼女) ― 234
　젊은이의 노래(少年行) ― 235
　늙은 어머님과의 작별(別老母) ― 236
　우리 안 호랑이 노래(圈虎行) ― 237

장문도(張問陶, 1764-1814)
　황주를 지나면서(過黃州) ― 243
　노구(蘆溝) ― 244
　열엿새 날 밤 눈 속에 강을 건너며(十六夜雪中渡江) ― 245

3. 청 말엽의 시

공자진(龔自珍, 1792-1841)
　만감(漫感) ― 248
　사람허수아비(人草稿) ― 249
　호떡 노래(餺飥謠) ― 252
　기해잡시(己亥雜詩)　제5수 · 제44수 · 제62수 · 제83수 · 제123수 · 제125수 · 제130수 · 제231수 · 제307수 ― 254

정진(鄭珍, 1806-1864)
　목매어 죽는 슬픔(經死哀) ― 267
　무릉에서 책을 태우면서 탄식함(武陵燒書歎) ― 269

저녁 풍경(晩望) ― 271
    구실보의 청명하상도에 적음(題仇實父淸明河上圖) ― 273
    한단(邯鄲) ― 274

김화(金和, 1818-1885)
    난릉 여인의 노래(蘭陵女兒行) ― 276

왕개운(王闓運, 1832-1916)
    원명원사(圓明園詞) ― 304

황준헌(黃遵憲, 1848-1907)
    산가(山歌) ― 328
    평양을 슬퍼하다(悲平壤) ― 331
    여순을 슬퍼함(哀旅順) ― 334
    하늘 우러러보며(仰天) ― 337
    양임보에게 드림(贈梁任父同年) ― 339

강유위(康有爲, 1858-1927)
    가을에 월왕대에 올라(秋登越王臺) ― 341
    도성을 나가면서 제공들에게 이 시를 남겨주고 작별함
        (出都留別諸公) ― 343
    듣건대 화의가 이루어졌으나 동삼성을 러시아에게 떼어준다는 밀약
        을 달리 하여 각 성 인사들이 일어나 투쟁을 하게 됨(聞和議成而
        東三省別有密約割與俄, 各直省人士紛紛力爭) ― 346

황우탄(黃牛灘) ― 348

담사동(譚嗣同, 1865-1898)
동관(潼關) ― 349
배를 잡아끄는 아이(兒纜船) ― 350
옥 안의 벽에 적음(獄中題壁) ― 353

양계초(梁啓超, 1873-1929)
나라를 떠나는 노래(去國行) ― 355
뜻을 이루지 못하고(志未酬) ― 363
스스로를 격려함(自勵) 이수(二首) ― 366
태평양에서 비를 만나(太平洋遇雨) ― 368

추근(秋瑾, 1875-1907)
지감기에 적음(題芝龕記) ― 370
일본사람 석정군이 자기 시에 화작하기를 요구하여 원 시의 운을 써서 지음(日人石井君索和卽用原韻) ― 372
황해의 배 속에서 일본 사람이 시를 지어주기를 요구하였는데 함께 일로전쟁 지도를 보고 씀(黃海舟中日人索句並見日露戰爭地圖) ― 373
분개를 느끼고(感憤) ― 375

색인(索引) ― 377

청대시선(淸代詩選) 해제(解題)

1. 청대 문학의 특징

　청나라는 만주족(滿洲族)의 왕조였으나 몽고족의 원(元)나라 때와는 달리 학문연구와 문학활동이 매우 활발하였다. 그것은 청조가 몽고족처럼 잔인하고 포악한 무력으로 한족들을 가혹하게 압박하지 않고, 무력을 쓰는 한편 부드러운 문화정책으로 한족들을 어르고 달랬기 때문이다. 만주족들은 한문화의 전통과 가치를 인정하여 한족들의 사회 관습과 종교 의식 같은 것을 되도록 그대로 보존케 하였다. 그뿐 아니라, 만주족의 황족(皇族)이나 귀족들은 자진하여 어릴 적부터 한문화에 의한 교육을 받아 한족과 같은 윤리관을 지니고 한족과 같은 시와 글을 짓게 되었다. 만주족은 무력으로는 한족을 지배하였지만 문화적으로는 한족에게 동화되는 양상을 보이었다. 그 때문에 이민족의 지배에 비분을 터뜨리던 한족 지식인들 분위기도 차츰 가라앉아 뒤에는 서의 청소에 대한 원한을 찾아보기 어려운 형편에 이른다.

　그것은 청나라 초기에 강희황제(康熙皇帝, 聖祖 1662-1722 재위)에 이어 손자인 건륭황제(乾隆皇帝, 高宗 1736-1795 재위) 같은 명군이 나와 적극적인 학술 부흥책을 쓴 데 크게 힘입는다. 강희황제 때에는 한족의 이름난 학자들을 동원하여 공전의 대문화 사업을 벌였으니, 「명사(明史)」의 편찬을 비롯하여 「패문운부(佩文韻府)」・「연감류함(淵鑑類函)」·「강희자전(康熙字典)」·「고금도서집성(古今圖書集成)」 등의 편찬 등이 그것이다. 건륭 황제 때에는 「사고전서(四庫全書)」란 어마어마한 전집이 편찬된 것을 비롯하여 「대청회전(大淸會典)」·「대청일통지(大淸一統志)」·「십팔성통지(十八省通志)」 등이 간행되었다. 그 사이 여러 번의 비참한 문자옥(文字獄)이 발생하였고 수많은 전적(典籍)들이 불태워졌지만, 많은 한족의 지식인들이 성군(聖君)의 후한 예우를 고맙게 여기면서 청조의 정책에 순순히 잘 따르게 되었다.

 이것은 마침 청나라 조정에서 한족의 지식인들을 이러한 문화 사업에 동원함으로써 그들을 달래어 자기네에 대한 항거 세력을 없애려는 정책과, 나라는 망했다 하더라도 문화 유산만은 잘 연구 보존시켜야겠다는 한족 지식인들의 욕구가 합치되었기 때문인 것 같다. 이래서 청대에는 고증학(考證學)을 비롯한 고전 학문의 연구가 성행한다. 또, 한편 양계초(梁啓超)는 「청대학술개론(淸代學術槪論)」에서 청대에 고증학이 발전했던 것은 송(宋)·명(明) 이학(理學)에 대한 반발이라 하였다. 청대 초기에 황종희(黃宗羲)·고염무(顧炎武)·왕부지(王夫之) 같은 학자들이 실속없는 학문을 배격하고 경세치용(經世致用)의 실용적인 실학(實學)을 주장했던 것을 생각할 때 그럴싸한 이론인 듯하다. 여하튼 이러한 여러 가지 이유 때문에 청대 200여 년 간에는 처음부터 끝까지 훈고(訓詁)·교감(校勘)·전석(箋釋)·수보(蒐補)·변위(辨僞)·집일(輯佚) 등 여러 분야의 고전 연구에 있어 다른 시대와는 비교도 안될 만큼 뛰어난 업적들이 쏟아져 나왔다.

 이러한 복고적(復古的)인 경향은 학술뿐만 아니라, 문학에 있어서도 현저했다. 청대에는 시·문·사·곡·소설을 막론하고 이전의 중국문학사에 정식으로 등장했던 모든 분야의 문학이 다시 끄집어내어져서 검토되고 또 그 옛 문학의 형식을 따라 작품이 다시 창작되었다. 심지어 산문에 있어서는 고문(古文) 뿐만 아니라, 변문(騈文)까지도 다시 논의되어 지어졌고, 곡에 있어서는 〈잡극〉은 물론 〈산곡〉·〈전기〉·〈곤곡(崑曲)〉 등 모든 형식의 것들이 다시 한번 창작되었다. 따라서 청대의 문학에는 새로운 생명력이나 창조적인 의식 같은 것은 찾아보기 어렵지만, 고전 문학의 연구와 정리란 면에 있어서는 큰 성과를 올리고 있는 것이다. 다만 송·명대에 발생하였던 백화소설(白話小說)이 청대에 와서 본격적인 문학으로서의 지위를 획득하고 창작면에서도 큰 성과를 올리고 있는 것이 특기할 만한 일이라 할 것이다.

이렇게 볼 때 청대 문학은 중국의 고전문학을 총 정리하고 결산한 시대라고 말할 수 있을 것이다. 그것은 또 청말에 이르러 서양 문학 이론의 도입으로 말미암아 중국의 정통문학이 일단 매듭을 짓고, 서양 문학 이론에 입각한 새로운 중국 신문학의 창작시대가 전개된다는 사실에서 볼 때 더욱 실감이 나는 표현이 될 것이다. 어떻든 청대에는 갖가지 중국의 고전문학이 모두 등장하여 연구되고 검토된 시대이기 때문에, 운문이나 산문을 막론하고 창작 면에서는 별로 볼 것이 없지만 이론 면에 있어서는 온갖 방법과 방향이 다 동원되고 있다. 중국의 고전문학은 청대의 문학 활동에 의하여 훨씬 올바른 평가가 내려지게 되었다고도 할 수 있다.

2. 청대의 시

청대 시는 청대문학의 복고적인 조류 속에서 작가들이 모두 이전

시대의 시에서 규범을 찾았으므로, 사람마다 시에 대한 견해나 이론이 달라서 여러 가지 유파로 갈렸다. 이 유파를 크게 보면 대체로 당시(唐詩)를 숭상하는 종당파(宗唐派)와 송시(宋詩)를 규범으로 받드는 종송파(宗宋派)로 나뉘어진다. 그러나, 〈종당파〉나 〈종송파〉도 간단한 게 아니다. 〈종당파〉 속에는 신운(神韻)을 주장하는 사람, 종법(宗法)을 내세우는 사람, 격조(格調)를 말하는 사람, 기리(肌理)를 중시하는 사람 등이 있고, 초당(初唐)·성당(盛唐)·만당(晩唐)의 구별도 있다. 〈종송파〉에는 통속적인 경향으로 흐르는 것을 반대하는 사람, 음란하고 야한 것을 반대하는 사람이 있고, 소식(蘇軾)을 받드는 사람과 황정견(黃庭堅)을 숭상하는 사람, 육유(陸游)를 좋아하는 사람 등이 있다. 그렇지만 이러한 옛날 시의 경향과는 상관없이 진실한 자세로 자기의 창의와 개성을 살리던 시인들도 없었던 것은 아니다. 다만 이들이 청대 시의 조류를 유도할 만큼 수준이 뛰어나지도 않았고 그들의 수가 많지도 않았을 뿐이다. 그리고, 청나라가 말엽에 이르러 국내외로 혼란이 더해가던 도광(道光, 1821-1850)·함풍(咸豊, 1851-1861) 년간 무렵부터 시인들의 관심이 개인 생활보다도 국가나 사회 쪽으로 더 기울기 시작한다는 것도 특기할 사실일 것이다.

1) 청초의 시

청초에는 전겸익(錢謙益)과 오위업(吳偉業)이란 2대 시인이 나와 시단을 영도하는데, 이들의 시에 대한 견해 차이는 청대 시를 결국 커다란 두 종파로 갈라지게 만든다. 이들은 당이나 송을 뚜렷이 내세우지는 않았지만, 전겸익은 〈종송파〉의 시작이고 오위업은 〈종당파〉의 출발이라 말할 수 있는 성격의 작가이다.

전겸익은 문학 이론에 있어 명대 전칠자(前七子)와 후칠자(後七子)의 옛 작품을 본뜨려는 방식을 반대하는 한편, 명 말의 의고주의를 반대하고 나섰던 경릉파(竟陵派)의 기벽(奇僻)이나 천박(淺薄)도 공격하였다. 그는 여러 면에서 공안파(公安派)의 문학 사상에 가까웠다. 그러나 명대의 칠자(七子)들이 "시는 꼭 성당을 본받아야 한다(詩必盛唐)"고 하던 태도를 공격하고, 자기 나름대로 새로운 시의 국면을 전개시켰던 송(宋)·원(元) 시를 높이 평가한 데서 청대〈종송파〉의 출발이 된 것이다. 그는 특히 송대에 있어서는 소식(蘇軾), 원대에 있어서는 원호문(元好問)의 시를 매우 좋아하였다.

오위업은 중국 사람들이 명나라의 벼슬을 하던 사람으로 청나라에서도 벼슬했다고 욕하는 이가 많지만 그의 시에는 오랑캐에게 빼앗긴 조국을 서러워하는 색채가 짙다. 어떻든 오위업은〈종당시파〉의 출발로서, 전겸익과 함께 청조의 시단을 대표하는 시인이다.

이들 이외에도 고염무(顧炎武, 1613-1682)를 비롯하여 황종희(黃宗義)·왕부지(王夫之)·굴대균(屈大均) 같은 명대로부터 넘어온 시인들이 좋은 시를 짓고 있다. 다만 이들의 시에는 청조의 비위에 걸리는 내용들이 많았다. 그 때문에 그들의 시를 짓는 활동이나 시가 세상에 전하여지는 데에 지장을 주어 그들의 참된 면모를 알아보기 어렵게 된 듯하다.

2) 종당시파(宗唐詩派)

전겸익과 오위업 이후 본격적으로 성당의 시를 내세웠던 이가 왕사정(王士禎, 1634-1711)이다. 그는 전겸익에게서 시를 배웠으나 송·원대의 시를 좋아하지 않고, 전겸익이 가장 반대하던 송대 엄우(嚴羽)의「창랑시화(滄浪詩話)」의 이론을 계승하여 신운설(神韻說)을 주장하였다. 그는 시의 인위적인 수식이나 논리를 반대하고 초현실적인 신정(神精)과 운미(韻味)를 주장한 것이다. 그는 사공도(司空圖)가 「시품(詩品)」에서 "한 자도 쓰지 않고 멋을 다 표현했다(不着一字, 盡得風流)"고 한 의경을 높이 사, 시는 선(禪)의 경지와 일치해야 되고 그림과도 같은 취향을 이루어야 한다는 것 같은 신화(神化)의 묘한 경지에 이르기를 주장한 것이다. 그가 주장했던 〈신운(神韻)〉에는 그가 좋아했던 포송령(蒲松齡)의 요괴나 귀신을 주제로 한 「요재지이(聊齋志異)」와 고향 제(齊)땅의 초현실적인 문화적 분위기도 영향을 끼친 듯하다. 그는 「당현삼매집(唐賢三昧集)」을 내어 시작의 규범으로 제시하였는데, 여기에는 왕유(王維)와 맹호연(孟浩然)의 시가 중심을 이루고 있다. 청초에는 전겸익의 영향으로 송시가 유행하고 있었는데, 왕사정의 이러한 주장은 그때 시단의 조류를 바꿔 놓았다. 그는 전고의 사용을 꺼리며 자연스런 표현으로 신운을 추구한 결과 짧은 칠언절구(七言絶句)에서 좋은 성과를 올리고 있다. 그러나 시의 규모가 작은 것이 결점이라고 비평가들에 의하여 지적되고 있다.

이 밖에 시윤장(施閏章)·송완(宋琬)·주이존(朱彛尊)·심덕잠(沈德潛)·옹방강(翁方綱) 같은 당시를 떠받드는 작가들이 있었다.

이 중 옹방강(翁方綱, 1733-1818)은 착실한 고증학자로서 처음에는 〈신운설〉을 좋아하였으나 시가 가볍고 실속이 없게 되기 쉽다 하여, 자기 나름대로 기리설(肌理說)을 내세웠다. 〈기리〉란 시인의 학문을 바탕으로 하여 시의 실질적인 내용을 이루고 뼈와 살을 이루는 시를 써야 한다는 것이다. 그래서 시는 겉모양은 허술하더라도 실질적인 내용을 지니고 있어야 한다는 것이다. 그의 시론은 그러했지만 그의 시는 그러한 이론을 제대로 실천하지 못하고 있다.

이처럼 〈종당시파〉는 왕사정을 정점으로 하고, 그의 시론을 근거로 하여 자기의 새로운 시론을 작품으로 써내려 하였던 것이다. 그리고 모두가 복고적인 경향을 벗어나지는 않고 있다. 바로 이것이 청대 시단의 특징이라 할 수 있을 것이다.

3) 종송시파(宗宋詩派)

전겸익 이후로 정식으로 송시를 표방하고 나온 작가에는 송락(宋犖)·사신행(査愼行)·여악(厲鶚) 같은 이들이 있었다. 송락(1634-1713)은 특히 소식(蘇軾)의 시를 배우려 했으며, 그의「만당설시(漫堂說詩)」가운데에서는 소식처럼 거침없고 생생하고 참신한 시를 내세우고 있어, 그 당시에는 왕사정의 시론과 쌍벽을 이루었다.

사신행(1650-1727)은 특히 이론적으로는 "자기의 시" 또는 "개성 있는 시"를 내세워 새로운 시풍의 개척에 힘썼다. 그는 본시 당시를 배웠으나, 뒤에는 소식(蘇軾)과 육유(陸游)의 시를 떠받들었다. 그는 시에 있어 전고의 사용이나 문장의 수식에 힘쓰지 않은 이른바 "백묘(白描)"라는 점에 있어 어느 정도 성공을 거두고 있다. 이것은 송시의 오묘한 취지를 바탕으로 하여 개발된 것으로 보아야 할 것이다.

여악(1692-1753)은 자신의 학문을 바탕으로 송인들처럼 통속적인 방향으로 흐르는 것을 반대하고 새로운 것을 좋아한 나머지 시에 괴팍한 글자와 알아보기 힘든 전고(典故)를 많이 썼다. 따라서, 그의 시집에는 깨끗하고 청신한 작품이 드문 것이 큰 흠이다.

이들 이외에도 정식으로 송시를 표방하지는 않았지만 여기에 붙여 소개해야 할 시인으로 조익(趙翼, 1727-1814)이 있다. 조익은 왕사정의 〈신운설〉을 반대하고, 청대 시인으로는 오위업(吳偉業)과 함께 사신행(査愼行)을 크게 평가하였다. 그의 시를 보면 약간의 이론이나 풍자를 섞으며 아무런 격조(格調)도 따지지 않고 가벼이 산문을 쓰듯 써 내려가고 있지만, 오히려 천박하거나 속되지 않고 어느 정도 언외(言外)의 맛을 느끼게 하고 있다. 이것은 송시의 수법을 계승한 것이라 보아야만 할 것이다.

4) 성령시파(性靈詩派)

청대의 시론에 성령설(性靈說)을 도입한 시인은 원매(袁枚, 1716-1798)이다. 그는 격조파(格調派)의 옛 것을 본뜨는 백성이나 문구의 수식을 반대하고, 시가의 도학적(道學的)인 제약을 배격하면서, 시는 작가의 참된 감정과 개성의 표현이어야 한다고 주장하고 있다. 그리고 문학의 시대성을 크게 내세운다. 이러한 그의 이론을 보면 그의 성령설(性靈說)은 직접 명말 원굉도(袁宏道)를 중심으로 한 공안파(公安派)의 낭만주의 문학 이론을 계승한 것임은 알겠다. 그는 〈성령〉의 자유로움에 거리끼는 모든 것을 주저 없이 반대하고 배척하였다. 그 때문에 정통문학 또는 복고파(復古派)가 세상을 휩쓸던 그 시대에 그는 이단적인 시인으로 몰리는 수밖에 없었다. 그 자신은 물론 명말 공안(公安)·경릉(竟陵)파의 문학이 불태워지고 금서(禁書)가 되고 한 것도 그 때문이었다.

원매는 젊은 나이에 과거에 급제한 뒤 벼슬을 하다 산수를 즐기고 음악과 여자들을 좋아하는 나머지 33세의 나이에 벼슬을 그만두고 강녕(江寧, 지금의 南京) 소창산(小倉山)에 수원(隨園)이란 큰 동산을 꾸미고 자유롭고도 낭만적인 생활을 즐겼다. 그는 상인이나 노동자나 선비를 가리지 않고 창화(唱和)하며, 주위에 수많은 여자들을 제자로 거느려「수원여제자시선(隨園女弟子詩選)」까지 내고 있다.

그 때문에 세상 사람들은 경박하다느니 방탕하다느니 하고 욕하였으나, 실제로 그의 시를 읽어보면 그처럼 부박하거나 방탕하지는 않다.

이 밖에도 시의 격조(格調)나 종법에 구애받지 않고, 원매처럼 자유로운 태도로써 개성적인 시를 쓴 작가로 정섭(鄭燮)·황경인(黃景仁)·장문도(張問陶) 같은 이들이 있다.

정섭(1691-1764)의 시도 그의 생활처럼 자유롭고 개성적임을 발견하게 된다. 그에게는 중국의 일반 문인들처럼 우아하고 아름다운 기풍이나 형식적인 경향이 없고 오직 천진(天眞)하고 낭만적인 맛만이 느껴진다. 그리고 그가 사회의 하류 계층, 고생하고 노동하는 민중들에게 보여주고 있는 동정은 높이 평가해야 할 것이다. 그의 「사귀행(思歸行)」·「도황행(逃荒行)」·「환가행(還家行)」 같은 것은 청 일대를 대표할 훌륭한 사회시들이다.

황경인(1749-1783)은 평생을 숨어 산 사람이라 그의 작품에는 가난과 병 속에 외롭고 시름 많은 다정다감한 작가를 느끼게 하는 시들이 실려 있다. 같은 시대의 홍양길(洪亮吉, 1746-1809)은 그를 평하여 "가을 벌레가 이슬 속에 흐느끼고, 병든 학이 바람을 맞으며 춤추는 듯하다(秋蟲咽露, 病鶴舞風.)"(「北江詩話」)하였다. 특히 그의 「관조행(觀潮行)」 시는 원매가 절찬을 한 작품이다.

장문도(1764-1814)는 원매와 비슷한 시론으로 시를 쓰고 있다. 그는 "시속에 자기가 없다면 시를 없애버리는 게 좋다(詩中無我不如刪)"(「論文」)고 하면서, 작가의 개성을 내세우고, 격조나 종법(宗法) 및 인위적인 묘구(妙句) 같은 것을 반대하였다. 그는 원매에게서 배우지는 않았지만 원매의 〈성령설〉의 계승자라 하겠다.

〈성령시파〉들의 진지하고 창의적인 시작 태도는 청대 시단에서는 특히 소중하게 여겨진다.

그들보다도 청대에 시명을 날린 이들로는 전대흔(錢大昕, 1728-1804)·공자진(龔自珍, 1792-1841) 같은 학자들과 장사전(蔣士銓, 1725-1785) 같은 극작가가 있었다. 그 중에도 만청 공자진의 「기해잡시(己亥雜詩)」 315수는 자신의 생활과 사상을 반영한 개성적인 작품으로 청말의 시단을 장식하고 있다.

5) 만청(晚淸)의 시

만청의 도광(道光)·함풍(咸豐) 이후(1821 이후)로는 시단에 또다시 송시의 바람이 일었다. 증국번(曾國藩, 1811-1872)·하소기(何紹基, 1799-1873)·정진(鄭珍, 1806-1864)·막우지(莫友芝, 1811-1871)·김화(金和, 1818-1885) 같은 이들이 앞장을 섰고, 이른바 동광체(同光體)라 불리는 시를 쓴 심증식(沈增植, 1850-1922)·진삼립(陳三立, 1852-1936)·정효서(鄭孝胥, 1860-1938) 등이 뒤를 이었다. 그들은 송시 중에서도 소식(蘇軾)과 황정견(黃庭堅)의 시를 특히 숭상하여, 이들을 통틀어 강서파(江西派)라 부르는 경우도 있다. 이처럼 만청시대에는 송시의 숭상이 시단의 주류를 이루었는데, 이들에게서 조금씩 민족적 자각과 사회의식이 깨어나기 시작한다. 왕개운(王闓運, 1832-1916) 같은 한위(漢魏)와 성당(盛唐)의 시를 내세운 이도 있기는 하였다. 그러나, 그의 시는 옛 작품을 본뜨는 수준에 머물고 만 정도이다. 청대도 말엽에 이르러는 밀어닥치는 서양문화의 영향을 받아 마침내 신파(新派)의 시가 생겨났다. 그것은 황준헌(黃遵憲, 1848-1905)·담사동(譚嗣同, 1865-1898)과 유신파(維新派)의 중심 인물인 강유위(康有爲, 1858-1927)·양계초(梁啓超, 1873-1929) 등에 의하여 이루어졌다.

그러나, 이상에서 소개한 작가들 중에서도 비교적 값있는 작품을 남긴 이는 정진(鄭珍)·김화(金和)와 황준헌(黃遵憲) 같은 사람들이며, 왕개운(王闓運)은 그 당시의 명망은 대단했으나 중국 정통시의 결말을 지은 시인이라 할 수 있는 정도 이상의 평가를 받을만한 작품은 남기지 못하였다.

정진은 과거에 실패하고 나서 고향에서 가난하고 처량한 생활을 하여, 그의 시에는 침울하고 처참한 작품이 많다. 또 〈태평천국(太平天國)의 난〉 때(1850-1864)에는 귀주(貴州)는 일찍이 난에 휩쓸려 그는 생활상 더욱 심각한 위협과 고통을 겪었다. 그러나 이것은 자기 개인의 괴로움을 바탕으로 하여 온 사회의 고통을 체험할 계기가 되어, 그의 시는 사회시로서의 무게를 한층 더하고 있다.

김화도 〈태평천국의 난〉을 겪으면서 여러 가지 어려운 경험을 쌓아 어지러운 세상과 고난을 읊은 시들이 많다. 특히 그는 옛날 사람들의 격식을 무시하고 얘기하는 듯한 문체 또는 산문체(散文體)·일기체(日記體) 등으로 사회시를 쓰고 있는 것이 두드러진 특징이다. 그의 시는 전통적인 중국시처럼 돈후(敦厚)하고 전아(典雅)한 맛이 없는 대신, 대담하고 진실하고 청신하고 싱싱하다.

황준헌은 20여 년간의 외교관 생활을 통하여 구미 각국과 일본 등지를 돌아다녔으므로, 옛 격식을 벗어난 새로운 시의 경지를 개척한 수가 있었던 것이다. 그는 중국의 시 속에 새로운 이상과 새로운 내용을 담으려 하였다. 그는 시의 용어에도 새로운 현대어들을 도입하면서, 자기의 이러한 노력을 통하여 〈별창시계(別創詩界)〉를 추구하였다. 그는 자기 고향의 민요와 일본의 민가(民歌)를 좋아하여, 그러한 민요 형식을 자기 시에 도입하고 있다. 호적(胡適)은 그의 「오십년래중국지문학(五十年來中國之文學)」에서 그의 민요 형식의 시들을 완전한 백화시(白話詩)라 말하고 있다.

 그 밖에도 그의 시집을 보면 「비평양(悲平壤)」·「동구행(東溝行)」·「애려순(哀旅順)」·「곡위해(哭威海)」·「마관기사(馬關紀事)」·「대만행(臺灣行)」·「외국연군입범경사(外國聯軍入犯京師)」등 시사(時事)와 관련된 시들이 허다하다. 그의 시는 모두가 역사적인 시이며, 바로 역사이기도 하다. 그의 시의 사회적인 의의는 이전의 어느 사회 시인보다도 크다 할 것이다. 황준헌과 함께 양계초(梁啓超)가 한 때(1898-1903 무렵) 벌였던 시계혁명운동(詩界革命運動)과 그가 지은 시들은 그 당시 문단에 큰 자극을 주기도 하였다. 그러나 양계초를 비롯한 신시(新詩)를 추구했던 이들의 작품이 문학 혁명의 경지로 발전하지 못한 것은, 그들이 중국 고시의 껍데기까지도 완전히 벗어버리고 모든 전통적인 제약으로부터 해방되려는 노력까지 기울이지는 않았기 때문일 것이다.

시선(詩選)

1. 청 초기의 시

··· **작가 약전**(略傳) ···

전겸익(錢謙益, 1582-1664) 자가 수지(受之), 호가 목재(牧齋)이며, 강소성(江蘇省) 상숙현(常熟縣) 사람이다. 그는 명말의 정치결사(政治結社)였던 동림당(東林黨)의 지도자였으며, 명나라가 망해갈 때 진사가 된 뒤 남경(南京)에서 제위(帝位)에 올랐던(淸 世祖 順治元年, 1644) 복왕(福王) 아래 예부상서(禮部尙書)를 지냈고, 청나라에 항복한 뒤에는 예부시랑(禮部侍郞)이 되었으나, 곧 고향으로 돌아와 여생을 보내었다. 그 에게는 「초학집(初學集)」과 「유학집(有學集)」이 있고, 「열조시집(列朝詩集)」이라는 자기 견해에 입각하여 명대시를 편찬한 것이 있다.

꽃이 없어(無花)

객지에 꽃도 없어 홀로 누각 위에 기대어 서니
봄을 찾을 방도가 없어 한만이 한이 없네.

꽃이 없는 것도 오히려 좋은 점이 있으니
꽃잎이 날아가 버리는 시름은 하지 않아도 되기 때문일세.

客裏無花獨倚樓하니, 討春¹⁾無計恨悠悠²⁾라.
(객리무화독의루 토춘무계한유유)
無花亦有便宜處니, 省却³⁾花飛一段愁라.
(무화역유편의처 생각화비일단수)

(註釋) 1) 討春(토춘)- 봄을 찾아오다, 봄을 불러오다. 2) 悠悠(유유)- 끝없는 모양, 한이 없는 모양. 3) 省却(생각)- 생략케 하다, 없어도 되게 하다.

(解說) 벼슬을 못하게 되어 고향으로 돌아오기 직전 북경에서 지은 시이다. 사상이 순수하지 못한 시인이라서 그의 서정의 진실성이 의심된다.

옥중잡시(獄中雜詩)

된 서리 내리고 구름은 자욱한데 철문엔 자물쇠 채워져 있고
차의 향기 즐기고 수유주(茱萸酒) 마시는 일 이젠 다 글렀네.
남쪽 관 쓰고 옥에 갇히어 몸 노쇠하니 검은 두건 쓰고 손님
　　못 기다리는 것이 가엽고,
옥졸들이 바삐 왔다 갔다 하는 것을 술 갖다 줄 흰 옷 입은 사
　　람인줄로 아네.

집사람은 울타리 가에 핀 국화보다도 얼마나 야위어 있을까?
이 몸 북쪽으로 날아가는 기러기처럼 언제나 집으로 돌아갈까?
멀리 온 세상에서는 등고(登高)의 모임 벌이고 있을 것이고,
많은 사람들이 북경 쪽을 향하여 저녁 해 아래 술을 땅에 부으
며 날 위해 빌고 있으리라.

霜慘雲繁鎖¹⁾鐵扉²⁾하니, 茱香萸酒³⁾事都非라.
(상참운번쇄철비 다향유주사도비)

南冠⁴⁾潦倒⁵⁾憐烏帽⁶⁾하고, 獄卒踉蹌⁷⁾認白衣⁸⁾라.
(남관료도연오모 옥졸랑창인백의)

人比籬花何許瘦오? 身如朔雁⁹⁾幾時歸오?
(인비리화하허수 신여삭안기시귀)

遙知四海登高會하고, 多指燕山¹⁰⁾酹¹¹⁾夕暉라.
(요지사회등고회 다지연산뇌석휘)

(註釋) 1) 鎖(쇄)- 자물쇠가 잠기어 있는 것. 2) 鐵扉(철비)- 옥의 철문. 3) 萸酒(유주)- 수유(茱萸) 열매를 띄운 술. 옛날 중국에서는 9월 9일 중양절(重陽節)에는 친구들과 등고(登高)라 하여 산에 올라가 술을 마시며 즐겼다. 그때 수유 열매가 달린 가지를 머리에 꽂고 사기(邪氣)를 물리쳤고, 술에 수유 열매를 띄워 마시기도 하였다. 4) 南冠(남관)- 남쪽 관을 쓰고 옥에 갇혀있는 것. 옛날 초(楚)나라 종의(鍾儀)가 진(晋)나라에 잡혀있으면서도 자기 고향의 관을 쓰고 있었다(『左傳』成公 9年). 5) 潦倒(요도)- 노쇠한 것, 늙고 허약한 것. 6) 烏帽(오모)- 검은 두건(頭巾). 당(唐)나라 대시인 두보(杜甫)가 중양절에 "손님 위하여 검은 두건 말라 쓰고, 시동에게 좋은 술 통에 담아가지고 따라오게 하다(爲客裁烏帽하고, 從兒具綠樽이라.-「九日五

首」"고 한 시가 있다. 따라서 '검은 두건'은 오는 손님을 마중하는 것을 뜻한다. 7) 踉蹌(낭창)- 빠른 걸음으로 왔다 갔다 하는 것. 8) 白衣(백의)- 흰 옷, 옛날에는 심부름하는 사람이 입었다. 특히 진(晉)나라 도연명(陶淵明)이 중양절에 술이 떨어졌는데, 지방 관원이 흰 옷 입은 사자를 내어 술을 보내주었다는 얘기가 전한다(『續晉陽秋』. 9) 朔雁(삭안)- 북쪽으로 날아가는 기러기. 10) 燕山(연산)- 하북성(河北省)에 있는 산, 여기서는 연경(燕京), 작자가 갇혀있던 북경을 가리킨다. 11) 酹(뢰)- 술을 땅에 부으며 제사 지내는 것.

(解說) 전겸익은 명(明)나라 숭정(崇禎) 10년(1637) 고향에서 지내던 중 고향사람으로부터 비열한 토호열신(土豪劣紳)이라는 고발을 당하여 형부(刑部)에 잡혀가 1년 넘는 옥살이를 하였다. 그때 9월 9일 중양절(重陽節)을 맞은 감상을 읊은 것이다. 모두 30수의 시를 짓고 있는데 이 시는 그 중 제17수이다. 시로써 옥중의 무료함을 극복하려 했던 것도 같다.

등불 밑에서 안사람이 꽃병에 꽃을 꽂는 것을 보고서 장난삼아 지은 네수의 절구(燈下看內人插瓶花戲題四絶句)

기일(其一)

수선화와 가을 국화는 함께 그윽한 자태 지녔는데,
사기 병에 두세 가지 꽂아놓았네.

작은 창 앞에 낮게 등불 곁에 쳐져 있으니,
내 임 쌀쌀한 기운 이는 이 때 병석에서 일어났네.

  水仙秋菊並幽姿러니, 揷¹⁾向磁甁²⁾三兩枝라.
  (수선추국병유자 삽향자병삼량지)
  低亞³⁾小牕燈影畔⁴⁾하니, 玉人病起薄寒時라.
  (저아소창등영반 옥인병기박한시)

(註釋) 1) 揷(삽)- 꽂다. 2) 磁甁(자병)- 사기 병, 3) 低亞(저아)- 낮게 쳐지다, 낮게 드리우다. 4) 燈影畔(등영반)- 등불 곁, 등불 근처.

기사(其四)

몇 송이 싸늘한 수선화 꽃은 분위기 스스로 한적하고,
무더기로 핀 국화 한 가지는 매우 화려하네.
당신 덕분에 꽃꽂이 책을 펼쳐볼까 했더니
흐린 등불 흰 벽 사이에 있는 이것이 바로 그 책일세.

  幾朶¹⁾寒花意自閑하고, 一枝叢雜²⁾已爛斑³⁾이라.
  (기타한화의자한 일지총잡이란반)
  憑君欲訪甁花譜⁴⁾러니, 只在疎燈素壁間이라.
  (빙군욕방병화보 지재소등소벽간)

(註釋) 1) 朶(타)- 꽃송이. 2) 叢雜(총잡)- 잔뜩 어우러져 있는 것, 무더기로 있는 것. 3) 爛斑(난반)- 화려한 것, 알록달록한 것. 4) 甁花譜

(병화보)- 병에 꽃꽂이 하는 방법을 적은 책. 명(明)나라 장겸덕(張謙德)에게 『병화보』 1권이 있다.

(解說) 작자는 중국의 사대부들 중 드문 애처가임이 분명하다. 중국의 고시에는 자기 부인과의 관계를 읊은 시가 그다지 많지 않다. 그러나 여기의 '내인'은 작자의 첩 유은(柳隱)이다. 명기(名妓) 출신으로 작자는 본부인보다도 이 첩을 더 사랑했음이 분명하다. 4수 중 두 수를 뽑았다.

성집도 낙엽시에 화작함(和盛集陶[1]落葉)

종산의 가을은 깊어 온 나무 잎 드물어지니,
처량함이 모두 겁진의 먼지 되어 날아가 버린 때문인 듯.
찬 이슬에 매서운 찬 바람 탓임은 알지 못하고
오직 금릉 땅에 왕기가 사라졌기 때문이라 하네.
달에 의지하여 사는 항아에게는 부질없이 계수나무만이 있고,
서리 밟고 다니는 청녀에게는 옷이 없어 더욱 처량하네.
아름답던 숲도 참담하기 사막과 같은데
아득히 먼 싸늘한 하늘엔 한 마리 기러기 날아 돌아가고 있네.

秋老鍾山[2]萬木稀하니, 凋傷[3]總屬劫塵[4]飛라.
(추로종산만목희 조상총속겁진비)
不知玉露[5]凉風急하고, 秪[6]道金陵[7]王氣非라.
(부지옥로양풍급 지도금릉왕기비)

倚月素娥[8]徒有樹하고, 履霜靑女[9]正無衣라.
(의월소아도유수 이상청녀정무의)

華林[10]慘淡如沙漠이오, 萬里寒空一雁歸라.
(화림참담여사막 만리한공일안귀)

註釋 1) 盛集陶(성집도)- 성사당(盛斯唐), 자가 집도. 순치(順治) 2년 (1645) 남경(南京)이 청나라 군대에게 함락되자, 전겸익은 청나라에 항복하고 예부시랑(禮部侍郎) 벼슬을 받았다. 그러나 순치 5년 67세 때 반청의군(反淸義軍)사건에 연루되어 남경 감옥에 갇혀있다가 옥외간관(獄外看管)으로 나와 있으면서 이들과 교유하며 지은 시이다. 2) 鍾山(종산)- 남경시 동쪽에 있는 산 이름, 자금산(紫金山)이라고도 부른다. 3) 凋傷(조상)- 낙엽지고 시들고 한 것. 4) 劫塵(겁진)- 전진(戰塵), 전란의 먼지. 5) 玉露(옥로)- 흰 이슬. 6) 秖(지)- 다만, 지(只). 7) 金陵(금릉)- 남경(南京)의 별칭. 8) 素娥(소아)- 달에 살고 있다는 항아(姮娥). 9) 靑女(청녀)- 서리와 눈의 신녀(『淮南子』 天文訓). 10) 華林(화림)- 화려한 숲.

解說 작자가 변절하여 청나라에 항복한 뒤의 시이다. 순치(順治) 5년 (1648) 그가 67세가 지난 뒤에는 옥에서는 나왔지만 그대로 감시 아래 살아가면서 성사당(盛斯唐) 임고도(林古度) 하오명(何寤明) 같은 사람들과 시를 주고받으며 지내고 있었다. 변절하였는데도 압박은 더히여 미음 디욱 처량헸을 깃이다. 이 시도 2수 중의 세2수이다.

금릉에서의 후관기 육수(金陵後觀棋 六首)

고요한 마른 바둑판 위엔 공허한 울림만 일고,
진회엔 가을이 깊어 찬 물결이 울부짖는 소리 내네.
머리 흰 노인들이 등불 그림자 비치는 싸늘한 밤에
한 판의 두는 바둑판 위에 육조의 흥망을 보는 듯 하네.

寂寞枯枰[1]響泬寥[2]하고, 秦淮[3]秋老咽寒潮라.
(적막고평향혈료 진회추로열한조)

白頭燈影涼宵[4]裏에, 一局殘棋[5]見六朝[6]라.
(백두등영양소리 일국잔기견육조)

(註釋) 1) 枯枰(고평)- 마른 나무로 만든 바둑 판. 2) 泬寥(혈료)- 공허한 것, 쓸쓸한 것. 3) 秦淮(진회)- 남경 서남쪽에 있는 진회하(秦淮河), 그 근처는 번화한 향락의 지역으로 유명했다. 4) 涼宵(양소)- 싸늘한 밤. 5) 殘棋(잔기)- 다 끝나지 않은 바둑 판. 6) 六朝(육조)- 오(吳)·동진(東晉)·송(宋)·제(齊)·양(梁)·진(陳)의 여섯 왕조가 남경에 도읍을 하고, 3세기에서 6세기 사이에 흥망성쇠를 거듭하였다.

(解說) 제목에「후관기(後觀棋)」란 말이 들어있는 것은 그에 앞서 왕유청(汪幼靑)에게「관기절구육수(觀棋絶句六首)」의 작품이 있기 때문이다. 이 시는 청나라 순치(順治) 4년(1647) 작자가 남경에 머물면서 왕유청의 시를 본 뒤 지은 시이다. 청나라에 항복을 하기는 하였지만 망한 조국에 대한 애잔한 그리움이 담겨있는 시이다.

··· 작가 약전(略傳) ···

오위업(吳偉業, 1609-1672) 자는 준공(駿公), 호는 매촌(梅村), 강소성(江蘇省) 태창(太倉) 사람. 진사가 된 뒤 편수(編修)를 시작으로 좌서자(左庶子) 등의 벼슬을 하였다. 복왕(福王) 때(1644-1645) 소첨사(少詹事) 벼슬이 주어졌으나 대신들과 맞지 않아 고향으로 돌아왔다. 청 순치(順治) 10년(1653)에 서울로 불려나와 비서시강(秘書侍講)이 되었다가 순치 13년엔 국자감좨주(國子監祭酒)로 승진하였다. 그러나 1년 뒤 모친상을 당하여 고향으로 돌아와 전원생활을 하다가 일생을 마치었다. 그의 문집으로 『매촌가장고(梅村家藏稿)』가 있다.

배 징발하는 노래(捉[1]船行)

관청에서 관원을 내어 군사들 실어 나를 배를 징발하자
큰 배들은 돈을 써서 징발을 면하고 중간치 배가 가게 되는데,
중간치 배는 가다가 갈대 무성한 항구에 잠시 숨어 피하고
작은 배만이 알지도 못하고 노래 부르며 따라가네.

군에서 어제 공문이 내리자 관원들은 호랑이 같고,
빠른 배는 바람을 쫓듯 급히 노를 저어 달려오네.
촌사람은 팔꿈치 다 드러나는 옷을 입고 머리채 잡히어 끌려와서
등을 흙 소처럼 호되게 얻어맞네.
억지로 이 작은 배 어디에 쓰시렵니까 하고 물으며
시끄럽게 버티자 길 가던 사람들 모여드네.
앞머리 배가 사정을 보고는 감히 나아가지 못하고
이를 아는 뱃사람들이 돈을 모아 갖다 바치네.
배 주인들은 집집마다 일만 전(錢)의 돈을 써서
관청에서 예년처럼 점검하기를 기다리네.
배를 돌려보내고도 여전히 경상비(經常費)를 받아내고
그밖에도 관원을 내어 배를 빌릴 값이라 하며 집집마다 세금을 내도록 하네.
그대는 보지 못하는가?
관신(官船)은 크고 높다린데 쓸 곳이 없어
북 울리며 깃발 꽂아놓고 부두에 대어놓고 있네.

官差[2]捉船爲載兵하니, 大船買脫[3]中船行이러니,
(관채착선위재병 대선매탈중선행)

中船蘆港[4]且潛避하고, 小船無知唱歌去라.
(중선로항차잠피 소선무지창가거)

郡符[5]昨下吏如虎하고, 快槳[6]追風搖急櫓하며,
(군부작하이여호 쾌장추풍요급로)

村人露肘[7]捉頭來하여, 背似土牛[8]耐鞭苦라.
(촌인로주착두래 배사토우내편고)

苦辭[9]船小要何用고하며, 爭執洶洶[10]路人擁이라.
(고사선소요하용 쟁집흉흉노인옹)

前頭船見不敢行하고, 曉事[11]篙師[12]斂錢送이라.
(전두선견불감행 효사고사염전송)

船戶家家壞[13]十千[14]하여, 官司査點[15]候如年이라.
(선호가가괴십천 관사사점후여년)

發回[16]仍索常行費[17]하고, 另派門攤[18]云雇船[19]이라.
(발회잉색상행비 영파문탄운고선)

君不見가? 官舫鬼蛾[20]無用處하여, 打鼓揷旗馬頭[21]住라.
(군불견 관방외아무용처 타고삽기마두주)

註釋 1) 捉(착)- 잡아가다, 강제로 징발하다. 2) 差(채)- 관원을 파견하는 것. 3) 買脫(매탈)- 돈을 써서 면하다, 돈을 써서 빠지다. 4) 蘆港(노항)- 갈대가 우거진 항구, 항구의 갈대가 우거진 곳. 5) 郡符(군부)- 군에서 내리는 공문, 군에서 배를 징발하라고 내린 공문. 6) 快槳(쾌장)- 빨리 노를 저어 가는 쾌속선. '장'은 본시 배의 옆에 달린 짧은 노. 이에 비하여 뒤의 '노(櫓)'는 배의 뒤쪽에 있는 긴 노임. 7) 露肘(노주)- 팔꿈치가 드러나다, 형편없이 해진 옷을 입은 것을 뜻함. 8) 土牛(토우)- 옛날 봄을 마중할 때 쓰던 흙으로 만든 소. 봄을 마중하는 뜻으로 소의 등을 채찍으로 때렸는데, 이를 편춘(鞭春)이라 하였다. 9) 苦辭(고사) 괴로운 말을 히디, 억지로 말하다. 10) 洶洶(흉흉)- 다투느라 시끄러운 모양. 11) 曉事(효사)- 일에 대하여 잘 아는 것. 12) 篙師(고사)- 뱃사람. 13) 壞(괴)- 경비를 쓰는 것, 허비하는 것. 14) 十千(십천)- 만전(萬錢). 15) 査點(사점)- 점검(點檢). 16) 發回(발회)- 돌려보내 주는 것. 17) 常行費(상행비)- 경상비(經常費). 18) 門攤(문탄)- 집집마다 내는 정해진 이외의 세금. 19) 云雇船(운고선)- 배를 빌린다고 말하다, 배 빌리는

데 쓸 돈이라고 핑계를 대다. 20) 嵬峨(외아)- 높다랗고 큰 것. 21) 馬頭(마두)- 마두(碼頭)- 부두, 항구의 배를 대는 곳.

(解說) 명나라가 망하고 만주족의 청나라가 들어선 뒤 상당기간 각지에 항청복명(抗淸復明) 운동이 일어났다 그 중에도 순치(順治) 16년(1659) 복건(福建)의 정성공(鄭成功)과 절강(浙江)의 장황언(張煌言)이 연합하여 일으킨 해군을 주축으로 하는 복명군은 한 때 청나라에 큰 타격을 안기었다. 이때 청나라에서는 이 해군력을 누르려고 사방의 배를 강제로 징발하였다. 이 무렵 강남지방의 관원들의 횡포와 백성들의 고난을 읊은 것이 이 시이다.

슬픈 노래(悲歌) 오계자에게 드림(贈吳季子[1])

사람이 나서 천 리 만 리 이별하는 것은
까맣게 넋을 잃게 하는 일일세.
그대는 홀로 무엇 때문에 이 지경이 되었나?
산도 산 같지 않고 강물도 강물 같지 않을 것이고,
삶도 삶 같지 않고 죽음도 죽음 같지 않으리라!
열세 살에 경서 배우고 또 역사도 공부하였고,
강남의 귀족 집안에 태어나 자랐으며,
글 짓는 것은 아름답게 빼어나고 출중하였는데,
흰 옥처럼 깨끗하면서도 소인의 모함으로 쫓겨나게 되었네.
하루아침에 묶이어 끌려가게 되니
글을 올려 자신의 처지를 밝힐 수도 없었네.

먼 변경의 천산에는 지나다니는 사람도 없어
호송하는 관리도 끊임없이 눈물 흘리네.
유배(流配) 가는 사람이야 또 무엇을 의지하겠는가?
관리들은 돌아가지 못하게 될까 걱정이지만
내 갈 길은 이미 정해져 있네.
팔월인데도 국경 넘어 사막엔 눈발이 날리니
낙타 허리 쳐지고 말의 귀 늘어지네.
흰 뼈가 널린 보루를 지나
흑하에 왔으나 배가 없으니 누가 건널 수 있겠는가?
앞으로 가려니 사나운 호랑이 두렵고 뒤로 가려니 창시가 있어
땅 굴에서 개미처럼 목숨만 부지하네.
큰 물고기 산 만한데 꼬리도 안보이나
지느러미 펴면 바람 일고 뿜는 물 비가 되네.
해와 달도 거꾸로 가서 바다 밑으로 들어가고,
대낮에 만나는 이들도 반은 사람 반은 귀신일세.
아아! 슬프다!
아들 낳아 총명하다고 삼가 기뻐하지 말 것이니,
창힐이 한자 만들고 밤에 운 것도 정말 까닭이 있었네.
환난을 당하는 일은 오직 글공부로부터 비롯되는 것이니
그대는 오계자를 보지 못했는가?

  人生千里與萬里에, **黯然[2] 銷魂[3] 別而已**라.
  (인생천리여만리 암연소혼별이이)
  君獨何爲至於此오?
  (군독하위지어차)

山非山兮水非水요, 生非生兮死非死라.
(산비산혜수비수 생비생혜사비사)

十三學經幷學史하고, 生在江南長紈綺⁴⁾라.
(십삼학경병학사 생재강남장환기)

詞賦翩翩⁵⁾衆莫比러니, 白璧⁶⁾靑蠅⁷⁾見排詆⁸⁾라.
(사부편편중막비 백벽청승견배저)

一朝束縛去하니, 上書難自理⁹⁾라.
(일조속박거 상서난자리)

絶塞¹⁰⁾千山¹¹⁾斷行李¹²⁾하니,
(절새천산단행리)

送吏¹³⁾淚不止나, 流人復何倚오?
(송리누부지 유인부하의)

彼尙愁不歸로되, 我行定已矣라!
(피상수불귀 아행정이의)

八月龍沙¹⁴⁾雪花起하니, 橐駝垂腰¹⁵⁾馬沒耳¹⁶⁾라.
(팔월용사설화기 탁타수요마몰이)

白骨皚皚¹⁷⁾經戰壘하고, 黑河¹⁸⁾無船渡者幾아?
(백골애애경전루 흑하무선도자기)

前憂猛虎後蒼兕¹⁹⁾하니, 土穴偸生若螻蟻²⁰⁾라.
(전우맹호후창시 토혈투생약루의)

大魚如山不見尾하고, 張鬐²¹⁾爲風沫²²⁾爲雨라.
(대어여산불견미 장기위풍말위우)

日月倒行入海底하고, 白晝相逢半人鬼라.
(일월도행입해저 백주상봉반인귀)

噫嘻²³⁾乎, 悲哉라!
(희희호 비재)

生男聰明愼莫喜니, 倉頡[24]夜哭良有以[25]라.
(생남총명신막희 창힐야곡양유이)
受患祗從讀書始니, 君不見, 吳季子오?
(수환지종독서시 군불견 오계자)

註釋 1) 吳季子(오계자)- 오조건(吳兆騫, 1631-1684), 자는 한사(漢槎). 그가 순치(順治) 14년(1657), 과거(科擧)의 부정에 연루되어 멀리 길림성(吉林省) 영고탑(寧古塔)으로 유배될 때 그를 전송한 시이다. 오조건은 20여년 먼 이역에서 지내다가 강희(康熙) 20년(1681) 겨우 풀려나 고향으로 돌아왔으나 곧 죽었다. 2) 黯然(암연)- 얼굴빛을 잃는 것, 어두운 모양. 3) 銷魂(소혼)- 혼이 녹다, 넋을 잃다. 4) 紈綺(환기)- 비단, 귀족집안을 가리킨다. 5) 翩翩(편편)- 아름답게 빼어난 모양. 6) 白璧(백벽)- 흰 옥, 깨끗한 몸을 뜻한다. 7) 靑蠅(청승)- 쉬파리, 남을 모함하여 해치는 소인을 가리킨다(『詩經』 小雅 靑蠅). 8) 排詆(배저)- 배척 당하다, 쫓겨나다. 9) 自理(자리)- 스스로 정리하다, 자신의 모고함을 밝히는 것. 10) 絶塞(절새)- 먼 국경 지방. 11) 千山(천산)-요녕성(遼寧省) 서남쪽에 있는 큰 산 이름. 12) 行李(행리)- 여행하는 사람의 짐. 여기서는 짐을 지고 여행하는 사람. 13) 送吏(송리)- 오조건을 압송하는 관리. 14) 龍沙(용사)- 본시는 국경 밖 백룡퇴(白龍堆)의 사막. 여기서는 국경 밖의 사막. 15) 垂腰(수요)- 낙타가 기운이 없어 허리를 늘어뜨리는 것. 16) 沒耳(몰이)- 말이 기운이 없어서 있던 귀가 맥없이 쳐지는 것. 17) 皚皚(애애)- 눈이 내려 있는 모습, 흰 것이 널려있는 모양. 18) 黑河(흑하)- 요녕성(遼寧省)에 흐르고 있는 강물 이름. 19) 蒼兕(창시)- 물 속에 산다는 짐승 이름, 배를 잘 뒤집는다고 한다(『論衡』 是應). 20) 螻蟻(누의)- 개미. 21) 鬐(기)- 물고기 지느러미. 22) 沫(말)- 물고기가 입으로 뿜어내는 물. 23) 噫嘻(희희)- 아아! 감탄사. 24) 倉頡(창힐)- 한자를 만들었다는 황제(黃帝)의 사관(史官). 창힐이 한

자를 만들자 "밤에 귀신이 울었다"고 한다(『淮南子』). 25) 良有以(양유이)- 진실로 까닭이 있다.

(解說) 귀양 가는 친구를 전송하는 시이다. 「비가」라 제목을 붙인 것은 특히 이 시대가 만주족의 청나라 세상이 된 어지러운 시대였고, 또 그가 귀양 가는 곳이 만주족의 땅인 강남으로부터 먼 곳이었기 때문일 것이다. 이민족에게 박해받는 지식인의 정서를 느낄 수 있는 시이다.

오강을 지나면서 느낀 감상(過吳江[1]有感)

송릉의 길에 해 저무는데
긴 제방은 성을 껴안고 있는 듯 하네.
탑 아래엔 호수 물결 출렁이고
다리 위엔 달 떠올라 그림자 길게 드리웠네.
시장도 조용한 것은 사람들이 부세(賦稅) 피하여 도망갔기 때문이고,
강물 위가 넓고 한산한 것은 나그네들이 병란을 피하려 하는 탓이네.
이십년 오래 두고 사귄 친구들 모두 흩어졌으니
술잔 들고 헛된 명성 추구한 일 탄식하네!

　　　落日松陵[2]道요, 堤[3]長欲抱城이라.
　　　(낙일송릉도 제장욕포성)

塔⁴⁾盤湖勢動하고, 橋⁵⁾引⁶⁾月痕⁷⁾生이라.
(탑반호세동 교인월흔생)

市靜人逃賦⁸⁾요, 江寬⁹⁾客避兵이라.
(시정인도부 강관객피병)

卄年¹⁰⁾交舊散하니, 把酒嘆浮名¹¹⁾이라.
(입년교구산 파주탄부명)

(註釋) 1) 吳江(오강)- 지금의 강소성(江蘇省) 오강현(吳江縣). 2) 松陵(송릉)- 오강의 옛 별칭(別稱). 3) 堤(제)- 제방(堤防), 오강현 동쪽 강과 호수 사이에 쌓여진 긴 제방. 송(宋)대에 쌓은 것이고 명(明)대에 증축한 83리에 달하는 긴 제방임. 4) 塔(탑)- 오강현의 동문 밖에 있는 화엄사(華嚴寺)의 방탑(方塔), 7층으로 이루어졌고, 북송(北宋) 때 세운 것이다. 5) 橋(교)- 오강현 동쪽의 수홍교(垂虹橋), 장교(長橋)라고도 부르며, 모두 72개의 버팀기둥으로 이루어져 있다. 6) 引(인)- 끌다, 긴 것을 뜻함. 7) 月痕(월흔)- 달빛 그림자. 8) 逃賦(도부)- 부세(賦稅)를 내지 않으려고 도망가는 것. 9) 寬(관)- 넓은 것, 넓고 한적한 것. 10) 卄年(입년)- 20년. 청대 초기에 강소 지방의 글을 짓는 사람들이 경은시사(驚隱詩社)를 조직하여 활동하였고 순치(順治) 7년(1650)에는 사방의 뜻을 같이하는 사람들이 모여 교유하다가 그 중 많은 사람들이 법망에 걸려 잡혀가자 뒤에 시사를 그만두었다. 이 시는 강희(康熙) 7년(1668)에 지은 것이니 교구(交舊)라 대체로 함께 시사를 하던 친구들을 가리키는 듯 하다. 11) 浮名(부명)- 헛된 명성을 추구하는 것.

(解說) 이 시는 작자가 당시의 호주지부(湖州地府)였던 오기(吳綺)의 초청을 받아 오흥(吳興)으로 가면서 지은 시라 한다. 이민족에게 나라를 빼앗기고도 그들에게 의지하여 벼슬하며 살아가는 지식인들의 복잡한 정서를 드러내 보여주는 시이다.

회음을 지나가면서 느낀 감상(過淮陰¹⁾有感)

높이 올라가며 처량한 마음으로 팔공산 바라보니
아름다운 나무와 붉은 암벽 보이지만 올라가 볼 수는 없네.
장량(張良)처럼 노인 만나 태공병서(太公兵書) 얻는 일은 생각도 말아야 하고,
홍보비서(鴻寶秘書)나 구하여 젊은 나이라도 보전할 수 있으면 좋으련만!
이 세상에 나서 부족한 것은 오직 한 번의 죽음인데,
속세에서는 선약인 구환단(九還丹)을 구경할 수도 없다네.
나는 본시 신선된 회남왕 집의 옛 닭이나 개였는데,
신선 따라 가지 못하고 이 세상에 떨어져 있네.

  登高悵望八公山²⁾하니, 琪樹³⁾丹崖⁴⁾未可攀이라.
  (등고창망팔공산 기수단애미가반)
  莫想陰符⁵⁾遇黃石⁶⁾하라! 好將鴻寶⁷⁾駐朱顏⁸⁾이라.
  (막상음부우황석 호장홍보주주안)
  浮生⁹⁾所欠止一死나, 塵世無由識九還¹⁰⁾이라.
  (부생소흠지일사 진세무유식구환)
  我本淮王舊鷄犬¹¹⁾이러니, 不隨仙去落人間이라.
  (아본회왕구계견 불수선거낙인간)

註釋) 1) 淮陰(회음)- 지금의 강소성(江蘇省) 회음시(淮陰市). 2) 八公山(팔공산)- 안휘성(安徽省) 수현(壽縣) 북쪽에 있는 산. 한(漢)나라 회남왕(淮南王) 유안(劉安)이 이 산에서 신선 팔공(八公)을 만났다 한

다. 3) 琪樹(기수)- 옥 같은 가지를 지닌 나무, 아름다운 나무.
4) 丹崖(단애)- 붉은 절벽, 아름다운 암벽. 5) 陰符(음부)- 한초의
장량(張良)이 일찍이 하비(下邳)를 노닐다가 한 노인을 만나 책을 한
권 얻었는데, 그 노인이 "이걸 읽으면 왕사(王師)가 될 것이다"고 하
였다. 장량이 펴 보니 그 책은 『태공병법(太公兵法)』이었다. 그 책을
음부라 표현한 것임. 6) 黃石(황석)- 노란 돌. 장량이 만나 병서를
얻은 노인은 "뒤에 곡성산(谷城山) 밑을 지나다가 황석을 보게 될 것
인데 그것이 바로 나이다"고 말했다 한다. 7) 鴻寶(홍보)- 한나라
때 회남왕(淮南王)이 지니고 있었다는 신선술이 적힌『침중홍보원비
서(枕中鴻寶苑秘書)』를 가리킴. 8) 駐朱顔(주주안)- 붉은 얼굴을 머
물러 있게 하다, 젊음을 머물러 있게 하다. 9) 浮生(부생)- 덧없는
인생. 10) 九還(구환)- 구환단(九還丹), 도가에서 아홉 번 자료를 불
에 녹여 만들었다는 불로장생(不老長生)의 단약(丹藥). 11) 淮王舊鷄
犬(회왕구계견)- 회남왕(淮南王)은 신선술(神仙術)을 좋아하였는데,
하루는 선약(仙藥)을 마당 가에 두어 집의 닭과 개가 그것을 먹고 모
두 하늘로 올라갔다 한다(『神仙傳』). 이 대목은 자기는 본시 명나라
복왕(福王)의 신하였는데, 복왕을 따라 죽지 못하고 이 세상에 그대
로 살고 있다는 것이다.

(解說) 이 시는 순치(順治) 10년(1653)에 작자가 청나라 조정의 부름을
받고 북경(北京)으로 가는 도중에 지은 시라고 한다. 두 수 중 한
수만을 뽑아 번역하였다. 이민족 조정의 벼슬을 하게 된 중국 지
식인의 복잡한 감정이 잘 표현된 시이다. 이 시의 첫 구에 나오는
팔공산도 명나라 복왕(福王)의 조정을 상징할 것이다. 그는 복왕
때 소첨사(少詹事) 벼슬을 하였다. 숭징(崇禎) 17년(1644) 복왕은
이자성(李自成)의 군대를 피하여 회상(淮上)으로 가 있다가 순치
(順治) 2년(1645) 남경이 함락되면서 복왕은 청군에게 잡히어 북
쪽으로 끌려간 다음 해 북경에서 죽었다. 작자는 그 전해 복왕을

따라 순사(殉死)하려다가 가족들에게 발견되어 뜻을 이루지 못하였다 한다. 그는 복왕을 따라 죽지 못한 것을 후회하면서도, 한편 불로장생을 생각하며 청나라 조정으로 벼슬을 하러 가고 있는 것이다.

눈에 막히어(阻雪)

강산은 아름답다 해도 길은 정말 험난하니
말안장에 오르자마자 또 내려야만 하네.
누런 먼지 높이 나는 중에 눈 수북이 쌓이니
분명히 모든 것이 강남만은 못하네.

關山[1]雖勝路難堪하니, 才上征鞍[2]又解驂[3]이라.
(관산수승노난감   재상정안우해참)

十丈黃塵千尺雪이니, 可知俱不似江南이라.
(십장황진천척설   가지구불사강남)

(註釋) 1) 關山(관산) - 강산(江山).   2) 征鞍(정안) - 타고 가는 말안장.   3) 解驂(해참) - 수레를 끄는 말을 풀다, 여기서는 말에서 내리는 것을 뜻함.

(解說) 이 시는 작자가 순치(順治) 10년(1653)에 청나라 조정의 부름을 받고 북쪽으로 가다가 큰 눈이 내릴 때 지은 시이다. 눈을 매개로 하여 복잡한 작자의 심사가 드러나고 있다.

옛 친구를 만나(遇舊友)

막 지나와서는 되돌아가 물어보는데,
보기에 옛 친구 같기 때문일세.
난리 통에 어디서 만났던가?
소식은 제대로 전해지기 어려운 일이었지.
눈을 닦고 보며 놀란 혼을 안정시키고
술잔 기울이며 크게 웃고 떠드네.
집을 옮겨 우리 집으로 와서
머리 흰 두 망국 백성 함께 살아보세!

> 已過才[1]追問하니, 相看是故人이라.
> (이과재추문 상간시고인)
>
> 亂離何處見고? 消息苦難眞이라.
> (난리하처견 소식고난진)
>
> 拭眼驚魂定하고, 含杯[2]笑語頻이라.
> (식안경혼정 함배소어빈)
>
> 移家就吾住하여, 白首[3]兩遺民이라.
> (이가취오주 백수양유민)

(註釋) 1) 才(재)- ---하자마자 곧. 2) 含杯(함배)- 술잔을 입에 물다, 술잔을 들어 술을 마시다. 3) 白首(백수)- 머리가 흰 것, 늙은 이.

(解說) 나라가 망하고 흥하는 전란 통에 오랜 동안 못 만났던 친구를 우연히 다시 만난 기쁨을 읊은 것이다. 기쁨보다도 난리를 겪고 난 두 사람의 감개가 무량하다.

입으로 읊어 소곤생에게 줌(口占贈蘇崑生)

기일(其一)

커다란 배 위의 푸른 기름 먹인 장막 아래 여러 장수들이
한 폭의 항복 깃발 내걸고 구강(九江)을 나오는데,
홀로 이구년(李龜年) 같은 사람이 누어서 피리를 부는 것이
어둠 속에 치는 물결 따라 봉창 안에서 우는 듯 하였네.

　　樓船[1]諸將碧油幢[2]의, 一片降旗出九江[3]이라.
　　(누선제장벽유당　일편항기출구강)
　　獨有龜年[4]臥吹笛이러니, 暗潮[5]打枕泣篷窗[6]이라.
　　(독유구년와취적　암조타침읍봉창)

(註釋) 1) 樓船(누선)- 높고 큰 배, 큰 군함. 2) 碧油幢(벽유당)- 방수를 하기 위하여 기름을 먹인 배 위의 푸른 장막. 3) 九江(구강)- 강서성(江西省) 구강현(九江縣)에 여러 강물이 장강(長江)과 호수로 흘러들어 합쳐지는 곳. 4) 龜年(구년)- 당(唐) 현종(玄宗) 때의 음악가, 안록산(安祿山)의 난 뒤에는 강남으로 피난 와 살았다(杜甫「江南逢李龜年」). 5) 暗潮(암조)- 어두운 밤의 물결. 6) 篷窗(봉창)- 배의 창문, 선창(船窓).

기삼(其三)

서흥(西興)에서 슬픈 가락이 깊은 밤에 들려오니

마치 남송(南宋)이 망할 때의 왕수운과 같네.
머리 돌려 악비(岳飛)의 무덤 아랫길 바라보나니,
어지러이 산은 많은데 어디에 좌량옥(左良玉) 장군을 묻어야 하나?

西興¹⁾哀曲夜深聞하니, **絶似南朝²⁾汪水雲³⁾**이라.
(서흥애곡야심문　절사남조왕수운)

回首岳侯⁴⁾墳下路하나니, **亂山何處葬將軍⁵⁾**고?
(회수악후분하로　난산하처장장군)

(註釋) 1) 西興(서흥)- 항주(杭州)의 전당강(錢塘江) 건너쪽 지명.　2) 南朝(남조)- 여기서는 임안(臨安, 지금의 杭州)에 도읍을 두었던 남송(南宋)을 가리킴.　3) 汪水雲(왕수운)- 왕원량(汪元量), 자는 대유(大有), 수운은 그의 호. 전당(錢塘) 사람으로 금(琴)의 명수로 도종(度宗) 밑에서 일하였으나, 남송이 망하면서 북쪽으로 끌려갔다가 오랜 뒤에 풀려나 남쪽으로 돌아왔다.　4) 岳侯(악후)- 송나라 장군 악비(岳飛). 악비의 묘는 항주 서호(西湖) 가에 있다.　5) 將軍(장군)- 명나라 장군 좌량옥(左良玉)을 가리킴. 좌량옥이 무창(武昌)에 주둔할 적에 소곤생(蘇崑生)은 음악사(音樂師)로 그의 막하에 있었다. 좌량옥은 당시에 나라를 망치던 마사영(馬士英) 완대성(阮大鋮) 등의 전횡(專橫)을 없애고자 무창으로부터 구강(九江)까지 그들을 치러 갔으나 자기 아들이 반역을 하여 분사(憤死)하였다. 소곤생은 그러자 머리를 자르고 통곡을 하며 그곳을 떠나 구화산(九華山)으로 들어갔다가 여기저기 떠돌아다니게 되었다.

(解說)　4수의 시 중 2수를 뽑았다. 오위업은 음악과 연예에도 조예가 깊다. 그에게는 유명한「초양생행(楚兩生行)」이라는 장시가 있는

데, 여기에 나오는 소곤생과 명말의 유명한 설서가(說書家) 유경정(柳敬亭)의 두 사람을 노래한 작품이다. 유경정도 장군 좌량옥(左良玉) 밑에 소곤생이 음악사(音樂師)로 있을 때 함께 강담사(講談師)로 활약하였다. 오위업은 유경정과 사귀어 일찍이 그의 소전(小傳)을 쓴 일이 있는데, 소곤생은 뒤에 오위업의 고향 태창(太倉)으로 와서 작자를 만나 자기의 소전도 써달라고 간청을 하였다 한다. 작자는 소전 대신 이 시를 지었다고 한다.

그리고 청대 전기(傳奇)의 대표작인 공상임(孔尙任)의 『도화선(桃花扇)』에는 여주인공 이향군(李香君)의 음악 선생으로 소곤생이 등장하여, 설서가(說書家)인 유경정과 함께 큰 활약을 보이고 있으며, 좌량옥도 등장하고 있다.

스스로를 탄식함(自嘆)

평생을 아주 그르친 것은 오직 한 가지 벼슬한 것이니,
집안을 버리기는 쉬워도 이름을 바꾸기는 어렵네.
소나무와 대나무를 어찌 감히 바람과 서리가 괴롭도록 억누르겠는가?
물고기와 새는 넓은 하늘과 땅에 놀 것을 생각한다네.
뱃전 두드리며 육구몽(陸龜蒙)처럼 보리(甫里)로 숨어 살고 싶은 마음 있는데
무엇 때문에 수레 타고 잘 지내던 곳을 떠났나?
주변 사람들은 도홍경(陶弘景) 같은 이를 비웃지 말 것이니
그는 옛날 일찍이 신무문(神武門)에 관을 벗어 걸어놓고 벼슬

자리 떠났었네.

誤盡平生是一官이니, 棄家容易變名難이라.
(오진평생시일관 기가용이변명난)
松筠¹⁾敢壓風霜苦아? 魚鳥猶思天地寬²⁾이라.
(송윤감압풍상고 어조유사천지관)
鼓枻³⁾有心逃甫里⁴⁾어늘, 推車何事出長干⁵⁾고?
(고예유심도보리 추거하사출장간)
旁人休笑陶弘景⁶⁾하라, 神武當年早掛冠이라.
(방인휴소도홍경 신무당년조괘관)

(註釋) 1) 筠(윤)- 대나무의 푸른 껍질, 대나무. 2) 寬(관)- 넓은 것, 광대한 것. 3) 鼓枻(고예)- 노를 두드리다, 뱃전을 두드리며 장단을 맞추는 것. 4) 甫里(보리)- 지금의 송강(松江). 만당(晚唐)의 시인 육구몽(陸龜蒙)이 이 곳에 숨어살면서 스스로 보리선생(甫里先生)이라 호하였다. 5) 長干(장간)- 남경(南京) 중화문(中華門) 밖의 지명. 작자는 벼슬을 받으러 북경(北京)으로 가면서 남경을 거쳐 갔다. "장간에서 나간다"는 것은 고향땅을 버리고 북쪽으로 감을 뜻한다. 6) 陶弘景(도홍경)- 남북조(南北朝) 시대 양(梁)나라 도사. 일찍이 남제(南齊)의 좌위전중장군(左衛殿中將軍)이란 벼슬을 지냈으나, 뒤에 관복(冠服)을 벗어 신무문(神武門) 위에 걸어놓고 벼슬을 버리고 숨어 살았다. 양(梁)나라 무제(武帝)가 불러도 가지 않았으나 늘 나라의 대사를 그에게 자문하여 사람들은 그를 '산중재상(山中宰相)'이라 불렀다. 신무(神武)는 옛날 금릉(金陵, 곧 南京)의 시문(西門) 이름이다.

(解說) 작자 오위업은 명나라에서도 높은 벼슬을 하고 다시 만주족의 청나라가 들어선 뒤에도 벼슬을 하였다. 그러나 만년에는 조국을 등

지고 이민족의 조정에 나가 벼슬한 것을 후회하고 있음을 알 수 있다. 실은 그의 마음은 이전부터 매우 복잡한 양상을 보여주고 있다.

매촌(梅村)[1]

탱자 울타리 두른 초가집은 푸른 이끼에 덮여있는데,
대나무 꽃나무 얻어다가 손수 심어놓았네.
남을 찾아가는 일은 좋아하지 않으면서도 손님 찾아오는 것은 무척 바라고,
회신은 늦게 하는 버릇이면서도 남이 편지 보내주는 것은 좋아하네.
한가히 창문 앞에 빗소리 들으며 시집을 펼쳐놓기도 하고,
외로운 나무 위의 구름 바라보며 소대(嘯臺)에 오르기도 하네.
상락주(桑落酒) 향기롭고 비파(枇杷)가 맛있으며
낚시 배 비스듬히 대어놓은 곁에 초당(草堂)이 서 있네.

  枳籬[2]茅舍掩蒼苔요, 乞竹分花手自栽라.
  (지리모사엄창태 걸죽분화수자재)

  不好詣人[3]貪客過하고, 慣遲作答愛書來라.
  (불호예인탐객과 관지작답애서래)

  閒窓聽雨攤[4]詩卷하고, 獨樹看雲上嘯臺[5]라.
  (한창청우탄시권 독수간운상소대)

桑落酒⁶⁾香盧橘⁷⁾美하고, 釣船斜繫草堂開라.
(상락주향노귤미 조선사계초당개)

註釋 1) 梅村(매촌)- 작자가 만년에 살던 집 이름, 매촌이란 호도 여기에서 왔다. 지금의 강소성(江蘇省) 태창현(太倉縣) 동쪽에 있으며, 본시 명나라에서 이부시랑(吏部侍郎)을 지낸 왕사기(王士騏)의 별장으로 분원(賁園)이라 부르던 것을 작자가 사가지고 수리한 뒤 '매촌'이라 부른 것이다. 2) 枳籬(지리)- 탱자나무를 심어 만든 울타리. 3) 詣人(예인)- 다른 사람을 찾아가는 것. 4) 攤(탄)- 펼쳐놓다. 5) 嘯臺(소대)- 본시는 진류(陳留, 지금의 河南省 尉氏縣)에 있는 고대(高臺)로, 서진(西晉)의 시인 완적(阮籍)이 술 마시며 긴 휘파람을 불었대서 붙여진 이름. 여기서는 작자의 매원 안에 있는 높은 누대를 말한다. 6) 桑落酒(상락주)- 하동(河東)의 상락방(桑落坊)에 있는 샘물로 담근 명주 이름. 늘 뽕나무 오디가 떨어질 무렵 술을 담근다 한다. 7) 盧橘(노귤)- 비파(枇杷)라는 과일의 별명.

解說 작자가 만년에 벼슬을 그만두고 물러나 살던 고향의 장원을 노래한 것이다. 이민족의 조정에 벼슬이라도 하였기 때문에 그토록 멋있는 장원에서 여유 있는 여생을 보낼 수 있었던 것일까?

… **작가 약전**(略傳) …

고염무(顧炎武, 1613-1682) 자는 영인(寧人), 호는 정림(亭林), 강소성(江蘇省) 곤산(昆山) 사람. 명나라 제생(諸生)으로 고향에서 항청활동(抗淸活動)에도 가담하였고, 청 왕조에 벼슬하지 않았다. 황종희(黃宗羲) 왕부지(王夫之)와 함께 청초의 삼대유(三大儒)라 일컫는다. 학문에 있어서는 청대 한학(漢學)의 기풍을 개척하였고, 그의 시에는 애국정서가 강하여 비장감인(悲壯感人)의 경향이 있다. 그의 저술로 『일지록(日知錄)』이 유명하고, 문집으로 『정림시문전집(亭林詩文全集)』이 있다.

가을 산(秋山)

가을 산에 또 가을 산 이어져
가을비 연이어진 산 위에 퍼붓네.
어제는 강어귀에서 싸우더니
오늘은 산기슭에서 싸우네.
이미 오른쪽 진영 무너졌다는 말 들었는데
다시 왼편 진영 부서지는 것 보고 있네.

1. 청 초기의 시 | 59

깃발을 땅 속에 묻는 중에
운제(雲梯)가 성에 걸쳐지고 충거(衝車)의 공격 이어지네.
하루아침에 옛날 장평(長平)에서의 전투처럼 패하자
쓰러진 시체가 산언덕에 질펀하네.
오랑캐 장식을 한 삼백 척의 배에는
배마다 이쁜 미녀들 실려 있네.
옛 오(吳) 땅 어귀에는 낙타가 득실거리는데
호가(胡笳)를 불며 북쪽 관문 넘어온 자들이네.
옛날 초(楚)나라가 망할 적의 언(鄢) 영(郢)의 사람들 같은 이들
 이 아직도 성 남쪽 지방에는 많이 있다네.

    秋山復秋山이오, 秋雨連山殷[1]이라.
    (추산부추산 추우연산은)
    昨日戰江口[2]러니, 今日戰山邊이라.
    (작일전강구 금일전산변)
    已聞右甄[3]潰러니, 復見左拒[4]殘이라.
    (이문우진궤 부견좌거잔)
    旌旗[5]埋地中이러니, 梯衝[6]舞城端이라.
    (정기매지중 제충무성단)
    一朝長平[7]敗하니, 伏尸徧岡巒[8]이라.
    (일조장평패 복시편강만)
    胡裝[9]三百舸[10]에, 舸舸好紅顔[11]이라.
    (호장삼백가 가가호홍안)
    吳口擁橐駝[12]하니, 鳴笳入燕關[13]이라.
    (오구옹탁타 명가입연관)

昔時鄢郢⁽¹⁴⁾**人**이, **猶在城南間**이라.
(석시언영인 유재성남간)

(註釋) 1) 殷(은)- 성한 것, 대단한 것. 2) 戰江口(전강구)- 남경(南京)이 청나라 군대에게 함락된 뒤 장강(長江) 어귀에서 계속 항전한 것을 뜻한다. 3) 右甄(우진)- 새가 나를 적에 나래를 편 형태로 포진한 군진(軍陣)의 오른편 진영. 4) 左拒(좌거)- 네모꼴로 편 군진의 왼편 진영. 5) 旌旗(정기)- 군의 깃발, 성으로부터 후퇴를 할 적에는 군기와 보물을 모두 땅 속에 깊이 파묻고 도망가는 것이 군의 상식이다. 6) 梯衝(제충)- 운제(雲梯)와 충거(衝車), 모두 성을 공격하는 데 쓰던 무기. 7) 長平(장평)- 전국(戰國)시대 진(秦)나라 장군 백기(白起)가 조(趙)나라와 싸우다가, 조나라 땅 장평에서 조나라 군사들을 크게 쳐부수었다. 이때 40만의 조나라 군사들이 항복하였는데, 백기는 그들을 모두 산 채로 묻어 죽였다 한다. 8) 岡巒(강만)- 산 언덕. 9) 胡裝(호장)- 오랑캐 장식, 오랑캐 장속(裝束). 10) 舸(가)- 배, 큰 배. 11) 好紅顔(호홍안)- 이쁜 미녀들. 청나라 군사들은 남쪽을 정복하면서 그 곳의 보물과 미녀들을 모두 배에 싣고 북쪽으로 가져갔다. 12) 橐駝(탁타)- 낙타, 중국산 동물이 아니다. 점령군이 이민족임을 뜻한다. 13) 燕關(연관)- 산해관(山海關) 거용관(居庸關) 등 하북성(河北省)에 있는 관문. 14) 鄢郢(언영)- 언과 영은 모두 옛 초(楚)나라의 수도. 진(秦)나라가 초나라를 쳐 부순 뒤에도 도성의 성 남쪽에는 진나라를 따르지 않고 초나라를 다시 부흥시키려는 사람들이 수백 명 있었다 한다(『戰國策』).

(解說) 작자 고염무는 청나라 군사들이 쳐들어올 적에 곤산(昆山)의 현령(縣令) 양영언(楊永言)의 부름을 따라 종군하여 소주(蘇州)로 가 싸웠다. 그러나 양주(揚州)를 함락시킨 청군은 연이어 남경(南京)·강음(江陰)·곤산(昆山)·가정(嘉定)을 연이어 함락시켰다.

작자는 겨우 목숨을 살려 전쟁터로부터 도망을 나왔다. 이때의 참상을 노래한 것이 이 시이다. 2수로 되어 있으나 첫째 시만을 뽑아 번역하였다.

바다 가에서(海上)

해가 고요한 산 속으로 들어가자 바다 기운 밀려오고,
천리 두고 펼쳐진 가을빛을 홀로 높은 곳에 올라가 바라보네.
십년 동안에 천지도 전쟁으로 늙었고
온 세상 백성들 슬피 통곡하고 있네.
물결 이는 신선 사는 산 위엔 흰 새가 날고
그름 떠있는 신선들 집은 황금으로 꾸몄네.
이런 중의 어느 곳인들 사람 사는 세상이 없겠는가?
오직 열사들의 마음에 보답하지 못할까 두렵기만 하네.

  日入空山海氣侵이오, 秋光千里自登臨[1]이라.
  (일입공산해기침 주광천리자등림)
  十年天地干戈[2]老하니, 四海蒼生[3]弔哭深이라.
  (십년천지간과로 사해창생조곡심)
  水涌神山來白鳥[4]하고, 雲浮仙闕見黃金이라.
  (수용신산내백조 운부선궐견황금)
  此中何處無人世리오? 只恐難酬烈士心이라.
  (차중하처무인세 지공난수열사심)

(註釋) 1) 登臨(등림)- 높은 곳에 올리기 멀리 내려다보는 것. 2) 干戈(간과)- 창과 방패, 전쟁. 3) 蒼生(창생)- 백성들. 4) 白鳥(백조)- 흰 새, 평화의 상징임.

(解說) 네 수 중의 한 수를 뽑아 번역하였다. 이 시는 1946년 가을에 쓴 것이라 한다. 청나라 군사에게 강남땅조차도 빼앗기는 것을 보고 있을 때이다. 이 시의 끝 구절을 보면 이때만 하더라도 작자는 청나라에 대항하여 싸우려는 마음을 지니고 있었음이 분명하다.

정위(精衛)[1]

만사가 공평하지 않은 법인데
그대는 어찌하여 부질없이 스스로 고생을 하는가?
길이 한 치 되는 몸으로
나무를 끝까지 물어 나르면서,
나는 동해를 평평하게 메울 것이니
내 몸 물에 떨어진다 하더라도 마음은 바뀌지 않을 것이라네.
큰 바다 평평해지지 않는다면
내 마음도 포기하지 않으리라!
아아! 그대는 보지 못하는가?
서산에는 나무를 물어 나르는 여러 새들이 많은데
날아오는 까치며 날아가는 제비며 모두 자기 둥주리 만드는 것이네.

萬事有不平이어늘, 爾何空自苦아?
(만사유불평 이하자공고)

長將一寸身으로, 銜木到終古²⁾라.
(장장일촌신 함목도종고)

我願平東海하니, 身沈心不改라.
(아원평동해 신침심불개)

大海無平期면, 我心無絕時라.
(대해무평기 아심무절시)

嗚呼! 君不見가?
(오호 군불견)

西山銜木衆鳥多나, 鵲來燕去自成窠³⁾라.
(소산함목중조다 작래연거자성과)

(註釋) 1) 精衛(정위)- 고대 신화 속에 나오는 새 이름. 본시 염제(炎帝)의 딸이었는데, 동해에 빠져 죽은 뒤 정위라는 새가 되었다 한다. 자신을 죽게 한 동해를 메우려고 언제나 부리로 나무와 돌을 물어다가 동해에 던지고 있다 한다(『山海經』北山經). 뒤에는 죽어서도 풀리지 않는 깊은 한을 지닌 사람에 비유하는 말로 흔히 쓰이게 되었다. 2) 終古(종고)- 영원히 끝까지. 3) 窠(과)- 새의 둥주리.

(解說) 영원히 풀리지 않을 망국의 한을 품은 자신을 '정위'라는 새에 비겨 노래한 시이다. 절대로 메워지지 않을 동해에 나무 조각을 작은 부리로 물어 날라다 던지는 정위처럼 자신의 조국을 위하는 마음은 죽는 날까지 변함이 없으리라는 것이다.

뱃사람 노래(榜人¹⁾曲)

우리 집 장강(長江) 가운데 섬 속에 살고 있어서
두 개의 노로 배를 마음대로 나는 듯이 저어 다니네.
금나라 군사들이 장강 북쪽 가까지 이르자,
발로 노 젓는 배로 금산(金山)을 세 바퀴나 돌았네.
진주의 성은 매우 견고하여
경구와 장강은 무사하였는데,
밤에 장강 남쪽에 적군의 배가 닿으니
문천상(文天祥) 같은 분이 살아 계실 것만 같네.

儂家²⁾住在江洲하니, 兩槳³⁾如飛自由라.
(농가주재강주 양장여비자유)

金兵一到北岸할세, 踏車⁴⁾金山⁵⁾三周라.
(금병일도북안 답거금산삼주)

眞州⁶⁾城子自堅하니, 京口⁷⁾長江無恙이어늘,
(진주성자자견 경구장강무양)

艤舟⁸⁾夜近江南하니, 恐有南朝丞相⁹⁾이라.
(의주야근강남 공유남조승상)

註釋 1) 榜人(방인)- 뱃사람. 2) 儂家(농가)- 우리 집. 3) 槳(장)- 노, 삿대. 4) 踏車(답거)- 발로 밟아 수레를 가게 하거나 배의 노를 젓는 것. 5) 金山(금산)- 강소성(江蘇省) 진강현(鎭江縣) 서북쪽 장강(長江) 가운데 있던 산. 지금은 모래가 쌓이어 남쪽이 언덕과 이어져 있다. 금나라 군사들이 쳐들어와서 뱃사람들을 모아 시험하였는데, 그들은 답거선(踏車船)으로 나는 듯이 모두 금산(金山)을 세 바퀴나 돌았다 한다(『宋史』盧允文傳). 6) 眞州(진주)- 지금의 강소성 의정현(儀征縣). 7) 京口(경구)- 지금의 강소성 단도현(丹徒縣)에 있는 지명. 8) 艤舟(의주)- 배를 물가에 대는 것. 9) 南朝丞相(남조승상)- 남송(南宋)의 문천상(文天祥), 그가 북쪽으로 잡혀가 죽은 뒤에도 그의 이름을 빈 항금군(抗金軍)이 수없이 활약하였다. 명 말의 사가법(史可法) 같은 애국자가 죽지 않고 살아있어 항청(抗淸) 활동을 전개해주기 바라는 것이다.

解説 뱃사람의 노래를 빌어 강남 지방의 항청활동을 고무하고 있는 것이다. 또 이처럼 날랜 뱃사람들이 많으니 북쪽에서 온 청나라 군사들을 강남에서 몰아내기는 어렵지 않다는 뜻을 강조하고 있는 듯도 하다.

강남의 여러 친구들과 이별하며(與江南諸子[1]別)

먼 국경 근처 떠돌아다니며 애써 책이나 쓰고 지내다가
왔다 갔다 하는 행인에게 세상 어떻게 돌아가는가는 물어보려네.
구름이 태산(泰山) 북쪽에서 피어나더니 많은 비가 쏟아저
회수(淮水) 둑이 터져서 땅 위에도 물고기가 있네.
막걸리 마시며 천년 전의 일 되새기고 있노라니
시골 닭이 초저녁인데도 울고 있네.
그대들은 진(晉)나라 왕니(王尼)가 탄식하며 살던 것 본뜨지
 말게!

아무 곳이건 몸담을 곳으로는 초가집이라도 충분한 것일세.

絶塞²⁾飄零³⁾苦著書라가, 朅來⁴⁾行李⁵⁾問何如라.
(절새표령고저서 걸래행리문하여)

雲生岱⁶⁾北天多雨하니, 水決淮堧⁷⁾地上魚라.
(운생대북천다우 수결회연지상어)

濁酒不忘千載上⁸⁾이러니, 荒鷄猶唱二更⁹⁾餘라.
(탁주불망천재상 황계유창이경여)

諸公莫效王尼¹⁰⁾歎하라! 隨處容身足草廬라.
(제공막효왕니탄 수처용신족초려)

(註釋) 1) 諸子(제자)- 여러 친구들, 단 자기보다 후배들인 경우가 보통이다. 2) 絶塞(절새)- 먼 국경지방. 3) 飄零(표령)- 쓸쓸히 떠도는 것. 4) 朅來(걸래)- 왔다 갔다 하는 것. '걸' 은 거(去)와 같은 뜻. 5) 行李(행리)- 여행자, 여행하는 사람의 짐. 6) 岱(대)- 태산(泰山)의 별명. 7) 淮堧(회연)- 회수이 둑. 태산은 작자가 향하는 산동성(山東省)에, 회하는 산동성 가까운 강소성(江蘇省)에 흐르고 있었다. 땅위에 물고기가 있다는 것은 진(秦) 이세(二世) 때 포학한 정치 때문에 황하 물이 거꾸로 흘러 물고기가 땅 위에 있게 되었던 일을 인용한 것이다(『漢書』五行志). 8) 千載上(천재상)- 천년 전, 세상이 평화롭던 옛날을 가리킨다. 9) 二更(이경)- 초저녁, 10시부터 11시 경. 초저녁에 닭이 우는 것은 난세의 징조라 여겼다. 10) 王尼(왕니)- 진(晉)나라 때 사람. 그는 일찍 부인을 잃고 한 아들을 거느리고 집도 없이 지붕 없는 수레를 소 한 마리가 끌도록 하고 여기저기 돌아다니면서 살았다. 그들 부자는 돌보아주는 사람이 없어지자 "푸른 바다가 이리저리 흘러 어느 곳이건 불안하다"는 탄식을 하였다. 끝내는 소를 잡고 수레를 부수어 불을 지펴 고기를 구어 먹은 뒤 굶어 죽었

다 한다(『晉書』王尼傳).

(解說) 고염무는 순치(順治) 15년(1658) 산동으로 여행을 떠나 다음 해에는 산해관(山海關)을 나가 국경 밖을 돌아다니며 금석지지(金石地志)에 관한 저술을 하였다. 특히 젊었을 때부터 시작한 『천하군국이병서(天下郡國利病書)』와 『조역지(肇域志)』 등의 대저를 위하여 실지로 곳곳을 확인하며 대저를 완성하였다. 이 시는 그 해 가을 잠깐 강남으로 돌아왔다가 다시 산동 쪽으로 떠나면서 지은 시이다. 이별시이지만 개인적인 감정보다도 시국에 대한 관심이 더욱 짙다.

다시 효릉을 찾아가서(再謁孝陵[1])

옛날 알던 조정의 관리와 늙은 스님이 있는데
만나게 되자 서로 돌아다닌 것을 모두 이상하게 여기네.
당신은 무엇 때문에 삼천 리 길을 왔다 갔다 하오?
봄엔 장릉을 찾아뵙더니 가을엔 효릉으로 오셨으니.

舊識中官[2]及老僧을, 相看多怪往來曾[3]이라.
(구식중관급로승 상간다괴왕래증)
問君何事三千里[4]오? 春謁長陵[5]秋孝陵이라.
(문군하사삼천리 춘알장릉추효릉)

(註釋) 1) 孝陵(효릉)- 명나라 태조(太祖) 주원장(朱元璋)의 능. 남경의 동북

쪽 교외 종산(鍾山) 남쪽 기슭에 있다. 2) 中官(중관)- 조정의 내시(內侍) 또는 천문(天文)을 관장하는 관리. 3) 往來曾(왕래증)- 이제껏 왔다 갔다 한 것. 4) 三千里(삼천리)- 남경의 효릉에서 북경의 십삼왕릉(十三王陵)이 있는 곳까지의 먼 길. 5) 長陵(장릉)- 명나라 성조(成祖)의 능, 북경의 십삼왕릉 중의 하나.

(解說) 작자는 두 번째로 효릉을 참배하러 갔는데, 그곳에서 지난 봄 북경의 십삼왕릉을 참배하였을 적에 만난 명나라의 옛 관리와 늙은 중을 다시 만난 것이다. 은근히 아직도 명나라의 광복을 바라는 사람들이 많음을 드러내고 있다.

... 작가 약전(略傳) ...

황종희(黃宗羲, 1610-1695) 자가 태충(太冲), 호는 남뢰(南雷), 학자들이 여주선생(黎洲先生)이라 불렸으며, 절강성(浙江省) 여요(餘姚) 사람이다. 명나라 말엽에 청나라 군사들과 싸우는 전쟁에 참여하였고, 청나라가 선 뒤에는 숨어 지내면서 학문에만 전념하였다. 청나라 초기의 사상가이며 사학가이자 문학가로 알려져 있다. 『명이대방록(明夷待訪錄)』, 『송원학안(宋元學案)』, 『명유학안(明儒學案)』 등의 명저를 남겼고, 문집으로 『남뢰문정(南雷文定)』이 있다.

사마 장창수를 애도함(哀張司馬蒼水[1])

이십 년 지킨 꿋꿋한 절개 그와 같은 사람이 또 있을까?
이러한 완전한 귀결을 이루었으니 역시 마음에 흡족하였으리라.
무너진 절에서 돈을 거두어 버려진 그의 뼈를 거두었고
이 늙은이는 무딘 붓으로 칭송하는 소리를 적고 있네.
먼 허공에 그의 모습 떠올리니 열정 서로 들어맞았으나
이곳저곳의 바닷물은 물속 바위를 뚫으려는 듯이 크게 불평스런 소리 내고 있네.
이 세에 걸친 눈처럼 깨끗한 사귐이지만 사사로울 수는 없고 오직 여러 사람들의 입을 따라 그분을 한 번 평해보네.

卄年苦節何人似오? 得此全歸[2]亦稱情[3]이라.
(입년고절하인사 득차전귀역칭정)

廢寺釀錢[4]收其骨하고, 老生禿筆[5]記琴聲[6]이라.
(폐사갹전수기골 노생독필기금성)

遙空摩影[7]狂[8]相得하니, 群水穿礁[9]浩未平[10]이라.
(요공마영광상득 군수천초호미평)

兩世雪交[11]私不得이니, 只隨衆口一閑評[12]이라.
(양세설교사부득 지수중구일한평)

(註釋) 1) 張司馬蒼水(장사마창수)- 장황언(張煌言), 호가 창수(蒼水), 명 말의 민족영웅으로 청나라 군대가 남경(南京)을 함락시키고 남하할 적에 수흥(紹興)과 주산군도(舟山群島)를 근거지로 삼고 정성공(鄭成功)과 연락을 취하며 청나라 군사들과 19년 동안 청나라 군사와 힘든 싸움을 계속하였다. 그러나 정성공도 대만에서 병사하고, 남쪽 연해지방도 거의 모두 청나라 손아귀에 들어가자 바다 섬 속으로 들어가 숨어 지내다가 밀고에 의하여 잡히어 항주(杭州)에서 사형을 당하였다. '사마'는 군사를 장악하는 벼슬이름이나 일반적으로 대장군(大將軍)의 뜻으로도 쓰인다. 2) 전귀(全歸)- 완전한 귀결(歸結), 죽을 때까지 충절(忠節)을 지킨 것을 뜻함. 3) 稱情(칭정)- 정에 맞다, 마음에 들다. 4) 釀錢(갹전)- 돈을 거두는 것. 5) 禿筆(독필)- 무디어진 붓, 시원찮은 글 솜씨. 6) 琴聲(금성)- 칭송하는 소리, 아름다운 말. 7) 摩影(마영)- 영상을 떠올리다, 모습을 떠올리다. 8) 狂(광)- 지나친 행동, 나라를 위하여 목숨도 돌보지 않는 행동. 9) 穿

礁(천초)- 암초(暗礁)를 뚫다, 물 속의 바위를 뚫다. 10) 未平(미평)- 불평스러운 소리. 11) 雪交(설교)- 눈처럼 깨끗한 사귐. 12) 閑評(한평)- 한가한 비평, 공정한 평.

(解說) 명 말의 민족영웅이며 작자와는 이 세에 걸쳐 세교(世交)가 있는 장황언(張煌言)을 애도하는 시. 자신도 청나라에 대항하여 싸웠고, 또 그는 비분 속에 간 항청(抗淸)의 영웅임에도 불구하고 그를 애도하는 시인데도 비교적 글이 담담하다. 격렬한 비분강개가 보이지 않는다. 억누른 감정 속에 더 뜨거운 정이 담겨있다고 보아야 할 것이다.

잠을 이루지 못하고(不寐)

젊었을 적에는 닭이 울어야 비로소 잠자리에 들었는데
늙은이가 되자 잠자리에서 닭 울기를 기다리네.
머리 돌리는 사이에 30여년의 일들이
뜻밖에도 이 몇 마디 닭 울음소리와 함께 사라져 버렸구나!

年少鷄鳴方就枕이러니, 老人枕上待鷄鳴이라.
(연소계명방취침 노인침상대계명)
轉頭¹⁾三十餘年事이, 不道²⁾消磨³⁾祇⁴⁾數聲이라.
(전두삼십여년사 부도소마지수성)

(註釋) 1) 轉頭(전두)- 머리를 돌리는 사이에, 머리를 돌리고 보니. 2) 不道

(부도)- 말할 것도 없이, 뜻밖에. 3) 消磨(소마)- 없어지다, 사라지다. 4) 秖(지)- 단지, 다만.

(解說) 닭울음소리를 들으면서 잠 못 이루는 감회를 읊은 시이다. 젊은 시절 "닭울음소리를 듣고서야 잠자리에 들었다"는 것은 항청(抗淸) 활동을 하던 시절을 뜻할 것이다. 그리고 잠 못 이루는 것은 멸망한 조국을 생각하기 때문일 것이다.

꽃피는 아침 석정에 묵고 나서(花朝宿石井[1])

이십 년 동안 줄곧 계곡 산길에 묵으니
잠자리에는 매일 밤바람이 스며드네.
맑은 바람은 밖의 속세 생각을 하도록 봉납하지 않아
좋은 시가 많이 달 밝은 속에서 나왔네.
꽃 보면서 새소리 들으니 소리가 요란하기만 하고
전쟁 뒤에 술잔 드니 눈물 흠뻑 쏟아지기 일쑤이네.
공들여 서쪽 창에 날짜를 기록하지만
언제면 다시 놀러와 등불을 밝힐꼬?

廿年[2]曾宿溪山路하니, 枕上仍前[3]徹[4]夜風이라.
(입년증숙계산로 침상잉전철야풍)
淸風不容塵外慮[5]하여, 好詩多在月明中이라.
(청풍불용진외려 호시다재월명중)

花前聞鳥聲偏亂하고, 兵後持杯淚易濃[6]이라.
(화전문조성편란 병후지배누이농)

珍重西窗書甲子[7]로되, 續游何日剪燈紅[8]?
(진중서창서갑자 속유하일전등홍)

(註釋) 1) 石井(석정)- 복건성(福建省) 남안현(南安縣) 남쪽에 있는 지명. 풍광이 아름다울 뿐만이 아니라 정성공(鄭成功)의 고향이어서 작자는 각별한 감회를 느끼고 있을 것이다. 2) 卄年(입년)- 작자가 항청(抗淸) 활동에 참가한 뒤 이 시를 짓고 있는 시기까지를 가리킴. 3) 仍前(잉전)- 전처럼, 전과 같이. 4) 徹(철)- 바람이 스며드는 것. 5) 塵外慮(진외려)- 더러운 밖의 생각, 밖의 속세 생각. 6) 濃(농)- 짙어지다, 눈물이 많이 흐름을 뜻한다. 7) 甲子(갑자)- 날짜를 가리킴. 8) 剪燈紅(전등홍)- 등불 심지를 자르고 돋아 불을 밝게 하는 것.

(解說) 아름다운 봄날 꽃피고 새 우는 정성공의 고향인 석정에서 하룻밤을 묵고 느낀 감회를 읊은 시이다. 자연의 아름다움을 감상할 겨를도 없이, 이민족에게 빼앗긴 조국에 대한 걱정으로 눈물과 한숨만을 짓고 있다.

모란정 창하는 것을 듣고(聽唱牡丹亭[1])

창문 닫고 모란정(牡丹亭)을 창하게 하고 보니
붉은 상아 박판(拍板) 들고 요란만 피우는 천한 악공(樂工)들과
  는 다르네.

꾀꼬리가 꽃나무 가지 사이 서쪽에서 우는 소리처럼 아름답고,
파초 싹이 눈 위로 솟아나온 것처럼 싱싱하기만 하네.
먼 산 같은 여인의 눈에는 한 밤의 눈물 고이고,
죽어 뼈가 싸늘해도 한 가닥 사랑을 추구하는 영혼은 사라질줄 모르네.
또한 깊은 정을 따라 악곡이 절정에 이를 적마다
아무렇게나 속인들에게는 들려줄 수가 없겠네.

掩窗試按²⁾牡丹亭하니, 不比紅牙³⁾鬧⁴⁾賤伶⁵⁾이라.
(엄창시안모란정 불비홍아뇨천령)
鶯隔花間還歷歷⁶⁾하고, 蕉抽雪底⁷⁾自惺惺⁸⁾이라.
(앵격화간환력력 초추설저자성성)
遠山⁹⁾時閣三更雨¹⁰⁾하고, 冷骨¹¹⁾難銷一線靈¹²⁾이라.
(원산시각삼경우 냉골난소일선령)
却爲情深每入破¹³⁾할새, 等閑¹⁴⁾難與俗人聽이라.
(각위정심매입파 등한난여속인청)

註釋) 1) 牡丹亭(모란정)- 명대의 희곡작가 탕현조(湯顯祖)가 지은 명대를 대표하는 전기(傳奇). 『환혼기(還魂記)』라고도 부르며, 두려낭(杜麗娘)과 유몽매(柳夢梅)의 생사를 초월한 사랑 얘기를 다룬 내용이다. 2) 按(안)- 악보를 따라 가창(歌唱)하는 것. 3) 紅牙(홍아)- 붉은 상아(象牙)로 만든 박판(拍板). 4) 鬧(뇨)- 시끄러운 것. 5) 伶(령)- 배우, 악공. 6) 歷歷(력력)- 분명히 들리는 것, 아름답게 들리는 것. 7) 蕉抽雪底(초추설저)- 파초 싹이 눈 밑으로부터 솟아나다. 탕현조의 『모란정』이 나오자 비평가들은 그 작품의 내용은 좋은데 창사(唱詞)가 곡률(曲律)에 맞지 않는다고 수정을 가하려 하였다. 그러자 탕

현조는 이는 사람들이 당나라 왕유(王維)가 그린 '눈 속의 파초(雪裏芭蕉)'라는 명화를 이해 못하는 거나 같다고 하며 실소를 하였다 한다. 그 말을 바탕으로 작품을 평한 말이다. 8) 惺惺(성성)- 싱싱한 것, 정신을 번쩍 들게 하는 것. 9) 遠山(원산)- 여인의 아름다운 눈썹을 형용한 말. 10) 閣雨(각우)- 눈물이 고이는 것을 형용한 말. 11) 冷骨(냉골)- 죽어서 차가워진 두려낭의 뼈. 12) 一線靈(일선령)- 한 줄의 사랑만을 추구하는 영혼. 13) 入破(입파)- 악곡의 절정 부분. 14) 等閑(등한)- 가벼이, 아무렇게나.

(解說) 작자는 자기네 전통연극을 매우 좋아하였다. 그러나 여기에서 특히 명대의 대표작인 탕현조의 『모란정』을 창하는 것을 듣고 각별한 감회에 잠기는 것은 그 작품만이 훌륭할 뿐만이 아니라 망한 조국을 생각게 하였기 때문일 것이다.

… 작가 약전(略傳) …

송완(宋琬, 1614-1673) 자가 옥숙(玉叔), 호가 여상(荔裳)이며 산동성(山東省) 내양(萊陽) 사람. 순치(順治) 4년(1647) 진사가 된 뒤 벼슬은 절강안찰사(浙江按察使)까지 올랐다. 뒤에 분명치 않은 이유로 옥에 갇히어 있다가 풀려나와 강남땅을 유랑하였다. 만년에 스스로 무죄함을 밝히는 글을 올리어 다시 사천안찰사(四川按察使)가 되었다. 그의 문집으로 「안아당집(安雅堂集)」이 있는데, 그의 시에는 시세에 대한 감상과 비분의 뜻을 노래한 것들이 많다. 두보(杜甫)와 한유(韓愈)를 내세우며 성실한 시를 쓸 것을 주장하였는데, 당시 사람들은 흔히 시윤장(施閏章)과 함께 "남시북송(南施北宋)"이리 일컬었다.

낙엽을 슬퍼함(悲落葉)

낙엽을 슬퍼하나니
낙엽이 어지러이 떨어져 쌓이고 있네.
날아다니면서 울던 꾀꼬리 소리 다시는 들리지 않고

펄렁 펄렁 노란 나비가 춤추는 듯 하네.
아침에는 화려한 미인 같았는데
저녁에는 남편에게 버려진 마누라처럼 되었네.
바람 따라 일어나
바람 좇아 날아다니니,
벼슬자리에서 쫓겨난 외로운 나그네 어찌 그대로 보고만 있겠
　　는가?
가지 부여잡고 잡아당기며 공연히 눈물로 옷깃 적시네.
왔다 갔다 하며 마른 나무 맴돌며 보니
가지와 줄기 오랜 동안 어긋나게 되었네.
쌀쌀한 중에 한 해 저물고 있는데
이제 떠나면 언제나 돌아오게 되려나?
낙엽을 슬퍼하니
가슴 속이 아파지네.
바라건대 나는 새의 나래를 빌어
내가 바람타고 고향으로 날려갔으면!

　　悲落葉하나니, 落葉紛相接[1]이라.
　　(비낙엽　낙엽분상접)

　　無復語流鶯[2]이오, 飄搖[3]舞黃蝶이라.
　　(무부어류앵　표요무황접)

　　朝如繁華之佳人이러니, 夕若蘼蕪[4]之棄妾이라.
　　(조여번화지가인　석약미무지기첩)

　　因風起하고, 從風飛하니,
　　(인풍기　종풍비)

放臣羈客[5]那忍見고? 攀條攬扼[6]空沾[7]衣라.
(방신기객나인견 반조람액공첨의)

徘徊繞[8]故枝하니, 柯幹[9]長乖違라.
(배회요고지 가간장괴위)

凜凜[10]歲云暮하니, 此去將安歸오?
(늠름세운모 차거장안귀)

悲落葉하나니, 傷心胸이라.
(비낙엽 상심흉)

願因征鳥翼하여, 吹我到鄕中이라.
(원인정조익 취아도향중)

(註釋) 1) 相接(상접)- 쌓이는 것. 2) 流鶯(유앵)- 날아다니는 꾀꼬리. 3) 飄搖(표요)- 바람에 날리는 모양. 4) 蘼蕪(미무)- 한(漢)대의 악부시(樂府詩)「상산채미무(上山採蘼蕪)」에서 버려진 아내가 전 남편과 만나는 장면을 노래하고 있는 것을 응용한 것이다. '미무'는 궁궁(芎藭)이 싹으로 약초의 일종이라 한다. 5) 羈客(기객)- 떠돌아다니고 있는 나그네. 6) 攬扼(남액)- 잡다, 잡아당기다. 7) 沾(첨)- 눈물로 적시다. 8) 繞(요)- 감돌다. 9) 柯幹(가간)- 나무의 가지와 줄기. 10) 凜凜(늠름)- 쌀쌀한 모양.

(解說) 낙엽을 슬퍼한다 했지만 사실은 자신의 처지를 슬퍼하고 있는 것이다. 이 시는 강희(康熙) 원년(1662) 그가 옥에 갇혀있으면서 지은 시이다. 앞에 자서(自序)가 붙어있으나 번역을 생략하였다.

감회(感懷)

북두칠성 자루 동북쪽 가리키고 있는데
마른 풀은 얼마나 끝없이 펼쳐져 있는가?
눈과 서리는 정강이 묻힐 정도로 쌓이고
나그네는 추운데도 겨울옷이 없네.
밤은 긴데 촛불 밤새도록 밝힐 수 없으니
도깨비불이 어두운 방에 어른거리네.
도깨비가 한 발을 드러내 놓고
들뛰며 휘파람 소리를 내다가 내 곁에 서네.
그놈을 보아도 전혀 무섭지는 않은데
그놈의 추하고 절름발이인 모양이 싫네.
어찌하면 매의 나래를 구하여
그걸 타고 고향으로 돌아갈까?

招搖[1]指東北한데, 白草[2]何茫茫고?
(초요지동북 백초하망망)

雪霜深至骭[3]이나, 客子寒無衣라.
(설상심지한 객자한무의)

夜長燭不繼하니, 鬼火[4]森[5]幽房이라.
(야장촉불계 귀화삼유방)

魍魎[6]露一脚하고, 跳嘯[7]立人旁이라.
(망량노일각 도소입인방)

見之了無畏로되, 憎其醜且尪[8]이라.
(견지료무외 증기추차왕)

安得晨風⁹⁾翼하여, 駕言歸故鄕고?
(안득신풍익 가언귀고향)

(註釋) 1) 招搖(초요)- 북두칠성의 일곱 번째 별, 북두칠성의 자루. 2) 白草(백초)- 북쪽지방에 나는 풀의 일종, 가을에 마르면 흰색으로 변하며 소와 양이 뜯어먹는다. 마른 풀. 3) 骭(한)- 정강이. 4) 鬼火(귀화)- 도깨비 불. 죽은 사람의 뼈의 인 성분이 밤에 번쩍거리게 된다. 5) 森(삼)- 어른거리다, 해가 보이지 않고 흐린 것. 6) 魍魎(망량)- 산천의 정기가 뭉쳐 이루어진다는 괴물. 도깨비에 가까운 것임. 7) 跳嘯(도소)- 들뛰며 휘파람 소리를 내는 것. 8) 尪(왕)- 절름발이, 병신. 9) 晨風(신풍)- 매의 일종, 새매.

(解說) 자기가 있는 어두운 방에 도깨비불이 어른거리고 또 도깨비가 나타난다니 감옥에 있을 적에 지은 시인 듯 하다. 작자의 감회가 처량하다

제비(燕子)

제비는 언제 왔는가?
한 봄이 되자 요해(遼海) 서쪽까지 왔네.
관사가 싸늘한 것도 싫어하지 않고
와서 큰 들보 곁에 집을 지었네.
비바람 속에 둥주리 만드느라 고생이지만
암놈 수놈이 다같이 힘을 합치네.

우리 집엔 외톨이 된 조카가 있는데
가난 속의 처와 함께 힘쓰고 있네.

燕子何時到오? 三春遼海西¹⁾라.
(연자하시도 삼춘요해서)
不嫌官舍冷하고, 來傍畵梁²⁾栖³⁾라.
(불혐관사랭 내방화량서)
風雨爲巢苦, 雌雄置力齊라.
(풍우위소고 자웅치력제)
吾家有孤侄⁴⁾하니, 黽勉⁵⁾屬山妻⁶⁾라.
(오가유고질 민면촉산처)

(註釋) 1) 遼海西(요해서)- 요해의 서쪽, 산동 자기 고향을 가리킨다. 2) 畵梁(화량)- 화려한 들보, 큰 들보. 3) 栖(서)- 집을 짓고 사는 것. 4) 孤侄(고질)- 고아가 된 조카. '질'은 질(姪)과 같음. 5) 黽勉(민면)- 힘쓰다, 노력하다. 6) 屬山妻(속산처)- 가난하게 사는 처와 함께하다. '산처'는 은자(隱者)의 처, 또는 가난한 살림을 하는 사람의 처.

(解說) 제비를 빌어 고아가 되어 가난한 중에도 열심히 살아가는 자기 조카를 노래하고 있다.

배 속에서 사냥개를 보고 느낌(舟中見獵犬有感)

가을 물에 갈대꽃이 온통 밝게 비추어 있는 속에 있으니,

개가 매와 같은 공로를 이루기는 어려운 형편일세.
돛대 옆에 밥 배불리 먹고 머리 처박고 자고 있으니
넓적다리 살이 불어나고 있는 영웅 같이 보이네.

> 秋水蘆花一片[1]明하니, 難同鷹隼[2]共功名이라.
> (추수로화일편명 난동응준공공명)
> 檣[3]邊飽飯垂頭睡하니, 也似英雄髀肉[4]生이라.
> (장변포반수두수 야사영웅비육생)

(註釋) 1) 一片(일편)- 온통, 넓은 공간을 가리킴. 2) 鷹隼(응준)- 매, 매의 총칭. 3) 檣(장)- 돛대. 4) 髀肉(비육)- 넓적다리 살. 옛날 삼국(三國)시대 촉(蜀)의 유비(劉備)가 말을 타고 전장에 바삐 달릴 적에는 넓적다리의 살이 붙지 않았는데, 오랜 동안 놀고 있자 넓적다리에 살만 붙는다고 말했다 한다(『蜀志』先主傳).

(解說) 두 수의 시 중 첫째 시이다. 배를 타고 있어 사냥을 못하는 사냥개를 읊고 있지만, 실은 그것은 모든 여건이 어긋나 뜻을 이루지 못하는 자신을 암시하고 있다.

… 작가 약전(略傳) …

시윤장(施閏章, 1618-1683) 자는 상백(尙白), 호는 우산(愚山), 안휘성(安徽省) 선성(宣城) 사람. 순치(順治) 6년(1649) 진사가 된 뒤 벼슬은 강서참의(江西參議)를 거쳐 한림원(翰林院) 시독(侍讀)에 이르렀고, 『명사(明史)』편수에도 참여하였다. 약간의 청나라 초기의 사회현실을 반영하는 시도 남겼으며, 작품집으로는 『우산선생학여시집(愚山先生學餘詩集)』, 『외집(外集)』, 『유집(遺集)』 등을 남겼다.

개구리밥과 새삼의 노래(浮萍[1]兎絲[2]篇)

이장군이 얘기해준 것인데, 자기 부대 병사에 남의 처를 약탈해 차지한 사람이 있었는데 수 년이 지난 뒤 그를 데리고 남쪽으로 가게 되었다 한다. 거기에서 옛 남편을 만나게 되었는데, 그들은 보자마자 통곡하며 기절하였다. 그 전 남편에게 물어보니 그도 이미 새 장가를 들었다 하여, 만나보니 병사의 옛 처였다. 네 사람은 모두가 통곡을 한 뒤에 각자 옛 처를 되돌려주고 헤어졌다 한다. 나는 그들을 위하여 「개구리밥과 새삼의 노래」를 지었다.

李將軍[3]言하되; 部曲[4]嘗掠人妻하여, 旣數年에, 携之

南征이라가, 値⁵⁾其故夫하여, 一見慟絶이라. 問其夫하니, 已納新婦러니, 則兵之故妻也라. 四人皆大哭하고, 各反其妻而去라. 予爲作浮萍兎絲篇하노라.

註釋) 1) 浮萍(부평)- 개구리밥. 물에 둥둥 떠다니는 물풀. 2) 兎絲(토사)- 새삼. 다른 나무에 붙어사는 기생식물. 그 씨는 토사자(兎絲子)라 하여 한약재로 쓰임. 3) 李將軍(이장군)- 어떤 사람인지 알 수 없음. 4) 部曲(부곡)- 군대 또는 병사의 대칭(代稱). 5) 値(치)- 만나다.

개구리밥이 큰 물결 치는데 따라
두둥실 동쪽으로 갔다 서쪽으로 갔다 하였네.
새삼은 높은 나뭇가지에 붙어
한들한들 사방으로 뻗어 갔네.
그런 새삼도 떨어지게 될 날이 있고
개구리밥도 만나게 될 날이 있을 걸세.
개구리밥이 새삼에게 말하기를;
서로 떨어졌다 만났다 하게 되는 것을 어찌 미리 알 수 있겠는가?
건장한 남자가 동남쪽으로 가고 있는데,
따르는 말 위엔 아름다운 자태의 여인 있었네.
얇은 비단으로 얼굴 가리개 하고 있었는데
돌아보는 모습에 빛이 발하였네.
옛 남편 옆에서 보고 있다가
눈을 닦고 보면서 놀라고 의아해 하네.
무릎 꿇고 건장한 남자에게 묻기를;

이 사람 제 처가 아닌가 하는데요?
저와의 연분은 이미 끊겨서
상산 기슭에서 다른 마누라 얻었지오.
다만 한 번 만나서
영원한 이별이나 하고 떠나고 싶군요.
서로 만나자 애간장 끊어지는 듯 하고,
건장한 남자의 마음도 갑자기 슬퍼지네.
그가 말하기를; 나도 역시 마누라가 있었는데
상산에서 생이별을 했지요.
내가 십여 년 종군하고 있는 사이에
누구에게 시집이라도 갔는지 모르겠군요.
당신 부인이 내 고향 사람이라니
길거리에서나마 만나보고 싶군요.
어찌 알았으랴! 상산의 그 부인도
건장한 남자 보더니 역시 울음 터뜨리네.
본시 저는 당신 마누라였는데
물건 버리듯 갑자기 나를 버렸지요.
참새가 까마귀 따라 날아가니
나래 나란히 하던 관계 영영 어긋나 버렸지요.
수컷은 날아올라 새 둥주리 차지하고
암컷은 엎드린 채 옛 가지 생각하네.
두 수컷은 서로 바라보면서 생각하다가
각자 그의 암컷을 되돌려 주었다네.
암 수컷이 일시에 합쳐지게 되자

두 줄기 눈물이 옷깃을 직셨다네.

浮萍寄洪波하여, 飄飄¹⁾東復西라.
(부평기홍파 표표동부서)

兎絲胃²⁾喬柯³⁾하여, 裊裊⁴⁾復離披⁵⁾라.
(토사견교가 요뇨부리피)

兎絲斷有日이오, 浮萍合有時라.
(토사단유일 부평합유시)

浮萍語兎絲하되, 離合安可知오?
(부평어토사 이합안가지)

健兒東南征이러니, 馬上傾城⁶⁾姿라.
(건아동남정 마상경성자)

輕羅作障面⁷⁾하고, 顧盼生光儀라.
(경라작장면 고반생광의)

故夫從旁窺러니, 拭目驚且疑라.
(고부종방규 식목경차의)

長跪⁸⁾問健兒하되, 毋乃賤子⁹⁾妻아?
(장궤문건아 무내천자처)

賤子分¹⁰⁾已斷하여, 買婦¹¹⁾商山陲¹²⁾라.
(천자분이단 매부상산수)

但願一相見하고, 永訣¹³⁾從此辭라.
(단원일상견 영결종차사)

相見肝腸絶하고, 健兒心乍¹⁴⁾悲라.
(상견간장절 건아심사비)

自言亦有婦러니, 商山生別離라.
(자언역유부 상산생별리)

我戌[15]十餘載니, 不知從阿誰라.
(아수십여재 부지종아수)

你婦旣我鄕이니, 便可會路岐[16]라.
(이부기아향 변가회로기)

寧知商山婦이, 復向健兒啼라.
(영지상산부 부향건아제)

本執君箕帚[17]러니, 棄我忽如遺라.
(본집군기추 기아홀여유)

黃雀[18]從烏飛하니, 比翼[19]長參差[20]라.
(황작종오비 비익장참치)

雄[21]飛占新巢하고, 雌[22]伏思舊枝라.
(웅비점신소 자복사구지)

兩雄相顧詫[23]라가, 各自還其雌라.
(양웅상고타 각자환기자)

雌雄一時合하니, 雙淚[24]沾裳衣러라.
(자웅일시합 쌍루첨상의)

註釋 1) 飄飄(표표)- 물 위에 이리저리 떠다니는 모양. 2) 胃(견)- 옮다, 걸리다. 3) 喬柯(교가)- 높은 나뭇가지. 4) 裊裊(요뇨)- 한들거리는 모양, 한들한들. 5) 離披(이피)- 사방으로 흩어지는 것, 사방으로 뻗는 것. 6) 傾城(경성)- 굉장한 미인을 형용하는 말, 경국(傾國)과 같이 씀(漢 李延年「佳人歌」에서 나온 말). 7) 障面(장면)- 얼굴 가리개. 8) 長跪(장궤)- 땅바닥에 무릎을 꿇는 것. 9) 賤子(천자)- 천한 자식, 자신을 낮추어 부르는 말. 10) 分(분)- 연분(緣分). 11) 買婦(매부)- 마누라를 사다, 장가든 것을 말함. 12) 陲(수)- 근처, 언저리, 산기슭. 13) 永訣(영결)- 영원히 이별하는 것. 14) 乍(사)-

갑자기. 15) 戍(수)- 수자리 살다, 군에 복무하다. 16) 路岐(노기)- 길거리. 17) 箕帚(기추)- 쓰레받기와 비. 누구를 위하여 집기추(執箕帚)한다는 것은 곧 집안을 청소하며 살림을 한다, 곧 부인노릇을 함을 뜻한다. 18) 黃雀(황작)- 참새. 19) 比翼(비익)- 나래를 나란히 하고 나르는 것. 옛날부터 전설적인 비익조(比翼鳥)를 애정이 두터운 부부에 비겼다. 20) 參差(참치)- 들쑥날쑥 한 것, 서로 어긋나는 것. 21) 雄(웅)- 수컷. 22) 雌(자)- 암컷. 23) 顧詫(고타)- 돌아보며 생각해 보는 것. 24) 雙淚(쌍루)- 두 줄기 눈물.

解說 이 시는 두 부부의 조우(遭遇)를 통하여 청나라 초기 백성들이 전란을 통하여 겪은 참상을 읊고 있다. 이 두 부부는 그래도 행운이었다 할 것이다. 그런 시국에는 더 많은 젊은 부부들이 영원히 자기 짝을 잃었을 것이기 때문이다.

목동의 노래(牧童謠)

위 밭이고 아래 밭이고 산골짜기 옆에 있어서
삼년 두고 씨 뿌리면 일년만 거둔다네.
늙은 소가 전란 후에 송아지를 낳았으니
흙벽을 세워 초가라도 세우려 하네.
세금 재촉이 다급하여 세리(稅吏)가 두려운 나머지
집안의 것 다 팔아버리고 소도 버리려 하네.
금년에는 세금 안내고 도망하여 아직도 소가 있다지만
내년에 흉년들까 걱정되지 않겠는가?

앞산에선 호가(胡笳) 불고 뒷산에선 북 울리며 전쟁 일어나자,
군사들 먹이기 위하여 소 잡기를 쥐의 사지 째듯 하네.
소야, 소야! 어디로 가야 하겠느냐?

  上田下田傍山谷하니, 三年播種一年熟[1]이라.
  (상전하전방산곡 삼년파종일년숙)
  老牛亂後生黃犢[2]하여, 版築[3]將營結茅屋이라.
  (노우난후생황독 판축장영결모옥)
  催科[4]令急畏租吏하여, 室中賣盡牛亦棄라.
  (최과령급외조리 실중매진우역기)
  今年逋租[5]尙有牛나, 明年歲荒[6]愁不愁아?
  (금년포조상유우 명년세황수불수)
  前山吹笳後擊鼓하여, 殺牛餉士[7]如磔[8]鼠라.
  (전산취가후격고 살우향사여책서)
  牛兮牛兮適何土아?
  (우혜우혜적하토)

(註釋) 1) 熟(숙) - 씨 뿌린 곡식이 제대로 자라 잘 여무는 것. 2) 黃犢(황독) - 송아지. 3) 版築(판축) - 양편에 판을 세우고 중간에 흙을 다져 넣어 담이나 벽을 만드는 것. 4) 催科(최과) - 세금을 내라고 재촉하는 것. 5) 逋租(포조) - 세금을 내지 않고 도망치는 것. 6) 歲荒(세황) - 흉년이 드는 것. 7) 餉士(향사) - 군사들에게 음식을 먹이는 것. 8) 磔(책) - 몸을 찢어 죽이는 것.

(解說) 전란 속의 농촌 백성들의 고난이 그려진 시이다. 소를 치는 목동뿐만이 아니라 백성들 모두가 목숨만 부지하기도 힘든 세상이다.

닭 울음(鷄鳴曲)

꼬꾜오 또 꼬꾜오!
닭이 초가집 모퉁이에서 울고 있네.
나그네는 천리 길을 오면서도 이 소리 들어보지 못한지라
귀 기울이어 이 소리 듣고는 길 가던 마음 놀라네.
우물쭈물하다가 되돌아가 주인 영감에게 권하기를;
"이 닭 집안에서 울도록 남겨두지 마시오!
북쪽에서 온 건장한 병사들 구름처럼 모여 있어서
성안의 것들은 모두 약탈하고 산마을로 나오고 있다오.
산 깊고 초가집은 소나무와 대나무에 가리어져 있으나
닭울음소리 듣기만 하면 사람이 있는 줄 알게 되오!
처자들이 약탈당할 뿐만이 아니라 닭도 삶아 먹히게 될 것이니,
집안 텅 비고 벽 무너진 다음에 부질없이 가슴 앓지 마시오!
당신은 보지를 못하였소?
긴 밤 길게 새지 않고 있을 적에
찍찍 사람과 귀신이 함께 울고 있는 것을!

喔喔[1]復喔喔하며, 鷄鳴茅屋角이라.
(악악부악악 계명모옥각)

客行千里無此聲이러니, 傾耳聽之驚客情이라.
(객행천리무차성 경이청지경객정)

踟躕[2]回勸主人翁하되, 勿留此鷄鳴屋中하라.
(지주회권주인옹 물류차계명옥중)

朔方健兒³⁾如雲屯⁴⁾하니, 城中掠盡來山村이라.
(삭방건아여운둔 성중략진내산촌)

山深茅屋隔松筠이나, 但聞鷄鳴知有人이라.
(산심모옥격송윤 단문계명지유인)

妻孥被掠鷄亦烹이리니, 空庭破壁徒酸辛이라.
(처노피략계역팽 공정파벽도산신)

君不見, 長夜漫漫夜相續할새, 啾啾⁵⁾人鬼同時哭가?
(군불견 장야만만야상속 추추인귀동시곡)

(註釋) 1) 喔喔(악악)- 닭이 우는 소리. 2) 踟躕(지주)- 우물쭈물하는 것. 3) 朔方健兒(삭방건아)- 북쪽의 건장한 남자들, 청나라 병사들을 가리킨다. 4) 屯(둔)- 모여들다. 5) 啾啾(추추)- 귀신이 우는 소리.

(解說) 명말 청초의 현상을 고발한 시이다. 청나라 군사들의 횡포가 얼마나 심했는가 알게 한다.

호수 북쪽의 산가를 찾아가서(過湖北¹⁾山家)

길은 꾸불꾸불 바위 언덕 따라 나 있는데,
늙은 나무의 뿌리가 담 밑으로 뻗어 나왔네.
몇 줄기 계곡 물이 합쳐져 들판으로 흐르고,
복사꽃이 온 마을에 피어있네.
닭을 불러다가 잡기 위해 우리에 가두고
자손들에게 술상 차리라고 분부하네.

떠나자! 니도 속세 버리고 숨어 살란다!
앞 산봉우리가 문 마주 대하고 솟아있으니 얼마나 좋은가!

路回臨石岸하고, 樹老出牆根²⁾이라.
(노회임석안 수로출장근)

野水合諸澗³⁾하고, 桃花成一村이라.
(야수합제간 도화성일촌)

呼鷄過籬柵⁴⁾하고, 行酒命兒孫이라.
(호계과리책 행주명아손)

去矣吾將隱이니, 前峰恰⁵⁾對門이라!
(거의오장은 전봉흡대문)

(註釋) 1) 湖北(호북)- 작자의 고향 안휘성(安徽省) 선성(宣城)에 있는 옥총호(玉葱湖) 북쪽, 그 곳에는 작자 조상들의 묘가 있다 한다. 2) 牆根(장근)- 담장 밑. 3) 澗(간)- 계곡에 흐르는 물. 4) 過籬柵(과리책)- 닭을 잡아 술안주를 만들기 위하여 닭 우리에 잡아 가두어 두는 것. 5) 恰(흡)- 마침, 알맞게.

(解說) 만년에 벼슬을 그만두고 고향으로 돌아와 지은 시라 한다. 시윤장의 대표적인 오언율시(五言律詩)이다. 그는 오언율시를 잘 지은 작가로 알려져 있다.

배 안에서 입추를 맞음(舟中立秋¹⁾)

늙게 되자 가을 되는 것 두려워지니

세월은 흐르는 물 따라가는 듯 하네.
음산한 구름이 강 언덕 풀 위에 덮였고,
소나기는 여울 속의 배를 더욱 어지럽히네.
시서(詩書) 공부했어도 시국 일엔 서툴고,
군량(軍糧) 때문에 영남(嶺南) 남해(南海) 지방이 근심일세.
여러 해 흉년이 들다 올해 겨우 풍년이니,
노 잡고 기대서서 서쪽 들판을 바라보네.

  垂老畏聞秋하니, **年光**[2]**逐水流**라.
  (수로외문추 연광축수류)
  陰雲沈岸草요, **急雨亂灘**[3]**舟**라.
  (음운침안초 급우난탄주)
  時事詩書拙하고, **軍儲**[4]**嶺海**[5]**愁**라.
  (시사시서졸 군저영해수)
  洊飢[6]**今有歲**[7]하니, **倚棹**[8]**望西疇**[9]라.
  (전기금유세 의도망서주)

(註釋) 1) 立秋(입추)- 24절기의 하나, 양력 8월 7일 무렵. 2) 年光(연광)- 세월. 3) 灘(탄)- 여울. 4) 軍儲(군저)- 군량(軍糧). 5) 嶺海(영해)- 영남(嶺南)과 남해(南海) 지방, 양광(兩廣) 지방. 6) 洊飢(전기)- 흉년이 여러 해 계속 드는 것. 7) 有歲(유세)- 한 해의 곡식이 제대로 여무는 것, 풍년이 드는 것. 8) 棹(도)- 배의 노. 9) 疇(주)- 밭, 밭이 있는 들판.

(解說) 배를 타고 가면서 입추(立秋)를 맞이한 소감을 읊은 시이다. 작자의 노경과 여러 해 이어온 흉년 등이 어지러운 청나라 초기의 사회상을 반영하고도 있다.

… **작가 약전**(略傳) …

오가기(吳嘉紀, 1618-1684) 자는 빈현(賓賢), 또는 야인(野人), 강소성(江蘇省) 태주(泰州) 사람. 그는 27세 때 청나라 군사들이 남하하여 명나라를 멸망시키고, 잔인하게 살육과 약탈을 자행하는 것을 보고 고향에 가난하게 숨어살았다. 따라서 그의 시에는 그 시대의 혼란을 반영하는 작품이 많다. 특히 청나라 군대의 잔학과 백성들의 고난이 잘 표현되어 있다. 그의 작품집으로 『누헌시집(陋軒詩集)』이 있다.

아침 비가 내리네(朝雨下)

아침 비가 내리어
밭에 물이 깊게 고여 곡식이 물에 잠기고,
주린 새들은 짹짹 뽕나무 위에서 울고 있네.
저녁에 비가 내리자
부자 집 아들은 술을 거르고 친구들 모아
술 잔뜩 마시며 오직 몸이 너무 취하여 죽게 될까 걱정이네.
비가 그치지 않아

더운 여름인데도 하늘은 부자들에게 가을을 가져다주어
지붕 처마에선 빗물 줄줄 흘러 앉아있는 사방이 시원하고,
앉아있는 무리 중 경박한 자들은 이미 갖옷을 걸치고 있네.
비가 더욱 내리자
가난한 집에선 저녁도 되기 전에 문 닫고 누워 자는데,
그저께 어제 하여 사흘을 굶고 있는데도
지금껏 문밖에는 아무도 찾아오지를 않네.

朝雨下하니, 田中水深沒禾稼[1]하고, 饑禽聒聒[2]啼桑柘[3]라.
(조우하 전중수심몰화가 기금괄괄제상자)

暮雨下하니, 富兒漉[4]酒聚儔侶[5]하고, 酒厚[6]祗[7]愁身醉死라.
(모우하 부아록주취주려 주후지수신취사)

雨不休하니, 暑天天與富家秋하여, 檐[8]溜[9]淙淙[10]凉四座하고, 座中輕薄已披裘[11]라.
(우불휴 서천천여부가추 첨류종종양사좌 좌중경박이피구)

雨益大하니, 貧家未夕關門臥하고, 前日昨日三日餓로되, 至今門外無人過라.
(우익대 빈가미석관문와 전일작일삼일아 지금문외무인과)

註釋 1) 禾稼(화가)- 곡식 싹. 2) 聒聒(괄괄)- 새들이 시끄럽게 우는 소리. 3) 桑柘(상자)- 뽕나무. '柘'는 산뽕나무. 4) 漉(녹)- 술을 거르는 것. 5) 儔侶(주려)- 친구들. 6) 酒厚(주후)- 술을 맛있게 많이 마시는 것. 7) 祗(지)- 오직, 지(只). 8) 檐(첨)- 지붕 처마. 9) 溜(유)- 흘러 떨어지는 빗물. 10) 淙淙(종종)- 물이 흘러 떨어지는 소

리. 11) 裘(구)- 갖옷, 짐승 털가죽 옷.

(解說) 비오는 날의 상황을 빌어 그 시대 사회상의 모순을 고발하고 있다. 여기의 부자는 청나라의 만주족과 그 추종자들이고, 가난한 사람들이란 한족의 백성들이라 볼 수도 있을 것이다.

가을장마(秋霖[1])

허물어진 집엔 저녁 추위 이는데
가을장마는 개려들지 않네.
양식 빌러가자 이웃 영감이 싫어하고,
칡베 옷 입고 있다고 마을 사람들 놀라네.
목소리 슬퍼서 왜가리 같다고 불쌍히 여기고
꽃이 드무니 결명자(決明子)가 원망스럽네.
하늘 가 저 멀리 지기(知己)의 친구 있으니
곧 내 초라한 집 찾아 주리라.

   破屋暮寒生이어늘, 秋霖不肯晴이라.
   (파옥모한생 추림불긍청)
   借糧隣老厭[2]하고, 衣葛[3]里人驚이라.
   (차량인로염 의갈이인경)
   聲慘憐鶬鴰[4]이오, 花鮮怨決明[5]이라.
   (성참연창괄 화선원결명)

天涯有鮑叔[6]하니, **早晚訪柴荊**[7]하리라.
(천애유포숙 조만방채형)

(註釋) 1) 霖(임)- 장마. 2) 厭(염)- 싫어하다. 3) 葛(갈)- 칡, 칡베 옷. 4) 鶬鴰(창괄)- 왜가리, 물가에 사는 새의 일종. 5) 決明(결명)- 결명차(決明茶)의 열매, 결명자(決明子). 한약재로 쓰이며 여름에 꽃이 핀 뒤 가을에 빨간 열매가 달린다. 6) 鮑叔(포숙)- 춘추(春秋)시대 제(齊)나라 관중(管仲)과 친했던 포숙아(鮑叔牙). 여기에서는 자신의 지기지우(知己之友)를 말한다. 7) 柴荊(채형)- 싸리나무로 두른 울타리. 싸리나무 울타리를 두른 초라한 집.

(解說) 째지게 가난한 작자의 생활이 잘 드러나 있다. 자기의 빈고(貧苦)에 붙여 당시 세상에 대한 원망의 뜻도 함께 느껴진다.

일전의 노래, 임무지에게 드림(一錢行贈林茂之[1])

선생님은 85세의 고령으로
짚신 신고 다시 양주 땅에 오셨는데,
옛 친구라고는 무덤만이 남아있고
백양나무도 모두 잘리고 부서져 뿌리만이 남았네.
옛날 와서 노신 때가 어느 듯 50년이나 지났으니
강산은 그대로이나 사람들은 모두 바뀌었고,
온 세상 전쟁에 휩쓸리고 시인께선 가난해서
자루 바닥엔 부질없이 일전만이 남아있네.

복사꽃 살구꽃 핀 늦은 봄날에
선생님과 지팡이 짚고 고기잡이배에 올라가는데,
술 많이 마시어 얼굴은 닳아 오르고 성은 멀리 보일 때
푸른 물 앞에서 빈 자루 펼쳐보이자
술 마시던 사람들 보자마자 모두 눈물 흘리는데
바로 그것은 전 왕조의 만력전(萬曆錢)이었기 때문이었네.

先生春秋八十五러니, 芒鞋²⁾重踏揚州³⁾土라.
(선생춘추팔십오 망혜중답양주토)
故交但有丘塋⁴⁾存하고, 白楊摧盡留枯根이라.
(고교단유구영존 백양최진유고근)
昔游倏⁵⁾過五十載하니, 江山宛然⁶⁾人代改라.
(석유숙과오십재 강산완연인대개)
滿地干戈杜老⁷⁾貧하니, 囊⁸⁾底徒餘一錢在라.
(만지간과두로빈 낭저도여일전재)
桃花李花三月天에, 同君扶杖上漁船이라.
(도화리화삼월천 동군부장상어선)
杯深⁹⁾顔熱城市遠일새, 却展空囊碧水前이라.
(배심안열성시원 각전공낭벽수전)
酒人一見皆垂淚하니, 乃是先朝萬曆錢¹⁰⁾이라.
(주인일견개수루 내시선조만력전)

註釋 1) 林茂之(임무지)- 임고도(林古度), 자가 무지. 늘 한 개의 만력전(萬曆錢)을 허리띠에 매어달고 다녔다 한다.　2) 芒鞋(망혜)- 짚신. 3) 揚州(양주)- 강소성(江蘇省)에 있는 도시. 작자의 고향 선성(宣城)

북쪽 그다지 멀지 않은 곳에 있음. 4) 丘塋(구영)- 무덤. 5) 倏 (숙)- 어느 덧, 홀연(忽然). 6) 宛然(완연)- 전과 변함이 없는 것. 7) 杜老(두로)- 두보(杜甫) 같은 노시인, 임무지를 가리킴. 8) 囊 (낭)- 자루, 여행자가 갖고 다니는 자루. 9) 杯深(배심)- 술잔을 많이 기울이는 것. 10) 萬曆錢(만력전)- 만력은 명나라 신종(神宗)의 연호(1573-1619), 그때 주조한 돈임.

(解說) 임고도가 자루 밑에 넣고 다니던 일전의 만력전(萬曆錢)을 읊은 것이다. 명나라 돈을 통해서 명나라를 흠모하는 정을 드러내고 있다. 임고도는 이 시를 계기로 그 일전의 만력전을 늘 허리띠에 매어달고 다녔을 것이다.

이씨 댁 며느리(李家娘)

을유(乙酉)년(1645) 여름 청나라 군대가 양주(揚州)를 함락시킬 적에 이씨 댁 며느리가 잡혀갔다. 잡아간 자들은 여러 가지 방책을 써서 말을 듣기를 강요하였으나 그는 굽히지 않았다. 7일이 지난 뒤 밤에 그의 남편이 죽었다는 말을 듣고, 그 여인은 슬피 울부짖으면서 벽을 들이받아 미리통이 깨지며 뇌수(腦髓)가 쏟아져 나와 죽었다. 그때 마침 잡아간 자들은 밖에 나갔다 돌아와서 그걸 보고는 노하여 여인의 시체를 찢고 배를 갈라 심장과 폐장을 꺼내어 사람들에게 보여주었다. 그것을 본 사람들은 놀라면서 그를 애도하지 않는 사람이 없었고, 모두가 이씨 댁 며느리를 칭송하였다 한다.

乙酉夏에, 兵陷郡城¹⁾할새, 李氏婦被掠이라. 掠者²⁾百計³⁾

求近⁴⁾이로되, 不屈이라. 越七日에, 夜聞其夫歿⁵⁾하고, 婦哀號撞壁⁶⁾하니, 顱⁷⁾碎腦出而死라. 時掠者他出이라가, 歸乃怒裂婦尸하고, 剖腹取心肺⁸⁾示人이라. 見者莫不驚悼하고, 咸稱李家娘云이러라.

(註釋) 1) 郡城(군성)- 양주(揚州)를 가리킨다. 2) 掠者(약자)- 청나라 군사들을 가리킨다. 3) 百計(백계)- 여러 가지 계책을 써서 달래는 것. 4) 求近(구근)- 가까이 대해주기를 요구하다, 바라는 대로 말을 잘 들어주기를 바라다. 5) 歿(몰)- 죽다. 6) 撞壁(당벽)- 벽을 들이받는 것. 7) 顱(노)- 두개골(頭蓋骨), 머리통. 8) 心肺(심폐)- 심장(心臟)과 폐장(肺臟).

성안의 산은 죽은 사람의 뼈로 하얗고
성밖의 개울물은 죽은 사람의 피로 빨갛네.
사람을 140만 명이나 죽였으니
새 성이고 옛 성이고 그 안에 몇 사람이나 살았겠는가? (1해)

처는 거울을 보고 있는 사이
남편은 이미 목이 떨어졌고,
살인자는 피비린내 나는 칼을 칼집에 넣고는
아름다운 여인들을 끌고 갔네.
서쪽 집 여인도
동쪽 집 며느리도,
꽃 같은 이씨 집 며느리도
모두 난폭한 자들 손안에 떨어졌네. (2해)

손으로 잡아끌고
청나라 말을 하며
호가(胡笳) 소리 속에
둥근 해 지면
그들은 돌아와 아름다운 여인들을 끌어안았네.
오직 이씨 댁의 며느리만은
오랑캐들 막사로 들어가 자지 않았네. (3 해)

어찌 날카로운 칼이 없어
사람들 살갗을 자르지 못하겠는가?
화나는 것을 돌리어 기쁨으로 삼으며
마음속으로 아름다운 여인들을 추구하네.
아름다운 여인들 무척 많지만
용모가 저만한 이가 없네. (4 해)

어찌 삶을 탐하랴?
남편과 어제 헤어졌는데
살았는지 죽었는지 알지 못하겠네.
여자 짝으로 얼마나 좋은 상대인가?
광을 내고 옷에 향기 뿌리고 와서
달콤한 말로 이씨 댁 며느리를 달래네. (5 해)

이씨 댁 며느리는
창자가 찢어지는 듯!

매를 맞아 몸 부서지고
주옥같은 몸 재가 된다 하더라도,
시름과 결심을 옷 띠로 묶어놓되
천 번 묶고 만 번 묶고 하여 풀어지지 않네. (6해)
이씨 댁 며느리
오랑캐 부대 안에 앉아
밤 깊어도 일어나 바라보는데
오랜 남편은 보이지 않고
오직 군마(軍馬)가 바람결에 슬피 우는 소리만이 들리네.
또 한구(邗溝) 위에 달이 떠서
맑은 빛에 출렁이는 물이 가슴속을 밝게 해 주네. (7해)

나머지 살아있는 사람들 죽이지 말라는 명령이 내려지고
성채(城砦) 밖의 사람이 왔는데
꼭 외삼촌 같은 목소리가,
내 오랜 남편이
난동 부리는 오랑캐 병사 칼에 죽었다 말해주네.
통곡하며 땅바닥에 쓰러져
슬피 푸른 하늘 찾으며 울부짖네. (8해)

남편 이미 죽어버렸다면
처로써 이제 다시 무얼 바라겠는가?
머리로 벽을 들이받아 뇌수 흘려내고
심장과 폐장은 원수들이 꺼내고

배를 째고 머리를 자르는 것도 마다하지 않았네.
보고 있던 사람들로 하여금 도살장에 끌려가는 양이나 소처럼
　　두려워 떨게 하였네. (9해)

양이나 소처럼 떤 사람들은 어떤 사람들이었나?
동쪽 집 여인
서쪽 집 며느리들이니,
내일 군영을 거두어 북쪽으로 가게 되면
길 가느라 고생하게 될 것이네.
기러기와 고니는 하늘로 날아오르고
꾀 많은 토끼는 땅을 떠나지 않는다네.
고향의 이씨 댁 며느리 되새기면서
북쪽으로 가는 낙타 등 위에서 눈물 비 오듯 흘리리라! (10해)

　　城中山白死人骨이오, 城外水赤死人血이라.
　　(성중산백사인골　성외수적사인혈)
　　殺人一百四十萬하니, 新城舊城內有幾人活고? (一解[1])
　　(살인일백사십만　신성구성내유기인활) (일해)

　　妻方對鏡할새, 夫已墮首[2]라.
　　(처방대경　부이타수)
　　腥刀[3]入鞘[4]하고, 紅顔[5]隨走라.
　　(성도입초　홍안수주)
　　西家女며, 東家婦와,
　　(서가녀　동가부)

如花李家娘이, 亦落强梁[6]手라. (二解)
(여화이가낭 역락강량수) (이해)

手牽拽[7]하고, 語兜離[8]하며,
(수견예 어두리)

笳[9]吹하고, 團團[10]日低하니, 歸擁曼睩[11]娥眉[12]라.
(가취 단단일저 귀옹만록아미)

獨有李家娘이, 不入穹廬[13]栖라. (三解)
(독유이가낭 불입궁려서) (삼해)

豈無利刃하여, 斷人肌膚[14]아?
(기무리인 단인기부)

轉嗔[15]爲悦하고, 心念彼姝[16]라.
(전진위열 심념피주)

彼姝孔[17]多로되, 容貌不如他라. (四解)
(피주공다 용모불여타) (사해)

豈是貪生고? 夫子[18]昨分散하여, 未知存與亡이라.
(기시탐생 부자작분산 미지존여망)

女伴何好아? 發澤衣香하고, 甘言來勸李家娘이라.
　　(五解)
(여반하호 발택의향 감언래권이가낭) (오해)

李家娘은, 腸[19]崩摧[20]라!
(이가낭 장붕최)

箠撻[21]磨滅[22]하고, 珠寶[23]成灰라도,
(추달마멸 주보성회)

愁思[24]結衣帶하되, 千結萬結解不開라. (六解)
(수사결의대 천결만결해불개) (육해)

李家娘은, 坐軍中하여,
(이가낭 좌군중)

夜深起望하니, 不見故夫子하고, 唯聞戰馬嘶[25]悲風이라.
(야심기망 불견고부자 유문전마시비풍)

又見邗溝[26]月이, 清輝漾漾[27]明心胸이라. (七解)
(우견한구월 청휘양양명심흉) (칠해)

令下止殺殘人生할새, 寨[28]外人來러니,
(영하지살잔인생 채외인래)

殊似舅[29]聲이오, 云我故夫子이, 身沒亂刀兵이라.
(수사구성 운아고부자 신몰난도병)

慟仆[30]厚地하여, 哀號蒼旻[31]이라. (八解)
(통부후지 애호창민) (팔해)

夫旣歿이어늘, 妻復何求리오?
(부기몰 처부하구)

腦髓與壁[32]하고, 心肺與仇하며,
(뇌수여벽 심폐여구)

不嫌剖腹[33]截頭[34]하여, 俾[35]觀者觳觫[36]若羊牛라. (九解)
(불혐부복절두 비관자곡속약양우) (구해)

若羊若牛何人고?
(약양약우하인)

東家婦와, 西家女이,
(동가부 서가녀)

來日撤營北去면, 馳驅辛苦리라.
(내일철영북거 치구신고)

鴻鵠[37]飛上天하고, 毚兔[38]不離土라.
(홍혹비상천 참토불리토)

鄉園回憶李家娘하고, 明駝[39]背上淚如雨리라. (十解)
(향원회억이가낭 명타배상누여우) (십해)

註釋 1) 解(해)- 옛날 악곡의 한 절(節) 또는 장(章)을 나타내는 말임. 2) 墮首(타수)- 머리가 떨어지다, 목이 잘리는 것. 3) 腥刀(성도)- 피비린내가 나는 칼, 사람을 죽인 칼. 4) 鞘(초)- 칼집. 5) 紅顏(홍안)- 아름다운 미녀들을 가리킴. 6) 强梁(강량)- 흉악하고 난폭한 사들. 7) 牽拽(견예)- 잡이끄는 것, 견인(牽引). 8) 兜離(두리)- 오랑캐 말을 하는 모양, 쑤알라거리는 모양. 청나라 군사들이 떠드는 모양을 형용한 것이다. 9) 笳(가)- 호가(胡笳), 옛날 군에서 신호용으로 쓰던 악기의 일종. 10) 團團(단단)- 둥근 모양. 11) 曼睩(만록)- 큰 눈알을 굴리는 모양, 아름다운 눈을 지닌 여인. 12) 娥眉(아미)- 가는 여인의 눈썹, 역시 아름다운 여인을 가리킴. 13) 穹廬(궁려)- 옛날 흉노족(匈奴族)들이 초원에서 주거용으로 쓰던 털가죽 장막. 여기에서는 청나라 군사들의 군막(軍幕)을 뜻한다. 14) 肌膚(기부)- 사람의 살갗. 15) 嗔(진)- 성냄, 화냄. 16) 姝(주)- 아름다운 여인. 17) 孔(공)- 매우, 심히. 18) 夫子(부자)- 남편을 가리키는 말. 19) 腸(장)- 창자. 20) 崩摧(붕최)- 무너지고 찢어지다. 21) 箠撻(추달)- 매를 맞다. 22) 磨滅(마멸)- 몸이 닳아 없어지는 것. 23)

珠寶(주보)- 주옥같은 그의 몸을 가리킴. 24) 愁思(수사)- 남편의 죽음을 슬퍼하며 그리워하는 마음. 25) 嘶(시)- 말이 우는 것. 26) 邗溝(한구)- 양주(揚州)에서 회안(淮安)까지 뻗어 회수(淮水)와 연결되던 옛 운하 이름. 27) 漾漾(양양)- 물이 출렁대는 모양. 28) 寨(채)- 성채(城砦). 29) 舅(구)- 어머니의 형제, 외삼촌. 30) 慟仆(통부)- 슬프게 통곡하며 앞으로 넘어지는 것. 31) 蒼旻(창민)- 푸른 하늘. 32) 與壁(여벽)- 벽에게 주다, 벽을 들이받은 것을 가리킴. 33) 剖腹(부복)- 배를 갈으는 것. 34) 截頭(절두)- 목을 자르는 것. 35) 俾(비)- ---으로 하여금, 사(使). 36) 觳觫(곡속)- 두려움에 떠는 모양.『맹자』양혜왕(梁惠王)편에 도살되려고 끌려가는 소와 양이 두려움에 떠는 모습을 이렇게 표현하고 있다. 37) 鴻鵠(홍혹)- 기러기와 고니. 38) 毚兎(참토)- 약삭빠른 토끼, 교활한 토끼. 39) 明駝(명타)- 낙타.

(解說) 주인공인 이가낭에 대하여는 앞의 서문(序文)에 자세하다. 이민족인 청나라 군대가 중국 땅으로 들어와 얼마나 횡포를 자행하였는가 알게 하는 시이다.

책 팔아 어머니 제사 지내며(賣書祀母)

어머니 돌아가시어 오늘 슬퍼하는 것이
자식으로 가난하고 보니 전날보다도 더하네.
이 세상에서 즐거운 세월 없으셨으니
땅 밑에서도 언제나 굶주리고 계시리라!
맹물을 꽃이라 생각하면서 올리고

기장으로 빗속에 밥을 짓네.
책의 효용 적다고 말하지 말라!
지금 슬픈 생각에 위로가 되고 있다네.

> 母沒悲今日하니, 兒貧過¹⁾昔時라.
> (모몰비금일 아빈과석시)
> 人間無樂歲²⁾하니, 地下共長飢리라!
> (인간무락세 지하공장기)
> 白水當花薦³⁾이오, 黃粱⁴⁾對雨炊라.
> (백수당화천 황량대우취)
> 莫言書寡效하라! 今已慰哀思라.
> (막언서과효 금이위애사)

(註釋) 1) 過(과)- 더하다, 슬픔이 더하다는 뜻임. 2) 樂歲(낙세)- 즐거운 세월, 잘 사는 기간. 3) 薦(천)- 제사상에 올리는 것. 4) 黃粱(황량)- 기장.

(解說) 책을 팔아 돈을 장만해가지고 어머니 제사를 지내는 선비의 처지가 처절하다. 본인은 책을 팔아 제사를 지낸 덕분에 "지금 슬픈 생각에 위로가 되고 있다"고 읊고 있지만 사실은 자기의 처지가 더욱 가슴 아플 것이다.

세금 다 내고(稅完)

독 속의 보리를 다 내어주고
세금 다 내고 보니 책망은 받지 않게 되었는데,
살갗 하루아침 보전하려고
배창자를 사흘 밤이나 괴롭히는 셈이네.

> 輸盡[1]甕中麥하여, 稅完不受責이라.
> (수진옹중맥　세완불수책)
>
> 肌膚保一朝하고, 腸腹苦三夕[2]이라.
> (기부보일조　장복고삼석)

(註釋) 1) 輸盡(수진)- 다 내어주다, 다 보내다.　2) 三夕(삼석)- 사흘 밤.

(解說) 농촌의 참상을 노래한 시이다. 농민들은 일년 내내 죽도록 농사 지어 세금 다 내고 보면 먹을 것도 남지 않는다. 그렇다고 내지 않으려니 관리들의 매질이 더 무섭다.

아내의 생일(內人[1]生日)

뜻 잃고 고향에서 이십 년이나 지내는데
친히 아욱과 콩잎 삶아 주며 내 시름 위로해주었네.
맑은 거울 대할 한가한 날이라고는 전혀 없었고,
자진 흉년 견뎌내면서 흰 머리가 되었네.

바다 기운 설렁한 중에 문 위에 제비가 있고,
계곡물 출렁거리니 집이 배나 같네.
술 받아다가 축하해주지는 못하고,
여전히 돌아와서는 그대에게 마련해보라고 부탁하네.

　　潦倒²⁾邱園³⁾二十秋러니, 親炊葵⁴⁾藿⁵⁾慰余愁라.
　　(요도구원이십추　친취규곽위여수)
　　絶無暇日⁶⁾臨靑鏡⁷⁾이오, 頻過凶年到白頭라.
　　(절무가일임청경　빈과흉년도백두)
　　海氣荒凉門有燕하고, 溪光搖蕩⁸⁾屋如舟라.
　　(해기황량문유연　계광요탕옥여주)
　　不能沽酒持相祝하고, 依舊歸來向爾謀⁹⁾라.
　　(불능고주지상축　의구귀래향이모)

(註釋) 1) 內人(내인)- 아내. 작자의 아내는 이름이 왕예(王睿), 사(詞)를 잘 지었다 한다. 2) 潦倒(요도)- 뜻을 잃는 것, 쇠약하고 병이 든 것. 3) 邱園(구원)- 고향. 4) 葵(규)- 아욱. 5) 藿(곽)- 콩잎. 아욱과 함께 가난한 사람들이 먹는 나물. 6) 暇日(가일)- 한가한 날. 7) 靑鏡(청경)- 맑은 거울. 8) 搖蕩(요탕)- 물이 출렁이다, 마구 흔들거리다. 9) 謀(모)- 의논하다, 방법을 꾀하다.

(解說) 먹고 살기에도 바쁜 가난한 선비가 아내의 생일을 맞이한 감회를 읊은 시이다. 그에게는 술을 받아다가 아내의 생일을 축하해 줄 능력도 없다. 이민족 지배 아래 지식인들의 설움이 느껴진다.

영감이 얼음 위를 걷는 노래(翁履冰行)

늙은 영감이 얼음판 위를 걸어가면서
손에는 어린 손자를 잡아끌고 가네.
솥에 먼지가 쌓일 지경이라
앞마을로 곡식을 빌러 간다네.
마을의 농부는 곡식이 많지만
옛 친구 생각을 해주려 들지 않네.
영감은 곡식 창고를 떠나
더듬더듬 발길을 돌렸다네.
부자는 호랑이 같아서
얼굴빛을 거스르기도 어렵네.
바람은 강물 가운데로 세차게 부는데
몸은 무겁고 마음은 서러워,
영감이 울면서 손자에게 말하기를
살아있어 보았자 한 가지 일도 되는 게 없다고 하네.
물귀신이 그 소리를 듣자
얼음을 벌리고 사람을 빠지게 하네.
그 아들이 보고는
급히 달려와 구하려고
잡아 끌으려다 굴러 넘어져
부자가 뒤엉키어,
한 집안 삼대가
한꺼번에 물결 속으로 빠져 들어갔네.

날이기던 기러기가 슬피 부르짖었지만
아무도 구해주는 이 없었네.

老翁履冰[1]하며, 手挈[2]稚孫이라.
(노옹리빙 수설치손)

釜甑[3]塵積[4]하니, 貸粟前村이라.
(부증진적 대속전촌)

村農穀富로되, 莫肯念故라.
(촌농곡부 막긍념고)

翁別倉庾[5]하고, 踢踖[6]歸路라라.
(옹별창유 국척귀로)

富人如虎하니, 顔色難干[7]이라.
(부인여호 안색난간)

風壓河心하니, 骨重[8]心酸[9]이라.
(풍압하심 골중심산)

翁泣語孫하되, 生無一可라.
(옹읍어손 생무일가)

河伯[10]應聲하여, 冰開人墮라.
(하백응성 빙개인타)

其子望見하고, 急遽來援하되,
(기자망견 급거래원)

欲引轉仆[11]하여, 骨肉纏綿[12]하니,
(욕인전부 골육전면)

一門三世이, 齊陷波裏라.
(일문삼세 제함파리)

飛雁哀呼로되, 無手救爾라!
(비안애호 무수구이)

(註釋) 1) 履冰(이빙)- 얼음 언 강 위를 걸어가는 것. 2) 挈(설)- 잡아끌고 가는 것. 3) 釜甑(부증)- 솥, 솥과 시루. 4) 塵積(진적)- 먼지가 쌓이다. 솥에 먼지가 쌓인다는 것은 오랜 동안 밥을 짓지 못하였음을 말한다. 5) 倉庾(창유)- 곡식 창고. '유'는 본시 곡식 노적가리. 6) 跼蹐(국척)- 두려운 듯이 걷는 것, 더듬더듬 걷는 모양. 7) 難干(난간)- 범하기 어렵다, 거스르기 어렵다. 8) 骨重(골중)- 뼈가 무겁다. 실은 몸이 무거운 것. 9) 酸(산)- 시다, 서럽다. 10) 河伯(하백)- 황하(黃河)의 신, 물귀신. 11) 轉仆(전부)- 굴러 넘어지다, 도리어 넘어지다. 12) 纏綿(전면)- 풀리지 않게 뒤엉키는 것.

(解說) 양식이 떨어진 영감이 어린 손자의 손을 잡고 이웃마을 부자 집으로 곡식을 빌리러 갔다 오다가, 영감과 함께 그의 아들과 손자 삼대가 한꺼번에 얼음 속에 빠져죽는 비극을 노래한 것이다. 작자도 너무 슬픈 얘기여서 형식도 보통 시체가 아닌 사언(四言)으로 노래했을 것이다.

작가 약전(略傳)

모기령(毛奇齡, 1623-1713) 자는 대가(大可), 호는 서하(西河), 절강성(浙江省) 소산(蕭山) 사람. 강희(康熙) 18년(1679) 박학홍사(博學鴻詞) 시험에 오른 다음 한림원검토(翰林院檢討)라는 벼슬을 하면서 평생을 경학(經學) 연구에 바쳤다. 문집으로는 『서하시집(西河詩集)』이 있다.

거울을 들여다보며 부른 노래(覽鏡詞)

점차 젊은 기 사라지고
더욱 노쇠해지고 있으나 그 누가 가엾게 생각이나 하겠는가?
나와 함께 눈물을 흘리는 이로
오직 거울 속의 사람만이 있을 뿐이네.

　　漸覺鉛華[1]盡이어늘, 誰憐憔悴[2]新고?
　　(점각연화진　수련초췌신)
　　與余同下淚는, 只有鏡中人이라.
　　(여여동하루　지유경중인)

(註釋) 1) 鉛華(연화)- 연분(鉛粉) 기, 화장 기. 여기서는 여자의 경우를 빌어 젊음을 뜻한다.　2) 憔悴(초췌)- 쇠하고 병약해지는 것.

(解說) 작자가 거울을 들여다보며 늙어가는 자신의 모습을 자탄한 시이다. 늙는다고 눈물이나 흘려서야 되겠는가?

유생에게 지어 줌(贈柳生[1])

인간 세상에 떠돌고 있는 유경정(柳敬亭),
호기는 사라지고 귀밑머리 희끗희끗 하네.
강남 지방의 여러 가지 이전 왕조의 얘기를
사람들에게 설창(說唱)하는데 모두 차마 그대로 듣고 있지 못하네.

流落[2]人間柳敬亭이, 消除豪氣鬢星星[3]이라.
(유락인간유경정 소제호기빈성성)

江南多少前朝事를, 說與人間不忍聽이라.
(강남다소전조사 설여인간불인청)

(註釋) 1) 柳生(유생)- 곧 유경정(柳敬亭), 명 말 청 초의 유명한 설창(說唱)을 잘하던 설서예인(說書藝人)이다. 그는 정의감과 애국심이 뛰어난 인물로 알려졌다. 명 말의 문인 장대(張岱)에게 「유경정설서(柳敬亭說書)」라는 글이 있고, 앞에 소개한 바와 같이 오위업(吳偉業)에게는 「초량생행(楚兩生行)」이라는 그에 관한 시가 있고, 청대의 대표적인 전기(傳奇) 작품인 공상임(孔尙任)의 『도화선(桃花扇)』에도 극 중의 중요인물로 등장하고 있다. 2) 流落(유락)- 뜻을 잃고 떠돌아다니는 것. 3) 星星(성성)- 머리가 희끗희끗한 모양.

(解說) 강남에 떠돌아다니면서 설창(說唱)을 하고 있는 유경정이라는 유명한 소리꾼의 몰락 현상을 짧은 칠언절구(七言絶句)로 잘 표현하고 있다. 이 유경정의 몰락은 자기 조국 명나라의 멸망을 상징하기도 하는 것이다.

오나라 궁전 노래(吳宮[1]詞)

고소대(姑蘇臺) 비치는 달빛 싸늘한 밤에 까마귀도 깃들이었는데,
술을 마신 오나라 임금은 몸을 가누지 못할 정도로 취했네.
각별한 깊은 은혜를 입고 있지만 보답을 못하여
임금 앞에 노래하고 춤추던 서시(西施) 임금에게 등 돌리고는 우네.

蘇臺[2]月冷夜烏棲[3]어늘, 飮罷吳王醉似泥[4]라.
(소대월랭야오서　음파오왕취사니)

別有深恩酬不得하니, 向君歌舞背君啼라.
(별유심은수부득　향군가무배군제)

(註釋) 1) 吳宮(오궁)- 오나라 궁전, 오왕(吳王) 부차(夫差)의 궁전을 가리킴. 2) 蘇臺(소대)- 보통 고소대(姑蘇臺)라 부르며, 지금의 소주(蘇州)시 서남쪽의 영암산(靈巖山) 위에 있다. 오왕 합려(闔閭)가 창건하고 부차(夫差)가 크게 증축했다. 3) 夜烏棲(야오서)- 밤에 까마귀가 깃들이다. 이백(李白)의 「오서곡(烏棲曲)」 "고소대 위로 까마귀 깃들일 때에, 오나라 임금 궁전 안에서는 서시가 취하였네(姑蘇臺上烏棲時에, 吳王宮裏醉西

施.)"란 구절을 바탕으로 한 표현이다. 4) 醉似泥(취사니)- 진흙처럼 취하다, 술에 곤두레만두레가 되어 몸을 가누지도 못하는 것.

(解說) 역대로 많은 시인들이 서시를 시로 읊었지만, 이처럼 서시의 내심을 파고들어 긍정적인 각도에서 노래한 이는 없다. 작자는 서시와 오왕 부차의 관계를 노래하면서 역시 망국의 한을 간접적으로 내비치고 있는 듯 하다.

그림 부채에 써넣음(題畵扇)

봄바람 부는 들판에 꽃이 피었는데
청색 자색 파랑색 붉은색 흰색 갖가지이네.
나비가 쌍쌍이 날아와서
꽃들과 아름다움을 견주고 있네.

　　春風野田花이, 靑紫碧紅白이라.
　　(춘풍야전화 청자벽홍백)
　　蛺蝶¹⁾雙雙來하여, 與之比顔色²⁾이라.
　　(접접쌍쌍래 여지비안색)

(註釋) 1) 蛺蝶(접접)- 나비. 2) 顔色(안색)- 얼굴 빛, 아름다움을 뜻함.

(解說) 그림 부채에 써넣은 가벼운 시. 작자는 이처럼 간단하면서도 서정이 서린 시를 잘 지었다.

··· 작가 약전(略傳) ···

굴대균(屈大均, 1630-1696) 자는 개자(介子) 또는 옹산(翁山)이라 하였으며, 광동성(廣東省) 번우(番禺, 지금의 廣州市) 사람이다. 명나라의 제생(諸生)이었으나, 청나라 군사들이 쳐들어오자 항청(抗淸) 군대에 들어가 투쟁을 하다가 실패하자 머리를 깎고 중이 되었다. 중년에 속세로 다시 돌아왔는데, 늘 청나라에 항거하는 활동에 가담하였다. 따라서 그의 시에는 청나라 군사들의 횡포와 백성들이 당하는 고통을 노래한 것들이 많다. 작품집으로 『옹산시외(翁山詩外)』와 『옹산문외(翁山文外)』 및 『도원당집(道援堂集)』이 있다.

노련대(魯連臺[1])

진(秦)나라 황제를 일소에 붙이고 무시하며
훨훨 바다 동쪽으로 사라졌네.
누가 그처럼 큰 어려움을 물리쳐주고도
그런 공로를 헤아리려 들지도 않겠는가?
옛 보루의 하늘엔 늦가을의 기러기 날아가고

높은 누대에는 바람이 불어 나무들이 소리 내네.
예부터 천하의 뛰어난 인재는
오직 민간에 있었다네.

  一笑無秦帝²⁾하고, 飄然向海東³⁾이라.
  (일소무진제 표연향해동)
  誰能排大難하고, 不屑⁴⁾計奇功고?
  (수능배대난 불설계기공)
  古戍⁵⁾三秋⁶⁾雁이오, 高臺萬木風이라.
  (고수삼추안 고대만목풍)
  從來天下士이, 只在布衣⁷⁾中이라.
  (종래천하사 지재포의중)

(註釋) 1) 魯連臺(노련대)- 산동성(山東省) 요성(聊城) 동쪽에 있는 누대 이름. '노련'은 전국(戰國)시대 제(齊)나라 사람 노중련(魯仲連). 그가 조(趙)나라에 여행 중에, 진(秦)나라가 조나라 도성을 포위하고 공격하자 조나라는 다급하여 위(魏)나라에 구원을 요청하였다. 위나라는 조나라에게 진나라 임금을 황제(皇帝)로 존중해 주고 포위를 풀어줄 것을 요청하라고 하였다. 조나라는 위나라의 권고를 따르려 하였으나 노중련이 이를 알고 그것은 의롭지 않은 일임을 역설하며 반대하고 계속 대항케 하였다. 뒤에 진나라 군사가 물러가자 조나라에서는 그에게 크게 사례하려 하였으나, 노중련은 그것을 받지 않고 떠나가 숨어 살았다. 뒤에 사람들이 이러한 노중련을 기념하기 위하여 세운 것이 노련대라 한다. 2) 無秦帝(무진제)- 진나라 임금이 황제 노릇을 제대로 하지 못할 것이라고 무시하는 것. 3) 海東(해동)- 바닷가, 바다 속. 4) 不屑(불설)- 문제 삼지 않다, 우습게 여기다. 5) 戍(수)- 수자리하던 곳, 보루(堡壘). 6) 三秋(삼추)- 가을 중 셋째 달,

늦가을. 7) 布衣(포의)- 평민의 옷, 일반 백성.

(解說) 나라의 위난을 구해줄 영웅의 출현을 바라는 마음을 노중련의 고사에 실어 노래하고 있다. 옛날에도 노중련 같은 사람이 있었으니 지금이라고 백성들 속에서 민족영웅이 나오지 말라는 법은 없다고 생각하고 있는 것이다.

어린 딸과의 작별(別稚女)

어린 딸은 작별하기 싫어서
떠나가려니 눈물을 뿌리려 하네.
가엾게도 막 젖을 뗀 처지라
옷을 한 번 잡아당길 줄도 모르네.
네가 포대기에 쌓여있을 적 생각해보니
우리는 모두 고사리로 끼니를 때웠었네.
아침저녁으로 할머니 즐겁게 해 드려야지,
웃음소리 적게 내어서는 못쓴다!

　　稚女[1]難爲別하여, 臨行淚欲揮라.
　　(치녀난위별　임행누욕휘)
　　可憐初絶乳하여, 未解[2]一牽衣라.
　　(가련초절유　미해일견의)
　　念爾在襁褓[3]하니, 同予餐蕨薇[4]라.
　　(염이재강보　동여찬궐미)

晨昏娛祖母하여, **莫使笑聲希**⁵⁾하라!
(신혼오조모 막사소성희)

(註釋) 1) 稚女(치녀)- 어린 딸. 2) 未解(미해)- 알지 못하다, ---할줄 모르다. 3) 襁褓(강보)- 포대기. 4) 蕨薇(궐미)- 고사리와 고비, 고사리 같은 산나물. 5) 希(희)- 드물다, 희(稀).

(解說) 어린 딸과의 작별이 처절하다. 작자는 목숨을 걸고 청나라에 대항하기 위하여 떠나는 것이기에 더욱 처절할 수밖에 없다.

진승전을 읽고(讀陳勝傳¹⁾)

마을 모퉁이 가난한 집에서 나온 영웅은
어양(漁陽)으로 수자리 살러 가던 사람이었네.
왕후장상(王侯將相)에 어찌 씨가 있으랴?
장대나 몽둥이로도 진(秦)나라 멸망시킬 수 있네.
대의(大義)를 내세워 호걸들 불러내고
귀신에 의지하여 민저 형세를 이끌었네.
진나라를 내몬 공로는 그가 제일이니
한(漢)나라 장수 중에 누가 그와 견줄만 하겠는가?

閭左²⁾**稱雄日**에, **漁陽**³⁾**謫戍**⁴⁾**人**이라.
(여좌칭웅일 어양적수인)

王侯寧有種[5]고? 竿木[6]足亡秦이라.
(왕후영유종 간목족망진)

大義呼豪傑하고, 先聲[7]仗鬼神이라.
(대의호호걸 선성장귀신)

驅除[8]功第一이니, 漢將可誰倫[9]고?
(구제공제일 한장가수륜)

註釋) 1) 陳勝傳(진승전) - 사마천(司馬遷)의 『사기(史記)』 진섭세가(陳涉世家), 반고(班固)의 『한서(漢書)』에는 진승항적열전(陳勝項籍列傳)에 진승의 전기가 실려 있음. 진승은 자가 섭(涉)이며, 진나라 말기의 농민기의(農民起義)의 영도자였음. 2) 閭左(여좌) - 마을 입구의 왼편, 가난한 사람들이 모여 사는 곳이었다. 3) 漁陽(어양) - 지금의 하북성(河北省) 밀운현(密雲縣) 서남쪽의 지명. 4) 讁戍(적수) - 수자리 살러 가는 것. 진승은 이세(二世) 원년(B.C.209) 어양으로 수자리 살러 끌려갔다. 5) 王侯寧有種(왕후영유종) - 진승은 기의를 할 적에 "왕후장상에 어찌 씨가 따로 있겠느냐?(王侯將相寧有種乎)"고 말하면서 백성들을 선동하였다. 6) 竿木(간목) - 장대와 몽둥이. 한(漢) 가의(賈誼)가 「과진론(過秦論)」에서 산동(山東)의 호걸들이 "나무를 잘라 무기를 삼고, 장대를 세워 깃발을 삼아(斬木爲兵, 揭竿爲旗)"하여, 들고일어나 진나라를 멸망시켰다고 한 말을 응용한 것이다. 7) 先聲(선성) - 진승이 기의를 할 적에 먼저 거짓으로 귀신의 말을 이용하여 "진승이 왕이 된다" 하였다고 하며 무식한 백성들을 선동하였다. 8) 驅除(구제) - 포악한 진나라를 내몰아 멸망시키는 것. 9) 倫(윤) - 견주다.

解說) 여기에서도 작자는 『사기』의 진승의 전기를 읽으면서 이민족의 나라 청을 무너뜨릴 영웅의 출현을 바라고 있는 것이다. 그는 끝까지 민족영웅의 출현의 바람을 포기하지 않았다.

임술년 청명날 지음(壬戌[1]淸明[2]作)

아침에는 가벼이 싸늘하고 저녁에는 음산하여
시름 속에 봄이 이미 한창인 줄도 알지 못하였네.
떨어지는 꽃잎 보면 눈물 흐르는 것은 비바람 탓일 게고
새들이 무정하게 이런 중에도 울고 있는 것은 예나 지금이나
　　　다름없네.
고국의 강산을 부질없이 꿈속에 그려보지만
중화의 인물들은 모두 의기가 죽어있네.
뜻있는 이들은 용이나 뱀처럼 세상에 귀의(歸依)할 곳도 없어
한식(寒食) 때만 되면 해마다 나그네 마음 슬퍼지네.

　　　朝作輕寒暮作陰하니, 愁中不覺已春深이라.
　　　(조작경한모작음　수중불각이춘심)
　　　落花有淚因風雨요, 啼鳥無情自古今이라.
　　　(낙화유루인풍우　제조무정자고금)
　　　故國江山徒夢寐[3]요, 中華人物又銷沈[4]이라.
　　　(고국강산도몽매　중화인물우소침)
　　　龍蛇[5]四海歸無所하니, 寒食[6]年年愴[7]客心이라.
　　　(용사사해귀무소　한식년년창객심)

(註釋) 1) 壬戌(임술)- 청 강희(康熙) 21년(1682). 2) 淸明(청명)- 절기(節氣) 이름. 매년 4월 5일이나 6일. 3) 夢寐(몽매)- 꿈속에 그리는 것. 4) 銷沈(소침)- 의기가 소침하는 것, 의기를 잃는 것. 5) 龍蛇(용사)- 세상에 숨어 지내는 항청지사(抗淸志士)들을 가리킴. 6) 寒食(한식)- 청명(淸明) 전 하루나 이틀. 옛날에는 이 날 불을 떼어 음식을 만들어 먹지 않는 풍습이 있었다. 7) 愴(창)- 슬퍼하는 것.

(解說) 강희 21년이면 작자의 나이는 52세이고 청나라에 항거하던 사람들도 모두 평정되어가던 때이다. 그러나 작자는 여전히 한족(漢族)의 명나라를 꿈에 그리면서 이민족의 지배를 슬퍼하고 있다.

말릉(秣陵)[1]

우수산(牛首山)은 하늘 문이 열린 듯 하고
용강(龍岡)은 황제의 궁전을 감싸고 있네.
여섯 왕조 모두 봄풀 속에 묻혔으나
많은 집들은 떨어지는 꽃잎 속에 있네.
옛 자취 찾아보아도 이전 왕조의 귀족은 없고,
노래 들어보니 망국지음(亡國之音) 만이 공허하게 울리네.
어찌하여 망국의 한이
모두 이 강동(江東) 지방에 몰려있는가?

　　　　牛首[2]開天闕이오, 龍岡[3]抱帝宮[4]이라.
　　　　(우수개천궐 용강포제궁)

六朝⁵⁾春草裏요, 萬井⁶⁾落花中이라.
(육조춘초리 만정낙화중)

訪舊烏衣⁷⁾少요, 聽歌玉樹⁸⁾空이라.
(방구오의소 청가옥수공)

如何亡國恨이, 盡在大江東⁹⁾고?
(여하망국한 진재대강동)

註釋) 1) 秣陵(말릉)- 남경(南京)에 있던 옛 현(縣) 이름, 남경을 가리키는 말로 쓰고 있다. 2) 牛首(우수)- 산 이름, 남경 중화문(中華門) 밖에 있는데 두 봉우리가 각을 지으며 소머리 모양으로 솟아있다. 두 봉우리는 열어놓은 하늘 문처럼 보이기도 하여 천궐산(天闕山)이라 부르기도 한다. 3) 龍岡(용강)- 남경 중산문(中山門) 밖에 있는 종산(鍾山)의 별명. 4) 帝宮(제궁)- 황제의 궁전, 명나라 태조(太祖) 주원장(朱元璋)은 이곳에 도읍을 정했었다. 5) 六朝(육조)- 옛날 (222-589 사이) 남경에 도읍을 정하였던 여섯 왕조, 곧 오(吳)·동진(東晉)·송(宋)·제(齊)·양(梁)·진(陳)의 여섯 나라. 6) 萬井(만정)- 옛날 제도에 8가(家)가 1정(井)이었다. 따라서 만가(萬家)나 같은 말로 수많은 집들을 뜻한다. 7) 烏衣(오의)- 남경에는 동진(東晉) 때부터 귀족들이 모여 살던 오의항(烏衣巷)이 있다. 따라서 '오의'는 귀족, 특히 앞 명나라의 귀족을 뜻한다. 8) 玉樹(옥수)- 옥수후정화(玉樹後庭花)라는 악곡 이름. 육소시대 진(陳)나라 후주(後主)가 여색에 빠져 정치는 돌보지 않고 이 곡조를 즐기다가 나라를 망쳤다 한다. 이른바 망국지음(亡國之音)으로 유명하다. 9) 大江東(대강동)- 장강의 동쪽 지방. 곧 장강 하류 지방, 남경을 중심으로 하는 지역을 가리킨다.

解說) 명나라가 처음 도읍하였던 남경에서 망한 조국을 그리워하고 있다. 남경에는 여전히 봄이 찾아왔는데 작자의 눈에 들어오는 것은 모두가 망국한(亡國恨)을 느끼게 하는 풍경뿐이다.

홍두곡(紅豆曲)

강남의 홍두 싹은
잎사귀마다 임 그리움 안겨주네.
홍두는 없어질 수 있을지라도
임 그리움은 그치는 날 없으리라!

　　江南紅豆¹⁾樹는, 一葉一相思라.
　　(강남홍두수　잎엽일상사)
　　紅豆尚可盡이나, 相思無已時리라!
　　(홍두상가진　상사무이시)

(註釋) 1) 紅豆(홍두) - 남쪽지방에 생산된다는 붉은 콩, 상사자(相思子)라고도 부르며 임 그리움을 옛부터 상징하였다. 흔히 상사수(相思樹)라고도 하지만 목질(木質)의 초본(草本)이라고 한다.

(解說)　임 그리움의 정을 빌어 망한 조국을 생각하고 부른 노래인 듯 하다.

··· 작가 약전(略傳) ···

주이존(朱彝尊, 1629-1709) 자는 석창(錫鬯), 호는 죽타(竹垞), 수수(秀水, 浙江省 嘉興) 사람. 강희(康熙) 18년(1679)에 박학홍사(博學鴻詞) 시험을 보아 한림원검토(翰林院檢討)가 되었으며, 만년에는 벼슬을 버리고 고향으로 돌아와 살았다. 그는 경사(經史)에 박학하고 시문을 잘 지었으며, 문집으로 『폭서정집(曝書亭集)』이 있다.

말먹이 풀 노래(馬草行)

음산한 바람 쌀랑쌀랑 부는데 국경의 말 우는 소리 내면서
건장한 병사 십만이 빈 성 안으로 들어왔네.
호각 소리 삐삐 길거리에 가득 울리며
고을 관리들이 등불 밝히고 말먹이 풀을 거두네.
섬돌 앞에 칠십 여세의 시골 영감 있는데
몸은 매를 맞아 온전한 살갗이라고는 없네.
마을 관원들 의기양양하게 관서를 나와
새벽에 이미 농가를 찾아다니네.

왔다갔다 소리치고 욕하면서 좋은 음식 내노라 하고
사방의 짐승우리 살피면서 닭과 돼지 찾고 있네.
돌아와 관청에 바치는 것은 언제나 부족하지만
밤이면 돈 뿌리며 기생집 가서 자네.

陰風蕭蕭[1]邊馬鳴하고, 健兒[2]十萬來空城이라.
(음풍소소변마명　건아십만내공성)
角聲嗚嗚[3]滿街道하고, 縣官張燈[4]征馬草라.
(각성오오만가도　현관장등정마초)
階前野老七十餘이, 身上鞭扑[5]無完膚라.
(계전야로칠십여　신상편복무완부)
里胥揚揚出官署하여, 未明已到田家去라.
(이서양양출관서　미명이도전가거)
橫行[6]叫罵[7]呼盤飧[8]하고, 闌牢[9]四顧搜鷄豚이라.
(횡행규매호반손　난로사고수계돈)
歸來輸官[10]仍不足이나, 揮金夜就倡樓[11]宿이라.
(귀래수관잉부족　휘금야취창루숙)

(註釋) 1) 蕭蕭(소소)- 바람이 쌀랑쌀랑 부는 모양. 2) 健兒(건아)- 건장한 군사들, 청나라 군사들을 가리킴. 3) 嗚嗚(오오)- 호각(胡角) 소리를 형용한 말. 4) 張燈(장등)- 등불을 밝혀 드는 것. 5) 鞭扑(편복)- 매를 맞는 것. 6) 橫行(횡행)- 멋대로 왔다 갔다 하는 것. 7) 叫罵(규매)- 소리치고 욕하는 것. 8) 盤飧(반손)- 쟁반에 담긴 좋은 음식. 9) 闌牢(난로)- 짐승을 가두어놓고 기르는 우리. 10) 輸官(수관)- 관청에 물건을 바치는 것. 11) 倡樓(창루)- 기루(妓樓), 기생 집.

解說 이 시는 청나라 순치(順治) 4년(1647) 청나라 군사들이 절강성(浙江省)으로 쳐내려 왔을 적에, 작자의 고향 가흥(嘉興)에서 직접 체험한 참상을 노래한 것이라 한다. 청나라 군사들보다도 그들에게 빌붙어 관리노릇을 하면서 동족을 못살게 구는 자들이 더 미웠을 것이다. 그러나 작자도 결국은 청나라 조정의 벼슬을 하게 된다.

내청헌(來靑軒[1])

이 산의 정자에는 이전 황제의 글씨가 많은데
옛날에 황제께서 직접 오신 일이 있다 하네.
높은 난간에 기대어 북쪽 자주 바라보지 말게나!
십삼왕릉(十三王陵)의 나무가 언제 푸르렀던 적이 있다던가?

天書[2] 稠疊[3] 此山亭하니, 往事猶傳翠輦[4] 經이라.
(천서조첩차산정 왕사유전취련경)
莫倚危欄[5] 頻北望하라! 十三陵[6] 樹幾曾靑가?
(막의위란빈북망 십삼릉수기증청)

註釋 1) 來靑軒(내청헌) - 북경(北京) 서산(西山)의 향산사(香山寺) 안에 있는 정자 이름. 명나라 신종(神宗)이 와 보고 '내청(來靑)'이란 이름을 지었다 한다. 2) 天書(천서) - 황제들의 글씨. 3) 稠疊(조첩) - 많음을 뜻함. 이 정자에는 '내청헌(來靑軒)' '울수(鬱秀)' '청아(淸雅)' '망도(望都)' 등의 편액이 걸려있는데, 모두 명나라 황제들의 글씨라

한다. 4) 翠輦(취련)- 비취 털 깃으로 장식한 임금이 타는 수레. 5) 危欄(위란)- 높은 난간. 6) 十三陵(십삼릉)- 십삼왕릉(十三王陵), 지금의 북경 창평(昌平)에 있는 성조(成祖) 인종(仁宗) 등 명나라 열세 임금의 무덤.

(解說) 명나라 임금의 글씨가 많이 걸려있는 내청헌에 와서 작자는 망한 조국을 애도하고 있다. 특히 끝 구절 "십삼왕릉의 나무가 언제 푸르렀던 적이 있던가?"고 하는 대목에서는 비분이 느껴진다.

옥대생의 노래(玉帶生歌)

[서문] 옥대생은 신국공(信國公) 문천상(文天祥)의 유물인 벼루이다. 나는 그것을 소주(蘇州)에서 보고 그 벼루의 명문(銘文)을 탁본(拓本)하여 표구를 해놓은 다음, 또한 그에 대한 노래를 다음과 같이 짓는 바이다.

  玉帶生은, 文信國[1]所遺硯也니라. 予見之吳下[2]러니, 旣摹其銘[3]而裝池[4]之하고, 且爲之歌曰;

(註釋) 1) 文信國(문신국)- 신국공(信國公) 문천상(文天祥). 송(宋) 말의 애국자이며, 남송이 멸망하기 직전 송 유제(幼帝)의 상흥(祥興) 원년(1278) 신국공에 봉해졌다. 2) 吳下(오하)- 지금의 강소성(江蘇省) 소주(蘇州). 3) 摹其銘(모기명)- 그 명문을 탁본(拓本)하는 것. 4) 裝池(장지)- 표구(表具)하는 것.

옥대생이어!
내 그대에게 말하노니;
그대는 단주(端州)에서 출생하였는데
그대는 횡포(橫浦)에서 왔네.
다행이도 사도청(謝道淸)이 항복문서에 서명하는 일 돕는 짓을
　　면하였고
또 대도승지(大都承旨) 조맹부(趙孟頫)도 알지 못하고 지내
　　왔네.
신국공(信國公)께서 좋아하시게 되어
그대를 장군 막부(幕府)에 갖다놓게 되었네.
그때의 글을 쓰던 분들을
그대 대신 한 사람 한 사람 세어보지.
참군(參軍)은 누구였더라?
사고(謝翶)이었네.
요좌(寮佐)는 누구였더라?
등섬(鄧剡)이었네.
제자로는 누가 있었더라?
왕염오(王炎午)가 있었네.
유독 그대는 형체가 짧고 작으며
풍모는 소박하고 예스럽고,
걸어 다닐 줄도 모르고
입으로 말할 줄도 모르네.
구욕(鸜鵒) 새의 산 눈알 같은 무늬도 없거니와
외뿔소 무늬와 호랑이 무늬 같은 아름다운 무늬도 없네.

충성과 믿음을 지니고 있는데
파도인들 어찌 감히 업신여길 수 있겠는가?
이 때 승상께서는 아직도 호기가 대단하셨으나
가련하게도 한 척의 배 이외엔 한 뼘의 땅도 차지한 것이 없었
    으니,
그대와 더불어 원군(元軍) 물리치자는 격서(檄書) 쓰느라 정말
    마음고생 하셨지.
마흔 네 글자의 명문(銘文)을 그대 등에 새겼는데,
그대의 마음이 굳어 강한 적도 두려워하지 않았기 때문이네.
이 뒤로 연이어 싸웠으나 여러 번 패전(敗戰)을 하였으니
하늘이 망치시는 것이라 지탱할 수가 없는 일이었네.
우리 마음을 떨리게 한 승상께서 채시(柴市)에서 처형당하시
    던 날
의연히 임종시(臨終詩)를 읊으시니
거센 바람 일어 모래 휘날렸네.
전하기를 열명의 의사가 나타나
돌탑으로 표식을 삼고 승상의 시체를 안장하였다네.
살아서도 목숨 살려 도망쳐 다녔거늘 어디로 가셨겠는가?
어떤 이가 말하기를 서대(西臺) 위에
사고(謝翶)라는 한 영감이 눈물 줄줄 흘리며
대나무 효자손으로 돌을 치며 애곡하면서 제사지냈는데,
그대도 그때 함께 그 자리에 있었다 하네.
남송 황제 능에 심은 사철나무 우거지고 능의 뼈는 썩었으니,
백년의 발자취도 사람들은 알지 못하네.

회계(會稽)의 장헌(張憲)이
그대를 만나 긴 시를 읊었다 하고,
양유정(楊維楨)이 글 쓰던 붓을 놓고 살펴보니
그의 칠객료(七客寮) 중에 그대만이 성난 소리를 내고 있었다네.
내가 지금 그대를 창랑정(滄浪亭)에서 만났는데
옻칠 한 상자를 열자마자 자주색 보자기 드러났고,
상전벽해(桑田碧海) 되는 삼백년의 세월 지나고도
손으로 만져보니 아직도 예나 같네.
그대를 연못 가 찬 샘물로 씻은 다음
숲가에서 그대를 노을과 안개에 헹구어서,
그대가 이 천지 사이에 유전하며
먹물로 마음껏 흰 종이를 적시면서 명문을 써내기를!

    玉帶生이어, 吾語汝하노니;
    (옥대생 오어여)
    汝産自端州[1]하고, 汝來自橫浦[2]라.
    (여산자단주 여래자횡포)
    幸免事降表[3]斂名[4]謝道淸[5]하고, 亦不識大都[6]承旨趙
    孟頫[7]라.
    (행변사항표점명사도청 역불식대도승지조맹부)
    能令信公喜하여, 闢[8]汝置幕府[9]라.
    (능령신공희 벽여치막부)
    當年文墨賓[10]을, 代汝一一數하리니;
    (당년문묵빈 대여일일수)

參軍[11]誰오? 謝皐羽[12]라.
(참군수 사고우)

寮佐[13]誰오? 鄧中甫[14]라.
(요좌수 등중보)

弟子誰오? 王炎午[15]라.
(제자수 왕염오)

獨汝形軀短小하고, 風貌樸古[16]하며,
(독여형구단소 풍모박고)

步不能趨하고, 口不能語라.
(보불능추 구불능어)

旣無鸛之鵒之[17]活眼睛이어니와, 兼少犀紋彪紋[18]好
眉嫵[19]라.
(기무구지욕지활안청 겸소서문표문호미무)

賴有忠信存하니, 波濤[20]孰敢侮오?
(뇌유충신존 파도숙감모)

是時丞相氣尙豪로되, 可憐[21]一舟之外無尺土하니, 共
汝草檄飛書[22]意良苦라.
(시시승상기상호 가련일주지외무척토 공여초격비서의량고)

四十四字銘厥背하니, 愛汝心堅剛不吐[23]라.
(사십사자명궐배 애여심견강불토)

自從轉戰屢喪師[24]하니, 天之所壞不可支라.
(자종전전누상사 천지소괴불가지)

驚心柴市[25]日에, 慷慨且誦臨終詩하니, 疾風蓬勃[26]揚
沙時라.
(경심채시일 강개차송임종시 질풍봉발양사시)

傳有十義士하여, 表以石塔藏公尸라.
(전유십의사　표이석탑장공시)

生也亡命何所之오? 或云西臺[27]上에,
(생야망명하소지　혹운서대상)

晞髮一叟[28]涕漣洏[29]하고, 手擊竹如意[30]러니, 生時亦相隨라.
(희발일수체련이　수격죽여의　생시역상수)

冬靑[31]成陰陵骨朽하니, 百年蹤跡人莫知라.
(동청성음능골후　백년종적인막지)

會稽[32]張思廉[33]이, 逢生賦長句하고,
(회계장사렴　봉생부장구)

抱遺老人[34]閣筆[35]看하니, 七客寮[36]中敢吙怒[37]라.
(포유노인각필간　칠객료중감요노)

吾今遇汝滄浪亭[38]하니, 漆匣[39]初開紫衣[40]露하고,
(오금우여창랑정　칠갑초개자의로)

海桑陵谷[41]又經三百秋[42]로되, 以手摩挲[43]尙如故라.
(해상릉곡우경삼백추　이수마사상여고)

洗汝池上之寒泉하고, 漂[44]汝林端之霏[45]霧하여,
(세여지상지한천　표여임단지비무)

俾汝長留天地間하여, 墨花恣灑[46]鵝毛素[47]라.
(비여장류천지간　묵화자쇄아모소)

(註釋) 1) 端州(단주)- 지금의 광동성(廣東省) 고요현(高要縣). 그 곳에 단계연(端溪硯)이라 부르는 벼루의 명산지 단계가 있다. 2) 橫浦(횡포)- 광동성 남웅현(南雄縣) 경내에 있는 횡포관(橫浦關), 진관(秦關)이라

고도 부르는 광동성과 강서성(江西省)이 마주치는 교통요지로, 문천상이 포로가 되기 전에 그 곳에 주둔하고 있었다. 3) 降表(항표)-항복 문서. 4) 僉名(첨명)- 서명(署名)하는 것, 첨명(簽名). 5) 謝道淸(사도청)- 송 이종(理宗)의 왕후, 공제(恭帝) 때 태황태후(太皇太后)로 덕우(德祐) 2년(1276) 원나라 군사들이 임안(臨安)으로 쳐들어오자 그가 항복문서에 서명하였다. 6) 大都(대도)- 북경(北京), 원나라의 수도였다. 7) 趙孟頫(조맹부)- 송나라 종실 사람으로, 송나라가 망하자 원나라에 항복하여 벼슬이 한림학사승지(翰林學士承旨)에 이르렀고, 시와 서화로 이름을 날렸다. 8) 辟(벽)- 초청하다, 갖다놓다. 9) 幕府(막부)-전선에서 장군이 부대의 본부로 쓰던 장막(帳幕). 10) 文墨賓(문묵빈)- 글 쓰는 일에 종사하던 막료(幕僚). 11) 參軍(참군)- 벼슬 이름, 군부(軍府)의 속관임. 12) 謝皐羽(사고우)- 사고(謝翶), 문천상의 자의참군(諮議參軍)으로 있었고, 뒤에 서대(西臺)에 있었다는 희발일수(晞髮一叟)도 바로 그이다. 그는 스스로 희발자(晞髮子)라 호하였다. 13) 寮佐(요좌)- 역시 군부의 벼슬 이름. 14) 鄧中甫(등중보)- 등섬(鄧剡), 호가 중제(中齊)인데 우세 사람들이 그를 존경하여 '중보'라 불렀다. 15) 王炎午(왕염오)- 송나라 말엽의 태학생(太學生)이었는데, 문천상이 포로가 되자 문천상의 생제문(生祭文)을 지었고, 문천상이 처형 당하자 다시 제문을 지었는데, 그 글에서 스스로 문천상의 제자라 칭하고 있다. 16) 樸古(박고)-소박하고 예스러운 것. 17) 鸜之鵒之(구지욕지)- 구욕(鸜鵒) 새의. 단계연 중에는 적(赤) 백(白) 황(黃)의 둥그런 구욕새의 눈알 같은 반점 무늬가 있는 것이 진귀한 것으로 꼽힌다. 18) 犀紋彪紋(서문표문)- 외뿔소 무늬와 호랑이 무늬. '표'는 호랑이의 일종임. 19) 眉嫵(미무)- 예쁘고 아름다운 것, 미무(媚嫵)와 같은 말. 20) 波濤(파도)- 문천상이 원나라 군사에게 잡혔다가 도망쳐 나와 바다를 건너던중 폭풍우를 만났으나 무사했던 일을 말한다고 하나, 파도를 소인 배로 보아도 좋을 것이다. 21) 可憐(가련)- 이 구절은 송나라 덕우

(德祐) 2년(1276), 문천상이 원나라 군사들로부터 도망쳐 나와 바다를 통하여 절강성(浙江省) 남쪽 온주(溫州)로 갈 적의 형편을 말한다. 22) 草檄飛書(초격비서)- 원나라 군대와 싸우자는 격문(檄文)을 지어 사방으로 보내는 것. 23) 剛不吐(강불토)- 강한 적도 두려워하지 않는 것(『詩經』 大雅 烝民). 24) 喪師(상사)- 패전(敗戰). 25) 柴市(채시)- 문천상은 원나라 세조(世祖) 지원(至元) 19년(1283) 대도(大都, 지금의 北京) 시시(柴市)에서 처형당하였다. 26) 蓬勃(봉발)- 센 바람이 갑자기 일어나는 모양. 27) 西臺(서대)- 서조대(西釣臺), 절강성(浙江省) 동려(桐廬) 칠리탄(七里灘)에 있는데, 동한(東漢) 때의 은사(隱士) 엄자릉(嚴子陵)이 낚시하던 곳이라 한다. 28) 晞髮一叟(희발일수)- 사고(謝翶)를 가리킴. 그의 호가 희발자(晞髮子)였다. 그는 지원(至元) 28년(1291) 서대에 올라 문천상을 제사지내고 「등서대통곡기(登西臺慟哭記)」라는 글을 썼다. 29) 漣洏(연이)- 눈물이 줄줄 흐르는 모양. 30) 竹如意(죽여의)- 대나무로 만든 등을 긁을 적에 쓰는 효자손. 사고는 「서대통곡기」에 "그리고 대나무 효자손으로 바위를 치면서 초가(楚歌)를 부르며 애도하였다" 쓰고 있다. 31) 冬靑(동청)- 사철나무. 원나라 초기에 호승(胡僧) 한 사람이 남송 임금들의 능을 모두 파내자고 상주(上奏)를 하자, 당각(唐珏) 임경희(林景熙) 등의 의사들이 힘을 합쳐 제왕들의 유골을 모아 산음(山陰, 지금의 浙江省 紹興)으로 옮기어 안장을 하고 그 위에 사철나무를 심어놓았다 한다. 32) 會稽(회계)- 지금의 절강성 소흥(紹興). 33) 張思廉(장사렴)- 상헌(張憲), 자가 사렴. 원 말의 시인으로 「옥대생가」를 지었다. 다음 구절의 '긴 시(長句)'는 바로 이 시를 가리킨다. 34) 抱遺老人(포유노인)- 양유정(楊維楨), 호가 포유노인이며, 원대의 문인이다. 35) 閣筆(각필)- '각'은 각(擱)과 통하여, 글 쓰던 붓을 내려놓는 것. 36) 七客寮(칠객료)- 양유정은 일찍이 이 벼루를 입수하여, 거기에 '옥대생'이란 사람이름 비슷한 이름을 붙이고, 전부터 소장하고 있던 고검(古劍), 구금(古琴), 호금(胡琴), 관

(管), 진옹(秦甕)과 함께 한 방에 모아놓고 거기에 늘 함께 있는 자신도 합쳐 '칠객지료(七客之寮)'라 불렀다 한다. 37) 吠怒(요노)- 성내며 소리치는 것. 38) 滄浪亭(창랑정)- 북송(北宋) 시인 소순흠(蘇舜欽)이 세운 소주(蘇州)의 명원(名園) 이름. 39) 漆匣(칠갑)- 옻칠을 한 상자, 옥대생을 담아놓은 상자. 40) 紫衣(자의)- 자색의 보, 옥대생을 싸 놓은 보. '자색 옷'은 고귀한 색깔의 옷을 뜻한다. 41) 海桑陵谷(해상능곡)- '해상'은 바다가 뽕나무밭이 되는 것, 곧 상전벽해(桑田碧海)의 뜻이고, '능곡'은 '높은 언덕이 골짜기가 되고, 깊은 골짜기가 언덕이 된다(高岸爲谷, 深谷爲陵.-『詩經』小雅 十月之交)'는 뜻으로, 결국 상전벽해와 같은 말이다. 42) 三百秋(삼백추)- 삼백 년. 양유정과 장헌의 시대로부터 이 시가 지어진 때까지 대략 300년이 지났다. 43) 摩挲(마사)- 어루만지는 것. 44) 漂(표)- 헹구다. 45) 霏(비)- 노을, 구름 기운. 46) 恣灑(자쇄)- 멋대로 뿌리다, 마음껏 먹물을 적시며 글을 쓰는 것. 47) 鵝毛素(아모소)- 거위 털처럼 흰 종이.

(解說) 중국인들이 가장 흠모하는 애국자인 문천상(文天祥)이 소장하던 옥대생이란 이름의 벼루의 내력을 노래하며 뜨거운 조국애를 드러내고 있다. 그 때문에 이 시에 대하여는 많은 비평가들이 절조(絶調)라며 그 문학적인 성취를 크게 칭송하고 있다.

운중의 동짓날(雲中[1]至日[2])

지난해에는 진운령(縉雲嶺)의 산천 즐기고 있었는데
올해에는 눈비 속에 백등대(白登臺)에 올라있네.

가엾게도 동짓날 언제나 나그네 되어 있는데,
무슨 심사로 객지에서 연이어 술잔만 기울이는가?
성 위로 해 지는 속에 호각(胡角) 소리 안문관(雁門關)에 울리
　　는데
추운 관문 밖에 참담한 말 타고 백용퇴(白龍堆) 사막으로 나아
　　가려네.
고향의 강촌 풍경은 바라보아도 보이지 않고
시름 속에 매화꽃이 조금씩 피고 있을 거란 얘기만 나누네.

　　　　去歲山川縉雲嶺³⁾이러니, 今年雨雪白登臺⁴⁾라.
　　　　(거세산천진운령　금년우설백등대)
　　　　可憐至日長爲客하여, 何意天涯數擧杯오?
　　　　(가련지일장위객　하의천애삭거배)
　　　　城晚角聲通雁塞⁵⁾하고, 關寒馬色⁶⁾上龍堆⁷⁾라.
　　　　(성만각성통안새　관한마색상용퇴)
　　　　故園望斷⁸⁾江村裏하고, 愁說梅花細細⁹⁾開라.
　　　　(고원망단강촌리　수설매화세세개)

(註釋) 1) 雲中(운중)- 고을 이름, 지금의 산서성(山西省) 대동(大同)에 있었
다.　2) 至日(지일)- 동지(冬至)나 하지(夏至) 날, 여기서는 동지이
다.　3) 縉雲嶺(진운령)- 지금의 절강성(浙江省) 진운현(縉雲縣) 선도
산(仙都山)에 있는 고개 이름.　4) 白登臺(백등대)- 지금의 산서성
평성현(平城縣) 동북쪽 백등산(白登山)에 있는 누대 이름.　5) 雁塞
(안새)- 안문관(雁門關), 지금의 산서성 대현(代縣) 서북쪽 장성에
있는 유명한 관문임.　6) 馬色(마색)- 말의 행색이 추위 속에 참담(慘
淡)한 것을 뜻함.　7) 龍堆(용퇴)- 백용퇴(白龍堆), 지금의 신강성(新

疆省) 동쪽에 있는 사막 이름.   8) 望斷(망단)- 바라보아도 보이지 않는 것. 9) 細細(세세)- 조금씩, 하나하나.

(解說) 동짓날은 일년 24절기(節氣) 중 음기(陰氣)가 가장 성하고 밤이 가장 긴 날이다. 계절의 큰 전환점의 한 시기여서 객지에 다니는 나그네에게는 더욱 고향 생각을 북돋게 하는 날이다. 그때는 이민족의 치하라서 객지에서 맞는 동짓날이 더욱 처절히 느껴졌을 것이다.

··· 작가 약전(略傳) ···

왕사정(王士禎, 1634-1711) 자가 이상(貽上), 호를 완정(阮亭) 또는 어양산인(漁洋山人)이라 하였다. 산동성(山東省) 신성(新城) 사람. 일찍이 진사가 되어 벼슬은 형부상서(刑部尙書)에 이르렀다. 시에 있어서는 신운설(神韻說)을 주장하여 이름이 났으며, 풍월(風月)을 읊은 시들이 많다. 작품집으로 『대경당집(帶經堂集)』과 『어양정화록(漁洋精華錄)』을 남기고 있다.

강가에서(江上)

오나라 땅 머리에서 초나라 땅 꼬리까지 가는 길 어떻던가?
비안개 자욱한 깊은 가을 어둠 속에도 흰 물결만 일고 있었네.
저녁에 차가운 물결 타고 강을 건너가는데,
나무숲은 온통 누렇게 물들었고 기러기 소리 자주 들렸네.

吳頭楚尾[1]路如何오? 煙雨深秋暗白波라.
(오두초미노여하 연우심추암백파)

晚趁寒潮渡江去하니, 滿林黃葉雁聲多라.
(만진한조도강거 만림황엽안성다)

(註釋) 1) 吳頭楚尾(오두초미)- 오나라 땅 머리와 초나라 땅 고리는 옛 춘추(春秋)시대 오나라와 초나라의 접경지대로, 지금의 강서성(江西省) 북쪽 지방. 여기서는 장강(長江) 하류 일대를 가리킨다.

(解說) 작자는 당시 시단의 맹주(盟主)로 시에 있어서의 신운(神韻)을 주장하여 문학사상 매우 유명하다. 그러나 신운이 무엇을 뜻하는 것인지는 분명치 않다. 이 시처럼 경치의 묘사 속에 넘쳐나는 서정 같은 것이 아닌가 한다. 왕사정은 이런 성격의 시로 이름을 날렸다.

가을 버들(秋柳)

[서문] 옛날에 강남의 왕사는 낙엽에 감동되어 슬픔을 느꼈고, 금성(金城)의 사마(司馬)는 긴 버들가지를 부여잡고 눈물을 흘렸다 한다. 나는 본시 한이 많은 사람이라 성격이 감상적이다. 『시경(詩經)』 소아(小雅)의 역부(役夫)처럼 감정을 버드나무에 기탁하고 가을의 슬픔을 담아 멀리 상수(湘水)의 언덕을 바라보며, 우연히 네 편을 이루어 동료들에게 보여주고 나를 위하여 화작(和作)하여 달라고 하는 바이다.

昔江南王子¹⁾이, 感落葉以興悲하고, 金城司馬²⁾이, 攀長條而隕涕라. 僕本恨人으로, 性多感慨하여. 情寄楊柳하니, 同小雅之僕夫³⁾하여, 致托悲秋하여, 望湘皐⁴⁾之遠者라. 偶成四什하여, 以示同人하고, 爲我和之라.

(註釋) 1) 江南王子(강남왕자)- 남조(南朝) 양(梁)나라 간문제(簡文帝) 소강(蕭綱)을 말함. 그의 「추흥부(秋興賦)」중에 "동정호에 낙엽이 떨어지기 시작하고, 국경 밖의 풀은 이전에 시들었다(洞庭之葉初下, 塞外之草前衰)"라는 구절이 있다.   2) 金城司馬(금성사마)- 동진(東晉)의 대사마(大司馬) 환온(桓溫)을 가리킨다. 그는 만년에 금성(金城)을 찾아가 전임 태수(太守)가 심은 버드나무가 굉장히 큰 것을 보고 '버들가지를 부여잡고 눈물을 줄줄 흘렸다' 고 한다(『世說新語』 言語).   3) 小雅之僕夫(소아지복부)- 『시경』 소아(小雅) 채미(采薇)시에서 주인공이 "옛날 내가 떠나올 때에는 버들가지 푸르렀는데, 지금 내가 돌아오는데 눈만 펄펄 날리네(昔我往矣, 楊柳依依. 今我來思, 雨雪霏霏.)"하고 읊고 있다.   4) 湘皐(상고)- 옛날 초(楚)나라 송옥(宋玉)이 「구변(九辯)」에서 가을의 슬픈 정을 노래한 상수(湘水) 가의 언덕.

기일(其一)

가을이 되어 어떤 곳이 가장 넋을 잃게 하는가?
저녁 햇빛 아래 가을바람 부는 백하문(白下門)일세.
전날에는 어지러이 나는 봄 제비 그림자가 보였는데
지금은 버드나무의 초췌한 모습이 저녁 안개 속에 흔적을 보이고 있네.
버들 언덕에서 들려오는 황총곡(黃驄曲)은 시름을 안겨주고
강남의 아늑한 오야촌(烏夜村)은 꿈속에서도 멀어졌네.
바람 속에 실려 오는 삼농(三弄)의 피리소리 듣지 말라!
옥문관(玉門關)의 애원(哀怨)은 전혀 말할 수 조차도 없단다!

　　　　秋來何處最銷魂[1]고? 殘照西風白下門[2]이라.
　　　　(추래하처최소혼 잔조서풍백하문)

他日差池³⁾春燕影이러니, 只今憔悴晚煙⁴⁾痕이라.
(타일치지춘연영 지금초췌만연흔)

愁生陌⁵⁾上黃驄曲⁶⁾하고, 夢遠江南烏夜村⁷⁾이라.
(수생맥상황총곡 몽원강남오야촌)

莫聽臨風三弄笛⁸⁾하라! 玉關⁹⁾哀怨總難論이라.
(막청임풍삼롱적 옥관애원총난론)

(註釋) 1) 銷魂(소혼)- 혼을 녹이다, 슬픔으로 넋을 나가게 하다. 2) 白下門(백하문)- 곧 백문(白門), 남경(南京)의 서성문(西城門). 뒤에는 남경의 대칭(代稱)으로 쓰이게 되었다. 3) 差池(치지)- 들쭉날쭉 어지러운 모양. 4) 晚煙(만연)- 저녁의 안개. 5) 陌(맥)- 버드나무가 서있는 언덕. 6) 黃驄曲(황총곡)- 당(唐)나라 태종(太宗)이 타던 말, 고구려(高句麗)를 정복하다 죽어 이를 애석히 여기고 악공에게 '황총첩곡(黃驄疊曲)'을 짓게 하였다 한다(『唐書』禮樂志). 7) 烏夜村(오야촌)-진(晉)나라 목제(穆帝)의 황후(皇后)가 태어난 곳으로, 그가 태어날 적에 많은 까마귀들이 밤에 몰려와 울어 그 마을 이름을 오야촌이라 부르게 되었다 한다(范成大『吳郡志』). 8) 三弄笛(삼롱적)- 동진(東晉)의 환이(桓伊)는 피리의 명인이었는데, 한번은 명사인 왕휘지(王徽之)가 와서 피리를 연주해달라고 초청을 하였는데, 수레를 타고 와서 내리자마자 호상(胡床)에 걸터앉아 삼롱(三弄)의 곡을 연주하고는, 바로 다시 한 마디 말도 않고 수레를 타고 돌아갔다 한다(『世說新語』任誕). '삼롱'은 세 곡을 뜻한다. 9) 玉關(옥관)- 옥문관(玉門關), 지금의 감숙성(甘肅省) 돈황(敦煌) 서북쪽에 있었다. 서역(西域)으로 나가는 관문임.

기이(其二)

버드나무는 아름다운 두 여인이 매우 서로 위해주는 듯 하였는데
멀리 바라보이는 거친 평원 위에 안개 속에 가려져 있네.
가을 빛 속에 사람들 향하여 하늘거리고 있지만
봄철에는 일찍이 사람들 마음을 잡았었지.
임금이 옛날 손수 심은 버드나무 보고 시름겨워 했듯이 오늘 슬프게도 하지만
한(漢) 선제(宣帝)가 즉위할 적에 궁전의 죽어 넘어져있던 버드나무가 다시 살아 일어났던 옛일도 생각게 하네.
청문(靑門)에서 주락고(珠絡鼓) 치며 즐기던 일 기억하는가?
저녁 햇빛 아래 버드나무 사이로 소나무 가지 비추이네.

桃根桃葉[1]鎭[2]相憐이러니, 眺盡[3]平蕪欲化烟이라.
(도근도엽진상련 조진평무욕화연)

秋色向人猶旖旎[4]나, 春閨[5]曾與致纏綿[6]이라.
(추색향인유의니 춘규증여치전면)

新愁帝子[7]悲今日이오, 舊事王孫[8]憶往年이라.
(신수제자비금일 구사왕손억왕년)

記否靑門[9]珠絡鼓아? 松枝相映夕陽邊이라.
(기부청문주락고 송지상영석양변)

註釋) 1) 桃根桃葉(도근도엽)- 진(晉)나라 왕헌지(王獻之)의 두 애첩으로, 이들은 자매이며 서로 사랑하고 위해주며 잘 지냈다. 2) 鎭(진)- 전적으로, 매우. 3) 眺盡(조진)- 멀리 바라보다. 4) 旖旎(의니)- 부드

럽게 하늘거리는 모양. 5) 春閨(춘규)- 봄의 규방(閨房), 버드나무를 아름다운 여인에 견주고 있다. 6) 纏綿(전면)- 풀리지 않고 얽히는 것, 마음을 사로잡는 것. 7) 帝子(제자)- 임금, 위(魏)나라 조비(曹丕)를 가리킴. 그는 자기가 15년 전에 심어놓은 버드나무가 자란 것을 보고 세월의 흐름을 슬퍼하는「유부(柳賦)」를 지었다. 8) 王孫(왕손)- 한(漢)나라 선제(宣帝)를 가리킨다. 그가 제위(帝位)에 오를 때 상림원(上林苑)에 죽어 넘어져 있던 큰 버드나무가 다시 살아 일어났다고 한다(『漢書』眭弘傳). 9) 靑門(청문)- 장안(長安)의 성문 이름. 이 구절은 옛 악부(樂府)「양반아(楊叛兒)」에서 "칠보 주락고를 임에게 치고 또 치게 하네. ---버드나무 사이로 소나무 가지가 비추이네(七寶珠絡鼓, 敎郞拍復拍. ---楊柳映松枝.)"하고 노래한 것을 인용한 것이다. '주락고'는 진주를 주위에 둘러 장식한 북이다.

(解說) 4수로 이루어진 작품 중 첫 수와 끝머리의 시 두 수를 골라 번역하였다. 이 시는 당시에 화작(和作)하는 사람들이 매우 많았을 정도로 칭송을 받았던 시이다. 버들을 읊었나시만 유(柳) 자는 한 글자도 보이지 않고, 그 버드나무에 자신의 서정을 다 실어 노래하고 있다.

앞의 시에서는 서정이 매우 절제되고 있으나 뒤의 시에서는 더욱 버드나무의 아름다웠던 모양과 가을의 낙엽이 진 모습을 적극적으로 대비시키며 자신의 서정을 극대화하고 있다.

금릉으로 가는 도중에(金陵¹⁾道上)

부슬부슬 오다 좔좔 쏟아지다 하며 가는 비 내리고

이리 불었다 저리 불었다 하며 계절풍 불고 있네.
오월 나그네가 금릉으로 가고 있는데
온 강에 빗 바람 몰아쳐 대낮인데도 자욱하네.

乍²⁾疎乍密秧針雨³⁾요, 時去時來舶趠風⁴⁾이라.
(사소사밀앙침우   시거시래박탁풍)
五月行人秣陵⁵⁾去러니, 一江風雨晝濛濛⁶⁾이라.
(오월행인말릉거   일강풍우주몽몽)

(註釋) 1) 金陵(금릉)- 남경(南京)의 옛 이름. 2) 乍(사)- 갑자기, 문득. 3) 秧針雨(앙침우)- 심는 모 잎처럼 가는 비, 가는 줄기의 비. 4) 舶趠風(박탁풍)- 큰 배를 밀어주듯 부는 바람, 계절풍. 5) 秣陵(말릉)- 역시 남경의 옛 이름. 6) 濛濛(몽몽)- 자욱한 모양.

(解說) 작자가 젊은 시절(32세) 오월에 빗 바람 부는 중에 배를 타고 남경으로 가면서 지은 시이다. 작자에게는 이처럼 가벼운 서정시가 많다.

패교에서 아내에게 부침(灞橋¹⁾寄內)   이수(二首)

기일(其一)

장락파(長樂坡) 앞에 먼지 같은 비가 내리는 중에

소릉원(少陵原) 위에서 눈물로 수건 적시네.
패교 양편 언덕엔 천 가닥 버들가지 늘어져서
동서로 패수(灞水) 건너가는 사람들을 모두 전송하고 있네.

長樂坡[2]**前雨似塵**이어늘, **少陵原上涙霑**[3]**巾**이라.
(장락파전우사진 소릉원상누점건)
灞橋兩岸千條柳이, **送盡東西渡水人**이라.
(패교양안천조류 송진동서도수인)

註釋 1) 灞橋(패교)- 옛날 장안(長安)의 동쪽에 흐르는 패수(灞水) 위에 걸려있던 다리. 장안에서 서쪽으로 떠나는 사람들이 이별하던 곳이라 소혼교(銷魂橋), 곧 넋을 나가게 하는 다리란 별명도 있다. 2) 長樂坡(장락파)- 패교 근처에 있는 언덕 이름. 소릉원(少陵原)도 그 근처임. 3) 霑(점)- 적시다.

기이(其二)

내가 지나온 태화산(太華山)과 종남산(終南山)은 만 리 저 멀리에 있으니
서쪽으로 와서는 어디를 가도 넋이 나가게 하지 않는 곳이란 없네.
집에서 만약 당신이 동전 점을 쳐보면
가을비 맞으며 가을바람 속에 패교를 지나고 있을 거란 점괘 나올 걸세.

太華¹⁾終南²⁾萬里遙하니, 西來無處不銷魂이라.
(태화종남만리요　서래무처불소혼)
閨中若問金錢卜³⁾이면, 秋雨秋風過灞橋리라.
(규중약문금전복　추우추풍과패교)

(註釋) 1) 太華(태화)- 산 이름. 장안 동쪽 100키로 거리에 눈을 이고 솟아 있는 산. 2) 終南(종남)- 장안 남쪽 교외에 있는 산 이름, 남산(南山)이라고도 부름. 3) 金錢卜(금전복)- 중국 민간에서 동전을 몇 개 던져 길흉을 점치던 방법.

(解說) 그의 아내는 장의인(張宜人)으로 그때 병약하였기 때문에 시가 감상적이다. 작자가 강희(康熙) 11년(1672) 사천향시(四川鄕試)의 전시(典試)가 되어 임지로 떠나갈 때 지은 것이라 하는데, 그 무렵 그의 집안에는 3세의 4남이 죽고 17세의 차남이 죽는 등 불행이 연이어졌기에 더욱 객수(客愁)가 심각하다. 이 사랑하는 아내가 결국은 강희(康熙) 15년(1676) 9월 병으로 고향에서 죽는다. 그때 작자는 죽은 부인을 애도하는「도망시(悼亡詩)」35수를 쓴다. 읽는 이의 가슴을 메이게 하는 노래이다. 아래에 그 중 3편을 소개한다.

죽은 아내를 애도하는 시(悼亡詩)　　삼수(三首)

기일(其一)

먼 객지에 나간 가난한 친구에게 지니고 있던 물건이라도 보내

주려는 심정이었을 적에
무성(蕪城)은 봄비 속에 밤이 으슥히 깊어가고 있었고,
나는 한 관리로 변변한 물건이란 아무것도 지닌 것이 없었는데,
당신은 간직하였던 금팔찌를 선뜻 내어주었었지.

　　　千里窮交¹⁾脫贈²⁾心하고, 蕪城³⁾春雨夜沈沈⁴⁾이러니,
　　　(천리궁교탈증심　무성춘우야침침)
　　　一官長物⁵⁾吾何有리오? 却損閨中⁶⁾纏臂金⁷⁾이라.
　　　(일관장물오하유　각손규중전비금)

(註釋) 1) 窮交(궁교)- 가난한 사귐, 가난하게 사귄 친구. 2) 脫贈(탈증)- 몸에 지니고 있던 것을 떼어주는 것. 이 구절은 순치(順治) 18년 (1661) 왕사정이 양주(揚州)에 있을 적에 복건(福建)의 친구 허천옥 (許天玉)이 회시(會試)를 보러 북쪽으로 가다가 여비가 떨어져 작자 에게 여비가 없음을 호소하였으나 왕사정은 마침 수중에 논이 한 푼 도 없었다. 이때 죽은 장부인(張夫人)이 웃으면서 팔목의 금팔찌를 벗어서 남편에게 건네주었다 한다. 작자는 이 금팔찌로 친구에게 여 비를 마련해 주었다 한다(「先室張氏行述」의거). 3) 蕪城(무성)- 양 주(揚州)의 옛 이름. 4) 沈沈(침침)- 밤이 고요히 깊어가는 모양. 5) 長物(장물)- 변변한 물건. 6) 閨中(규중)- 부인의 방 안. 7) 纏臂金 (전비금)- 금팔찌.

기이(其二)

병중인데도 내가 사천(四川)으로 떠나는 것을 전송하면서
죽은 두 아들 생각하며 남편 떠나는 슬픔으로 다시 눈물을 흘

렸지.
늘 생각나는 것은 창자를 끊이게 하는 원숭이 울음소리 들리던 곳인데
가릉역(嘉陵驛)에서 배를 타고 먼지 일 듯 내리는 비속에 사천을 향하여 가릉강을 배로 내려 가던 때일세.

病中¹⁾送我向南秦²⁾할새, 感逝³⁾傷離⁴⁾涕淚新이러라.
(병중송아향남진 감서상리체루신)
長憶啼猿⁵⁾斷腸處하노니, 嘉陵江驛⁶⁾雨如塵⁷⁾이라.
(장억제원단장처 가릉강역우여진)

(註釋) 1) 病中(병중)-작자가 사천(四川)으로 길을 떠날 무렵 늘 몸이 불편하였다. 그때 두 번째로 차남이 죽은 직후였는데도 먼 길을 떠나는 남편의 심정이 불편할까 하여 늘 웃는 얼굴을 지었고, 남몰래 흐느껴 울면서 짐을 싸 주었고 떠날 때는 억지로 일어나 문밖까지 전송해 주었다 한다(「先室張氏行述」). 2) 南秦(남진)- 섬서성(陝西省) 남정현(南鄭縣) 지역. 사천성(四川省) 경계 지방이다. 3) 感逝(감서)- 작자는 강희(康熙) 11년(1672) 7월 사천향시(四川鄕試)의 전시(典試)가 되어 길을 떠났으나 그 전 해에는 4남이 죽었고 그 해 4월에는 차남이 죽었다. 이 죽은 아들들에 대한 감상(感傷)을 뜻한다. 4) 傷離(상리)- 남편과의 이별을 가슴 아파 히는 것. 5) 啼猿(제원)- 원숭이가 우는 것, 원숭이 울음소리는 매우 슬프게 들린다 한다. 6) 嘉陵江驛(가릉강역)- 남정현(南鄭縣)의 서쪽 섬서성(陝西省)으로부터 사천성(四川省)으로 흘러들어가는 강물이 가릉강, 그리고 그 강물 가의 가릉역(嘉陵驛)에서 배를 타고 사천의 광원현(廣元縣)으로 들어가게 된다. 7) 雨如塵(우여진)- 먼지 같은 비, 가는 이슬비를 뜻한다.

기삼(其三)

몇 년 동안 우리 생활이 서쪽 동쪽으로 갈렸었으니
어찌 기쁨과 즐거움을 함께하며 한 번 같이 웃어볼 수나 있었는가?
정월달에 눈물 흘리며 이별했던 일이 애간장 끊어지게 하여
멀리 떨어진 경사(京師)에서 화려한 대보름 등불놀이도 헛되이 보내네.

幾年蹤跡¹⁾判西東하니, 那得歡娛一笑同고?
(기년종적판서동 나득환오일소동)

腸斷年時²⁾垂涙別하여, 天涯辜負³⁾試燈⁴⁾風이라.
(장단년시수루별 천애고부시등풍)

註釋 1) 蹤跡(종적) - 발자취, 일상생활. 2) 年時(연시) - 정월. 작자는 강희(康熙) 15년(1676) 정월 호부사천사랑중(戶部四川司郎中)이 되어 먼저 북경(北京)으로 떠나갔는데, 9월달에 아내가 죽어 영원한 이별이 되었던 것이다. 3) 辜負(고부) - 어기다, 배반하다. 4) 試燈(시등) - 정월 대보름 등불놀이. 정월 14일의 등불놀이를 시등(試燈), 15일의 것을 정등(正燈), 16일의 것을 파등(罷燈)이라 부른다.

解說 강희(康熙) 15년(1676) 9월 작자가 사랑하던 부인이 세상을 떠났다. 작자는 같은 해 정월 11일에 고향 신성(新城)에서 아내와 작별하고 경사인 북경(北京)으로 갔는데 그해 9월에 아내가 죽은 것이다. 지난 날 현숙했던 아내를 추억하면서 아내의 죽음을 애도하는 작자의 애절한 정이 느껴진다. 모두 35수인데 그 중에서 세 수를 뽑은 것이다.

혜산 아래 추류기가 찾아오다(惠山[1]下鄒流綺[2]過訪[3])

비 개인 뒤 밝은 달 나와
산에서 내려오는 길을 비쳐주고 있네.
사람의 말소리가 계곡 저편 안개 속에서 들려오는데,
배 댈 곳이 어디인가 여쭙는다고 하네.

雨後月明來하여, 照見下山路라.
(우후월명래 조견하산로)

人語隔谿煙하니, 借問停舟處라.
(인어격계연 차문정주처)

(註釋) 1) 惠山(혜산)- 강소성(江蘇省) 무석현(無錫縣) 서북쪽에 있는 산, 구룡산(九龍山)이라고도 부른다. 2) 鄒流綺(추류기)- 추의(鄒漪), 유기는 그의 자. 3) 過訪(과방)- 내방(來訪)하다, 지나다가 방문하다.

(解說) 찾아온 친구를 마중 나갔을 적의 풍정을 읊은 것이다. 역시 가볍고 깨끗한 맛이 있다.

진회잡시(秦淮[1]雜詩)

부수의 맑은 노래와 사눈의 퉁소 소리에다가
붉은 상아 박판(拍板)과 자옥 피리가 밤이면 사람들 불러 모았는데,

지금은 밝은 달이 강물처럼 공적(空寂)하기만 하고
청계 위에 걸려있던 긴 판자 다리는 보이지 않게 되었구려!

傅壽²⁾清歌沙嫩簫에, 紅牙³⁾紫玉⁴⁾夜相邀⁵⁾러라.
(부수청가사눈소 홍아자옥야상요)
而今明月空如水하고, 不見清溪⁶⁾長板橋⁷⁾라.
(이금명월공여수 불견청계장판교)

註釋) 1) 秦淮(진회)- 남경(南京) 시내를 가로질러 성 남쪽에서 장강(長江)으로 흘러드는 강물 이름. 그곳은 옛날부터 화려한 유락(遊樂)의 장소로 알려졌다. 2) 傅壽(부수)- 뒤의 사눈(沙嫩)과 함께 명나라 말년에 그 곳에서 활약했던 유명한 기생 이름. 3) 紅牙(홍아)- 붉은 상아로 만든 박판(拍板). 4) 紫玉(자옥)-자색 옥으로 만든 피리. 실은 자죽(紫竹)으로 만들었는데, 아름답게 표현하기 위하여 그렇게 불렀다. 5) 相邀(상요) 사람들이 서로 불러 모이다. 6) 清溪(청계)- 남경 동북쪽에 있는 현무호(玄武湖)의 넘치는 물이 진회로 흘러들던 강물 이름. 7) 板橋(판교)- 나무 판때기를 걸쳐 놓아 만든 다리.

解說) 작자가 양주추관(揚州推官)으로 있을 때 남경에 놀러가 장강 가에 머물면서 부른 노래. 본시 14수이나 그 중 한 수를 골랐다. 나라의 흥망에 대한 감상이 잘 드러나 있다.

··· 작가 약전(略傳) ···

송락(宋犖, 1634-1713) 자가 목중(牧仲), 호는 만당(漫堂)이고, 하남(河南) 상구(商邱) 사람이다. 벼슬은 이부상서(吏部尙書)까지 지냈고, 송시 중에서도 특히 소식(蘇軾)의 시를 좋아했고 당시에 시로 이름을 날렸다. 그의 문집으로는 「서파류고(西陂類稿)」가 있다.

바다 가에서 읊은 잡시(海上雜詩)

이전 시대부터 있던 높은 누각이 솟아있는데
저편으로는 푸른 바다가 흐르고 있네.
천년을 두고 갈석산(碣石山) 솟아있고
아련히 등주(登州)가 드러나 보이네.
물결은 지는 해 떨어지는 깃을 전송하고 있고
바람은 먼 변경의 가을 기운 전해주네.
난간에 기대어 잠시 뜻을 읊고 있는데
큰 매가 황량한 섬으로 내려앉고 있네.

　　　傑閣[1]從前代러니, 平看[2]碧海流라.
　　　(걸각종전대　평간벽해류)

千年留碣石³⁾하고, 一髮⁴⁾辨⁵⁾登州⁶⁾라.
(천년유갈석 일발변등주)

潮送斜陽落하고, 風傳絶塞⁷⁾秋라.
(조송사양락 풍전절새추)

倚闌聊詠志러니, 俊鶻⁸⁾下荒洲라.
(의란요영지 준골하황주)

(註釋) 1) 傑閣(걸각)- 높이 솟은 누각. "산해관(山海關) 성루(城樓)를 가리킨다"는 원주(原註)가 붙어있다. 2) 平看(평간)- 평평히 바라보는 것. 3) 碣石(갈석)- 갈석산(碣石山), 하북성(河北省) 창려현(昌黎縣) 발해(渤海) 바닷가에 있다. 일찍이 진시황(秦始皇)이 여기에 올라 자기의 공덕을 송양(頌揚)하는 글을 새긴 비석을 세웠고, 조조(曹操)도 여기에 올라 시를 읊은 일이 있다. 4) 一髮(일발)- 멀리 아련히 보이는 모양. 5) 辨(변)- 겨우 분별할 수 있을 정도로 보이는 것. 6) 등주(登州)- 지금이 산동성(山東省) 봉래시(蓬萊市) 7) 絶塞(절새)- 먼 변경(邊境). 8) 俊鶻(준골)- 커다란 매.

(解說) 작자가 가을날 산해관 성루에 올라 바다를 바라보면서 지은 시이다. 본시 3수이나 그 중 첫째 수만을 뽑았다. 왕사정이나 마찬가지로 이제는 청나라에 머리 숙이고 높은 벼슬하는 사람들이라 아름답고 청신한 서정을 추구하고 있다.

한단의 길 위에서(邯鄲道上)

한단의 길 위에는 가을바람 소리 일고

고목이 있는 거친 사당 앞엔 맑은 빗물이 고여 있네.
몇 명의 명리를 추구하려고 왔다 갔다 하는 나그네들이
온 몸에 흙먼지 덮어쓰고서 사당에 모신 노생(盧生)을 찾아뵙네.

> 邯鄲[1]道上起秋聲하고, 古木荒祠野潦[2]淸이라.
> (한단도상기추성 고목황사야로청)
>
> 多少往來名利客이, 滿身塵土拜盧生[3]이라.
> (다소왕래명리객 만신진토배로생)

(註釋) 1) 邯鄲(한단)- 지금의 하북성(河北省)에 있는 도시. 2) 潦(로)- 땅바닥에 고인 빗물. 3) 盧生(노생)- 당(唐)나라 심기제(沈旣濟)의 전기소설(傳奇小說)「침중기(枕中記)」에 보이는 주인공. 그는 한단의 주막에서 도사가 주는 베개를 베고 자다가 평생에 부귀를 누리는 꿈을 꾼다. 꿈에 한 평생을 살고 났으되 그 주막에서 자기 전에 짓기 시작하던 기장(黃粱)밥도 아직 덜 되었더라는 것이다. 이를 황량몽(黃粱夢) 또는 한단몽(邯鄲夢)이라 한다.

(解說) 시의 둘째 구절에 나오는 사당은「침중기」의 주인공 노생의 신상(神像)이 모셔져 있는 사당이다. 노생이 꾼 한단몽은 인생의 명리란 꿈과 같은 것임을 가르치는 것인데, 명리를 추구하려고 객지를 돌아다니는 사람들이 그의 사당을 참배하고 있다는 것이다. 여정(旅情)보다도 세정(世情)을 비꼬는 뜻이 더 강하다.

오강(烏江)

해지는 오강에 작은 배 매어놓고
산을 뽑아 올릴만한 기운 지녔던 옛날 항우(項羽) 생각하네.
한 칸의 낡은 묘당이 안개 낀 거친 들판에 있는데
들쥐가 수염을 문 채 궤연 위에 놀고 있네.

落日烏江¹⁾繫小船하고, 拔山氣勢²⁾想當年이라.
(낙일오강계소선 발산기세상당년)
一間古廟荒烟外러니, 野鼠銜髭³⁾上几筵⁴⁾이라.
(일간고묘황연외 야서함자상궤연)

(註釋) 1) 烏江(오강)- 지금의 안휘성(安徽省) 화현(和縣) 동북쪽에 흐르는 강물 이름. 항우(項羽)가 옛날 한(漢)나라 고조(高祖)와 천하를 다투다가 잘못되어 해하(垓下)에서 한나라 군사들에게 포위를 당하였는데, 밤에 사방에서 초가(楚歌)가 들려오자 자기 부하들이 모두 한나라에 항복한 것이라 속단하고 자포자기하여 「해하가(垓下歌)」를 부른 다음 나가 싸우다가 오강 가에서 자결하였다. 2) 拔山氣勢(발산기세)- 항우의 「해하가」 첫 구절 "힘은 산을 뽑을 만 하다(力拔山兮氣蓋世)"고 한데서 따온 말임. 3) 銜髭(함자)- 쥐의 코 위에 수염이 난 것을 '수염을 물고 있다'고 표현한 것임. 4) 几筵(궤연)- 죽은 이의 혼백이나 신상(神像)을 모셔두는 상.

(解說) 이 시도 여정(旅情)보다는 사람들의 야망이 얼마나 부질없는 것인가를 노래한 시이다. 일세에 울렸던 영웅도 후세까지 남은 것은 모두 뜻 없는 자취뿐이다.

1. 청 초기의 시

… 작가 약전(略傳) …

사신행(査愼行, 1650-1727) 자를 회여(悔餘), 호를 초백(初白)이라 하였으며, 절강(浙江) 해녕(海寧) 사람이다. 진사가 된 뒤 한림원(翰林院) 편수(編修)를 지냈다. 송시(宋詩)를 배우려 하였으며, 항청(抗淸)의 경력이 있는 아버지를 두어 그의 시에는 현실을 반영하는 작품도 적지 않다. 그의 문집으로는「경업당집(敬業堂集)」이 있다.

까마귀가 곡식알 주어먹는 노래(鴉[1]拾粒行)

소는 앞에서 머리 들고 쟁기 끌고
까마귀는 뒤에서 머리 숙여 주워먹고 있네.
소가 어찌 까마귀 위해 밭가는 것이겠나?
까마귀가 소 덕분에 곡식알 얻어먹는 거지.
농부는 소 먹여주느라 언제나 배고프고 괴로우니
까마귀 떼 배불리 먹고 동서로 날아다니는 형편만도 못하네.

　　牛前仰而犁[2]하고, **鴉後俯以拾**이라.
　　(우전앙이리　아후부이습)

　　牛豈爲鴉耕고? **鴉因牛得粒**이라.
　　(우기위아경　아인우득립)

農夫㖊³⁾牛長苦飢하니, 不如鴉群飽食東西飛라.
(농부시우장고기　불여아군포식동서비)

(註釋) 1) 鴉(아)- 까마귀, 갈까마귀. 2) 犁(리)- 보습, 쟁기를 끌다. 3) 㖊(시)- 먹이다.

(解說) 세상에는 소처럼 죽도록 일하면서도 제대로 먹지도 못하는 사람이 있는가 하면 까마귀처럼 놀기만 하면서도 잘 먹고 지내는 부류들이 있다. 작자는 그러한 사회의 모순을 고발하고 있는 것이다.

비온 뒤(雨後)

바로 한 번 비가 내린다고 풍년이 되기를 바라고 있으니
대체로 사람들 마음이란 눈 앞 일을 위로하려 드네.
나는 늙은 농부에 비하여 생각이 짧으니
오직 오늘 밤 밤기운 서늘하여 잠잘 자기만을 탐하네.

便從一雨望豊年하니, 大抵人情慰¹⁾目前이라.
(변종일우망풍년　대저인정위목전)
我比老農還計²⁾短이니, 只貪今夜夜涼眠이라.
(아비로농환계단　지탐금야야량면)

(註釋) 1) 慰(위)- 위로하다, 좋게 될 것을 생각하다. 2) 計(계)- 계책, 생각.

>解説< 자신은 비 내리는 밤 풍년이 들 거라는 생각을 하며 시원하게 잠이나 자려 든다. 그러나 실제로 농사짓는 농부들은 일거리와 세금 등으로 고민이 많은 것을 생각도 않고 있다는 것이다.

처음 귀주(貴州) 지경으로 들어가 보니 그 고장 사람들은 모두 높은 바위 절벽 사이에 살면서 사다리를 놓고 오르내리는 것이 원숭이와 다름이 없다. 이를 보니 마음이 슬퍼져 이 시를 짓는다
(初入黔¹⁾境土人皆居懸²⁾岩峭壁³⁾間緣梯⁴⁾上下, 與猿猱⁵⁾無異, 睹之心惻而作是詩)

둥주리에 사는 풍속은 예부터 있어온 것이나,
바위 동굴 높이는 많은 나무 꼭대기쯤이네.
몇 곳을 쫓겨 다녔으니 아직도 동료들이 있겠는가?
옛날 사람들 살던 곳엔 밥 짓는 연기 끊이었네.
남은 삶 전쟁 통에 도망쳐도 숨기 어렵고
먼 변경인 이곳의 밭은 척박하기 이를 데 없네.
장관들에게 부세(賦稅)를 너그러이 해달라고 아뢰나니,
원숭이 같은 집안 살림 형편없어진지 오래이네.

巢居⁶⁾風俗故依然이나, 石穴高當萬木顚⁷⁾이라.
(소거풍속고의연 석혈고당만목전)

幾地流移⁸⁾還有伴고? 舊時井竈⁹⁾斷無煙이라.
(기지류이환유반 구시정조단무연)

餘生兵革[10]逃難隱이오, 絕塞[11]田疇瘠[12]可憐이라.
(여생병혁도난은 절새전주척가련)

爲報長官寬賦斂[13]하니, 獼猿[14]家息[15]久如懸[16]이라.
(위보장관관부렴 미원가식구여현)

(註釋) 1) 黔(검)- 귀주성(貴州省)의 별칭. 2) 懸(현)- 높이 매달려 있는 것, 높은 것. 3) 峭壁(초벽)- 높은 절벽. 4) 梯(제)- 사다리. 5) 猿猱(원유)- 원숭이. 6) 巢居(소거)- 새처럼 나무 위에 둥주리를 만들어 놓고 사는 것. 7) 顚(전)- 꼭대기. 8) 流移(유이)- 옮겨 다니다, 실제로는 여기저기로 쫓겨 다니는 것. 9) 井竈(정조)- 샘과 아궁이, 사람들의 거처를 가리킴. 10) 兵革(병혁)- 무기, 전쟁. 11) 絕塞(절새)- 먼 변경. 12) 瘠(척)- 땅이 척박(瘠薄)한 것. 13) 賦斂(부렴)- 거두어 드리는 부세(賦稅). 14) 獼猿(미원)- 원숭이. 15) 家息(가식)- 가계, 집안 살림. 16) 如懸(여현)- 집안이 아무것도 없이 매우 곤경에 처해있는 것을 형용하는 말. '매달린 경(磬) 같다'는 표현임 (『左傳』僖公 26年).

(解說) 귀주성은 지금도 대부분이 오지이다. 전란 중에 오지로 쫓겨 다니면서 목숨이나 부지하는 소수민족들의 비참한 삶을 눈앞에 보는 듯 하다.

오언절구(五言絕句)

기일(其一)

형과 아우가 떨어져 살면서

각각 담장 하나로 경계를 삼고 있네.
이제껏 침대를 맞대놓고 살던 자들이
가까이 있으면서도 서로 만나지도 않네.

  弟兄隔別居하여, 各以一牆限[1]이라.
  (제형격별거 각이일장한)
  向來對牀[2]者이, 咫尺[3]不相見이라.
  (향래대상자 지척불상견)

(註釋) 1) 限(한)- 한계를 만들다, 경계를 삼다. 2) 對牀(대상)- 침상(寢牀)을 마주대하여 놓고 사는 것. 3) 咫尺(지척)- 극히 가까운 거리.

기이(其二)

하루 한 되의 쌀 나누어주어
밤이면 굶주린 쥐와 함께 사네.
쥐는 쫓아내도 쉽사리 벽을 타고 달아나면서
내 발목의 쇠사슬 건드리어 움직이는 소리만 내네.

  日分一升[1]米하니, 夜與飢鼠共이라.
  (일분일승미 야여기서공)
  驅之善緣壁[2]하여, 聲觸瑯鐺[3]動이라.
  (구지선연벽 성촉낭당동)

(註釋) 1) 一升(일승)- 한 되라 번역하였으나, 그 당시에는 0.34리터였다.

2) 緣壁(연벽)- 벽을 타고 올라가는 것. 3) 銀鐺(낭당)- 쇠사슬, 죄인의 손발을 매어놓는 쇠사슬.

기삼(其三)

세상에는 복숭아꽃 살구꽃이 있어서
슬픔 속에 바라보니 봄은 이미 저물고 있네.
바람이 나는 꽃잎 몰고 오는데
누구의 집 정원의 나무 것일까?

人間有桃杏하여, 悵望¹⁾春維暮라.
(인간유도행 창망춘유모)
風捲²⁾飛花來하니, 誰家庭下樹아?
(풍권비화래 수가정하수)

(註釋) 1) 悵望(창망)- 슬픈 심정으로 바라보는 것. 2) 捲(권)- 바람이 불어 꽃잎을 말아 올리는 것.

(解說) 작자 사신행은 만년에 벼슬을 그만두고 고향에 돌아와 있었으나, 벼슬자리에 있던 그의 아우가 황제를 저주한다는 무고를 받아 옹정(雍正) 4년(1726) 그의 삼형제가 모두 잡혀가 북경의 옥에 갇힌다. 이 때 옥중생활을 오언절구 40수로 읊었는데, 그 중 세 수를 고른 것이다.

… 작가 약전(略傳) …

고사립(顧嗣立, 1669-1722) 자는 협군(俠君), 장주(長洲, 지금의 江蘇省 吳縣) 사람. 진사가 된 뒤에는 자를 서길사(庶吉士)라 바꾸었다. 시집으로 『수야초당시집(秀野草堂詩集)』을 남기고 있다.

망부석(望郎回)

[서문] 대안역(大安驛)에는 한 부인이 어린 아이를 데리고 산 위에 서있는 듯한 모양을 한 바위가 있는데, 이것을 '망랑회'라 부른다.

> 在大安驛에, 有石形如婦人이, 携一稚子하고, 立于山上하니, 名曰望郎回라.

낭군 돌아오기 바라네,
낭군 돌아오기 바라네!
아침마다 낭군 돌아오기 바라는데 낭군은 돌아오지 않네.
고아가 된 석자 키의 아이는

모양도 외롭고 그림자도 외짝인데,
겨울엔 매서운 바람 걱정
여름엔 붉은 해 걱정.
남산에는 연이어진 구름 떠 있고 북산에는 비가 내리니,
사람 사는 같은 세상인데 양편 땅은 다르네.
낭군 돌아오기 바라네!
언제나 돌아오려나?
동쪽 바다에서 서쪽으로 되돌아가는 강물이 있다면
이 몸 돌 사람 되어 불에 타 죽는다 해도 달가우련만!

　　　　望郞回, 望郞回로다! 朝朝望郞郞不回로다.
　　　　(망랑회　망랑회　조조망랑낭불회)

　　　　孤兒三尺이, 形單[1]影隻[2]하니,
　　　　(고아삼척　형단영척)

　　　　冬愁風酸[3]이오, 夏愁日赤이로다.
　　　　(동수풍산　하수일적)

　　　　南山雲連北山雨하니, 一樣人間兩樣土로다.
　　　　(남산운련북산우　일양인간양양토)

　　　　望郞回로다! 幾時來오?
　　　　(망랑회　기시래)

　　　　東海會有西歸水[4]면, 妾作石人甘爛死[5]리라.
　　　　(동해회유서귀수　첩작석인감란사)

(註釋) 1) 形單(형단)- 형체가 외톨인 것, 몸이 외톨인 것. 2) 影隻(영척)- 그림자가 외짝인 것. 3) 酸(산)- 시다, 매섭다. 4) 西歸水(서귀수)-

서쪽으로 되돌아가는 강물. 중국의 강물은 모두 동쪽으로 흘러 바다로 들어간다. 5) 爛死(난사)- 불에 타 죽다, 불에 녹아 죽다.

(解說) '망랑회'는 앞의 서문을 통해서 알 수 있듯이 '망부석(望夫石)'이다. 전쟁이 잦은 중국에는 처자를 두고 멀리 떠나가서는 영영 돌아오지 못하는 남자들이 많아 이런 시를 부르고 있는 것이다. 중국에는 여러 고장에 망부석이 있다.

관중의 백성들(關中民)

관중 지방에 삼년 동안 가뭄 바람이 부니
보리는 누렇게 마르고 밀은 말라 죽었네.
아이들은 부모 찾아 울고 마누라는 남편 찾아다니며,
굶주린 백성들 모여 붐비는 것이 저자에 사람들 모이는 듯 하네.
관청에서 세금 면제해주고 구조 양식 내준다는 조칙(詔勅)을
　　발표하니,
싸라기 삶아 죽을 끓여 주린 배 채우려 하네.
높은 관원들은 공사(公私) 일에 대부분 요령을 피워
한 말(斗)일 경우에 겨우 석 되(升) 곡식을 내주네.
자루를 들거나 항아리를 가지고 곡식 표를 다투는데,
입이 굶주리고 있어 매를 맞으면서도 여전히 모여드네.
고을 관청에서 사흘만 창고 문 열지 않아도
십 중 팔구 명이 길가에 너부러진다네.

關中¹⁾三年旱風起하니, 大麥焦黃²⁾小麥死라.
(관중삼년한풍기 대맥초황소맥사)

兒哭爺娘³⁾妻覓⁴⁾夫하여, 雜沓⁵⁾飢民如集市라.
(아곡야낭처멱부 잡답기민여집시)

官家蠲租⁶⁾詔發棠⁷⁾하니, 煮糜⁸⁾調粥⁹⁾療飢腸이라.
(관가견조조발당 자미조죽요기장)

長吏公私多扣刻¹⁰⁾하여, 一斗止合三升糧이라.
(장리공사다구각 일두지합삼승량)

携囊挈瓶¹¹⁾爭領牒¹²⁾하여, 口飢打手踵相接¹³⁾이라.
(휴낭설병쟁령첩 구기타수종상접)

縣官三日不開倉이면, 十人八九僵¹⁴⁾路傍이라.
(현관삼일불개창 십인팔구강로방)

(註譯) 1) 關中(관중) - 지금의 섬서성(陝西省)을 이르는 말. 동쪽은 함곡(函谷), 남쪽은 무관(武關), 서쪽은 산관(散關), 북쪽은 소관(蕭關)으로 둘러쌓여 있기 때문에 그렇게 부른다(『讀史方輿紀要』注). 2) 焦黃(초황) - 누렇게 타 죽는 것. 3) 爺娘(야낭) - 부모. 4) 覓(멱) - 찾다, 찾아다니다. 5) 雜沓(잡답) - 많은 사람들이 모여들어 붐비는 것. 6) 蠲租(견조) - 조세(租稅)를 감면해 주는 것. 7) 發棠(발당) - 창고를 열어 굶주리는 사람들을 구제하는 것(『孟子』盡心 下). '당'은 제(齊)나라의 곡식 창고가 있던 고장 이름이다. 8) 煮糜(자미) - 싸라기를 삶다, 죽을 쑤다. 9) 調粥(조죽) - 죽을 쑤는 것. 10) 扣刻(구각) - 적당히 보태고 빼고 하는 것, 값을 깎는 것, 구극(扣剋). 11) 挈瓶(설병) - 항아리를 지니고, 병을 들고. 12) 領牒(영첩) - 곡식 표를 받는 것. '첩'은 곡식 배급표. 13) 踵相接(종상접) - 발꿈치가 연이어지다, 계속 사람들이 모여드는 것을 뜻함. 14) 僵(강) - 쓰러지다, 너부러지다.

(解說) 흉년이 연이어 들고 있는 관중지방 백성들의 참상을 노래한 시이다. 관중지방은 옛날 수도인 장안(長安)이 있던 곳이어서 더욱 깊은 감개를 느끼게 하였을 것이다.

2. 청 중엽의 시

··· 작가 약전(略傳) ···

조집신(趙執信, 1662-1744) 자는 신부(伸符), 호는 추곡(秋谷), 산동성(山東省) 익도(益都, 지금의 博山) 사람. 진사가 된 뒤 벼슬은 우춘방우찬선(右春坊右贊善) 겸 한림원검토(翰林院檢討)에 올랐으나, 국상(國喪) 때 연극 『장생전(長生殿)』을 구경했다하여 파직되었다. 그 뒤로는 벼슬하지 않고 자유로이 살았다. 시는 왕사정의 시론에서 출발하여 뒤에는 수사(修辭)를 중시한 끝에 만당(晚唐)시를 내세웠다. 뮤집으로 『이사당집(飴山堂集)』이 있다.

시골 집(村舍)

여러 산봉우리 겹쳐진 중에 강물 비껴 흐르고,
시골집이 아련히 약야산(若耶山)에 있네.
늙어가면서 차차 콩과 보리도 분별할 줄 알게 되었으니
온 집안 옮기어 안개와 노을 속에 사는 것이 좋겠네.

바람에 몰리어 죽순은 머리 숙인 대로 자라고
해를 따르느라 해바라기는 위족화(衛足花) 되어 피네.
비가 산의 모습 어루만지다가 개이자 달이 나오니
한가하고 조용히 평생 사는 일 거부하지 말게나!

亂峯重疊水橫斜하고, 村舍依稀[1]在若耶[2]라.
(난봉중첩수횡사 촌사의희재약야)

垂老[3]漸能分菽麥하니, 全家合得住烟霞[4]라.
(수로점능분숙맥 전가합득주연하)

催風筍作低頭竹이오, 傾日葵[5]開衛足花[6]라.
(최풍순작저두죽 경일규개위족화)

雨玩山姿晴對月하니, 莫辭閒澹[7]送生涯하라!
(우완산자청대월 막사한담송생애)

(註釋) 1) 依稀(의희)- 아련히 보이는 모양, 비슷이 보이는 모양. 2) 若耶(약야)- 절강성(浙江省) 회계현(會稽縣) 남쪽에 있는 산 이름. 서시(西施)가 완사(浣紗)하였다는 약야계(若耶溪)도 여기에 있으며, 많은 명사들이 숨어 살았던 곳이다. 3) 垂老(수로)- 늙어가는 것. 4) 烟霞(연하)- 안개와 노을, 산속을 가리킨다. 5) 葵(규)- 해바라기. 6) 衛足花(위족화)- 해바라기의 별명(『左傳』成公17年). 해바라기는 해를 따라가면서 자기 뿌리를 가려주어 '위족화'라 부르기도 한다. 7) 閒澹(한담)- 한가하고 담담한 것, 한적하고 조용한 것.

(解說) 만년에 벼슬을 그만두고 지내면서 산수를 즐기는 그의 마음을 노래한 것이다. 무고로 두 형제를 모두 잃은 한도 산수의 사랑 속에 깃들여있는 듯 하다.

반딧불(螢火)

비가 오자 문을 뚫고 들어오더니
바람이 불자 문득 담을 지나가 버리네.
비록 풀로 말미암아 이루어진 몸이라 하지만
달의 힘 빌리지 않고도 빛을 내네.
숨어 지내는 사람 뜻 이해할 것이니
이제 잠시 주머니 속으로 들어와 지내주게.
자네 저 드넓은 하늘 보게!
큰 별빛과 다를 게 무엇인가?

和雨[1]還穿戶하고, 經風忽過牆이라.
(화우환천호 경풍홀과장)

雖緣草成質[2]이나, 不借月爲光이라.
(수연초성질 불차월위광)

解識幽人意하니, 請今聊處囊[3]하라.
(해식유인의 청금요처낭)

君看落空[4]闊하라! 何異大星芒[5]고?
(군간낙공활 하이대성망)

(註釋) 1) 和雨(화우)- 비속에 다니는 것, 비를 맞는 것. 2) 草成質(초성질)- 풀이 바탕을 이루다. 썩은 풀이 반딧불이 된다는 말(『禮記』月令)을 근거로 한 말이다. 3) 處囊(처낭)- 진(晉)나라 차윤(車胤)이 가난하여 여름밤이면 얇은 비단 주머니에 반딧불을 잡아 모아 넣고 밝히면서 책을 읽었던 일을 근거로 한 표현이다(『晉書』 車胤傳). 4)

落空(낙공)- 벼락(碧落), 드넓은 하늘. 5) 芒(망)- 광망(光芒), 빛.

(解說) 반딧불을 빌어 올바른 처세를 노래한 시이다. 비록 지위가 낮아도 자기 힘을 다하여 노력하면 큰 성과를 거둘 수가 있다는 것이다. 반딧불은 보잘 것 없지만 모아져 비단 주머니 안에 담겨지면 책을 읽는 사람들을 위하여 하늘의 별빛보다도 더 큰 공헌을 하게 된다는 것이다.

길가의 비석(道旁碑)

길가에는 서있는 비석들이 얼마나 많은가?
십리마다 오리마다 가도 가도 이어지네.
자세히 보면 글자가 다 지워지지 않고 있는데
그 글들이 모두 한 사람 손에서 나온 듯 하네.
모두 어떤 장관이 은혜로운 정치를 펴서
끼쳐진 사랑이 천년을 두고 드리워질 듯이 여겨지네.
거기에 쓰인 행적이 극히 하찮은 일들이고
앞뒤 표현이 어긋나니 식자들이 비웃을 것도 꺼리지 않은 듯 하네.
세금은 일찍이 다 거두어 바치고 도적들은 끝내 다 잡았으며
학당(學堂)을 수리하고 성의 담장도 이어 손질했다네.
옛 성인이 명성을 추구하기 위한 도구가 되었으니
이 밑의 백성들이 더욱 슬퍼지네.

지나가는 그 고장 사람들에게 잠시 물어보니,
"그 사람 성명은 까마득히 알지를 못하겠고,
이전에 나에게 아무런 은혜도 베푼 일이 없는데
지난 뒤에 우리가 어떻게 그를 생각하고 있겠나요?
떠난 장관 생각해주지 않는다면 뒤에 온 장관이 노여워할 것이니
뒷사람도 앞사람 같은 푸대접 받을까 하여 겁을 낼 것이기 때문이지요.
깊은 산에 가서 가을 비 속에 미끄러운 바위를 깨어내어
밭 갈던 소의 힘 빌어 노고를 다해 끌어온 뒤,
마을에서 돈을 거두고 비문을 글 아는 이에게 써 받은 다음
글방 훈장의 턱짓을 따라 일을 했지요.
보세요, 비석은 벽돌을 받쳐 잘 세웠지만
우리나 처자들은 몸에 두를 온전한 옷도 없어요!
다만 바라기를 태행산(太行山)의 바위들이
모두 호타하(滹沱河) 물 속의 진흙으로 변해버리는 것이에요!
그렇지 않으면 길가에는 빈 땅이 한없이 많으니
어찌 해마다 계속 비석을 세울 수가 있겠어요?"

　　　道旁碑石何纍纍[1]오? 十里五里行相追[2]라.
　　　(도방비석하류류　십리오리행상추)
　　　細觀文字未磨滅이니, 其詞如出一手爲라.
　　　(세관문자미마멸　기사여출일수위)
　　　盛稱長吏[3]有惠政하여, 遺愛想像千秋垂라.
　　　(성칭장리유혜정　유애상상천추수)

就中行事極瑣細[4]하고, 齟齬[5]不顧識者嗤[6]라.
(취중행사극쇄세 저어불고식자치)

徵輸早畢[7]盜終獲하고, 黌宮[8]既葺[9]城堞[10]隨라.
(징수조필도종획 횡궁기용성첩수)

先聖且爲要名[11]具하니, 下此黎庶[12]吁[13]可悲라.
(선성차위요명구 하차려서우가비)

居人過者聊借問하니, 姓名恍惚[14]云不知요.
(거인과자요차문 성명황홀운부지)

往者於我本無恩이어늘, 去後遺[15]我如何思오?
(왕자어아본무은 거후견아여하사)

去者不思來者怒리니, 後車[16]恐蹈前車危라.
(거자불사내자노 후거공도전거위)

深山鑿石[17]秋雨滑이러니, 耕時牛力勞挽推[18]라.
(심산착석추우활 경시우력노만추)

里社[19]合錢乞作記하고, 兎園[20]老叟頤指揮[21]라.
(이사합전걸작기 토원로수이지휘)

請看碑石俱磚甃[22]나, 身及妻子無完衣라.
(청간비석구전추 신급처자무완의)

但願太行山[23]上石이, 化爲滹沱[24]水中泥라.
(단원대행신상석 화위호타수중니)

不然道旁隙地正無限하니, 那得年年常立碑아?
(불연도방극지정무한 나득년년상립비)

註釋 1) 纍纍(류류)- 많이 쌓여있는 모양. 2) 相追(상추)- 계속 연이어 있는 것. 3) 長吏(장리)- 높은 관리, 장관. 4) 瑣細(쇄세)- 자잘하고 보잘 것이 없는 것. 5) 齟齬(저어)- 앞뒤가 맞지 않는 것, 앞뒤가 모순 되는 것. 6) 嗤(치)- 비웃는 것. 7) 徵輸早畢(징수조필)- 세금을 거두어 바치는 일을 일찍이 끝낸 것. 8) 黌宮(횡궁)- 학궁(學宮), 학당(學堂). 9) 葺(용)- 수리하다. 10) 城堞(성첩)- 성벽. 11) 要名(요명)- 명성을 추구하는 것. 12) 黎庶(여서)- 백성들, 서민들. 13) 吁(우)- 한탄스러운 것. 14) 恍惚(황홀)- 까마득한 것, 잘 알 수 없는 것. 15) 遣(견)- 사(使), 사역(使役)을 나타냄. 16) 後車(후거)- 이 구절은 "앞 수레가 넘어진 것은 뒤 수레의 훈계가 된다.(前車覆, 後車誡)"는 옛 말(『漢書』賈誼傳)을 원용한 표현이다. 17) 鑿石(착석)- 돌을 깨다, 바위를 쪼개다. 18) 挽推(만추)- 끌고 오는 것. 19) 里社(이사)- 여러 마을. 20) 兎園(토원)- 당(唐) 두사선(杜嗣先)이 편찬한 『토원책(兎園册)』, 옛날 아이들에게 글을 가르치던 교본이었다. 따라서 '토원노수'는 글방 영감, 글방 훈장을 뜻한다. 21) 頤指揮(이지휘)- 턱짓으로 지휘하다, 턱짓으로 남을 부리는 것. 22) 磚甃(전추)-벽돌, 흙을 구어 만든 벽돌 종류. 23) 太行山(태행산)- 산서성(山西省)·하북성(河北省)·하남성(河南省)에 걸쳐있는 큰 산 이름. 24) 滹沱(호타)- 호타하(滹沱河), 산서성에서 시작하여 동쪽으로 흘러 하북성을 거쳐 천진(天津)에서 바다로 흘러든다.

(解說) 길가에 서있는 송덕비(頌德碑) 종류의 비석을 보고 읊은 시. 실은 송덕비 뒤에 있는 관리들의 거짓과 횡포를 고발한 내용이다. 권력을 미끼로 백성들과는 상관없는 이런 일들이 얼마나 자행되고 있는지 모를 일이다. 작자의 감각이 날카롭다.

··· 작가 약전(略傳) ···

심덕잠(沈德潛, 1673-1769) 자는 학사(确士), 호는 귀우(歸愚), 강소성(江蘇省) 장주(長洲, 지금은 蘇州) 사람. 집이 가난하여 어렵게 진사가 된 뒤 벼슬은 편수력관(編修歷官)을 거쳐 예부시랑(禮部侍郞)에 올랐으며, 뒤에 예부상서(禮部尙書)까지 가함(可銜)되었다. 시인으로도 명성을 날리고, 성당(盛唐)의 시를 바탕으로 한 격조설(格調說)을 주장하여 유명하다. 격조란 시의 표현 양식(格)과 언어의 음조(調) 같은 시의 형식적 외면적 요소를 뜻한다. 문집으로 『귀우시문집(歸愚詩文集)』을 남겼다.

보리 베는 노래(刈麥行)

재작년엔 보리밭에 서자 깊이의 물이 들었고
작년엔 보리밭이 반은 말라죽었는데,
올해엔 보리와 밀이 모두 제대로 여물어서
위아래로 누런 구름 같은 보리가 천리 들판에 펼쳐 있네.
낫을 싹싹 갈아가지고 밭에 나가 보리 베고
부녀자들은 타작하고 말리고 하느라 온 농가가 바쁜데,

어지러이 날아 떨어지는 보리 껍질은 눈보다도 희고
시루에서는 시시로 떡 찌는 향내가 나네.
늙은 농부가 밥을 먹고 나서는 소리를 삼키며 우는데
삼년 만에 겨우 올해에야 곡식 제대로 익은 것 보게 되었다 하네.

前年麥田三尺水하고, 去年麥田半枯死라.
(전년맥전삼척수 거년맥전반고사)
今年二麥[1]俱有秋[2]하니, 高下黃雲遍千里라.
(금년이맥구유추 고하황운편천리)
磨鎌[3]霍霍[4]割[5]上場[6]하고, 婦子打曬[7]田家忙이라.
(마겸곽곽할상장 부자타쇄전가망)
紛紛落䃺[8]白於雪하고, 瓦甑[9]時聞餠餌[10]香이라.
(분분락애백어설 와증시문병이향)
老農食罷吞聲[11]哭하되, 三年乍見[12]今年熟이라 하네.
(노농식파탄성곡 삼년사견금년숙)

註釋 1) 二麥(이맥)- 두 가지 보리, 대맥(大麥)과 소맥(小麥), 밀과 보리. 2) 俱有秋(구유추)- 모두 함께 가을이 있게 되었다, 곡식이 모두 잘 되어 추수를 할 수 있게 되었다. 3) 磨鎌(마겸)- 숫돌에 낫을 가는 것. 4) 霍霍(곽곽)- 숫돌에 낫을 싹싹 가는 모양. 5) 割(할)- 보리를 베는 것. 6) 上場(상장)- 보리밭으로 나가는 것. 7) 打曬(타쇄)- 타작을 하여 햇볕에 말리는 것. 8) 落䃺(낙애)- 보리를 타작한 다음 불리자 '부스러기와 쭉정이가 날라 떨어지는 것.' '애'는 맷돌 또는 부서진 물건을 뜻함. 9) 瓦甑(와증)- 떡시루, 도기(陶器)로 만든 시루. 10) 餠餌(병이)- 떡. 11) 吞聲(탄성)- 소리를 죽이다. 12) 乍見(사견)- 겨우 보게 되다.

(解說) 삼년 만에 풍년이 들어 농민들은 떡까지 만들어 먹으면서 즐긴다. 그러나 늙은 농부는 삼년 만에 풍년을 맞이하고도 소리 죽여 통곡을 하고 있다. 풍년이 감격스럽기보다는 앞으로 닥쳐올 고난이 더 걱정되기 때문이다.

황산의 소나무 노래(黃山¹⁾松歌)
옹제당을 위하여 지음(爲翁霽堂²⁾作)

낡은 항아리 속에 용이 서려있는 듯한 모습 문득 보니
비늘은 다 떨어져 나가고 푸른 이끼에 쌓여있네.
꾸불꾸불한 가지 석자 가량 옆으로 뻗어있으니,
어쩌면 아미산(峨嵋山)의 꼭대기에서
만년을 두고도 자라지 못한 외톨이 소나무란 말인가?
소나무에게 묻기를 "그대는 어디에 뿌리를 내리고 있다가 왔
  는가?"고 하니,
곧 황산 삼십육 개 봉우리 중 가장 기이한 봉우리 위에 있었
  다네.
황산은 산이 높아서 봉우리가 하늘에 닿아 있고
늙은 소나무가 꾸불꾸불 바위 절벽 가에 걸려 있었다네.
노한 듯 바위틈을 찢고 자란 소나무는 흙 거름과는 멀리 떨어
  졌으나
햇빛과 달빛이 줄기와 가지를 윤택케 해 주었다네.
징으로 바위를 잘 쪼는 공인이

긴 밧줄로 자기 몸을 묶고
아래로 깊은 계곡을 내려다보며 내려가
만 길이나 되는 공중에 매달리어
각별히 산의 바위를 교묘히 쪼아
한 덩어리의 괴이한 돌 속에 소나무 뿌리와 줄기를 한꺼번에 캐내어
멀리 신선 세상의 가장 깊은 고장 같은 곳으로부터
먼 거리를 옮기어 숨어사는 이 움막에 갖다 놓았다네.
빈 집안에는 때때로 안개와 구름이 일어
천도봉(天都峰)의 구름 기운이 마치 뜰 모퉁이로 몰려오는 것 같다 하네.
내가 황산의 소나무를 대하고
황산 꼭대기를 상상해 보건데,
부구공(浮丘公)과 용성자(容成子)가
구름 가에 때때로 왔다 갔다 할 것이네.
어찌하면 이 몸 흰 사슴 타고 푸른 절벽 사이를 다니며
송진을 먹고 나서 몸이 가벼워져
손을 들어 올리고 여러 산봉우리들과 신선들을 마중할 수 있을꼬?

古盎[3] 倐[4] 見盤虯龍[5]하니, 鱗甲[6]剝落蒼苔封[7]이라.
(고앙숙견반규룡 인갑박락창태봉)
蟉枝[8]偃伏[9]三尺許[10]하니, 豈是峨嵋[11]頂上의, 萬年不長孤生松가?
(규지언복삼척허 기시아미정상 만년부장고생송)

問松托根[12]來何從고? 乃在黃山六六[13]之奇峰이러니,
(문송탁근내하종 내재황산륙륙지기봉)

黃山山高接霄漢[14]하고, 古松連蜷[15]卦巖畔이라.
(황산산고접소한 고송연권괘암반)

怒裂石罅[16]斷土膏[17]로되, 日月光華潤枝榦이라.
(노렬석하단토고 일월광화윤지간)

工人善鎚鑿[18]이, 長絚[19]繫其軀하고,
(공인선추착 장긍계기구)

下縋[20]俯絶澗하고, 萬丈懸空虛하여,
(하추부절간 만장현공허)

磊砢[21]山骨[22]巧하여, 斲破[23]一卷[24]怪石連根株라.
(뇌가산골교 착파일권괴석연근주)

遠從洞府[25]最深處로, 千里移置幽人廬라.
(원종동부최심처 천리이치유인려)

空堂時有煙靄[26]氣하니, 天都[27]雲氣髣髴[28]來庭隅라.
(공당시유연애기 천도운기방불래정우)

我對黃山松하여, 想象黃山巓하나니
(아대황산송 상상황산전)

浮丘[29]與容成[30]이, 雲際時往還이라.
(부구여용성 운제시왕환)

安得身騎白鹿蒼崖間하고,
(안득신기백록창애간)

松肪[31]食罷體輕擧하여, 抗手[32]羣峰迎列仙고?
(송방식파체경거 항수군봉영열선)

182 | 청대시선(淸代詩選)

(註釋) 1) 黃山(황산)- 안휘성(安徽省) 섭현(歙縣) 서북쪽에 있는 명산 이름. 2) 翁霽堂(옹제당)- 어떤 사람인지 알 수 없음. 다만 이 시는 그가 갖고 있던 분재 소나무를 보고 지은 것이다. 3) 盎(앙)- 동이, 항아리. 4) 倏(숙)- 문득, 갑자기. 5) 盤虯龍(반규룡)- 용이 서리어 있는 듯한 모양의 분재(盆栽) 소나무를 형용한 말. 6) 鱗甲(인갑)- 용의 껍질과 비늘. 7) 蒼苔封(창태봉)- 푸른 이끼로 쌓이다. 8) 虯枝(규지)- 용이 꿈틀거리듯 비뚤비뚤한 나무 가지. 9) 偃伏(언복)- 엎드리다, 밑으로 뻗어 있는 것. 10) 許(허)- 정도, 가량. 11) 峨嵋(아미)- 아미산(蛾眉山), 사천성(四川省) 아미현(蛾眉縣) 서남쪽에 있는 명산 이름. 12) 托根(탁근)- 뿌리를 의탁하다, 뿌리를 박고 있는 것. 13) 六六(육육)- 삼십육. 황산에는 36의 기봉(奇峰)이 있다 한다. 14) 霄漢(소한)- 하늘, 하늘 가. 15) 連蜷(연권)- 길게 꾸불꾸불한 모양. 16) 石罅(석하)- 바위 틈. 17) 土膏(토고)- 흙의 비료성분. 18) 鎚鑿(추착)- 망치와 징, 징으로 돌을 깨는 것. 19) 絙(궁)- 밧줄. 20) 下縋(하추)- 밑으로 줄에 매어달리는 것. 21) 磊砢(뇌가)- 특출한 모양. 22) 山骨(산골)- 산에 드러나있는 바위. 23) 劗破(칙피)- 징으로 쪼아 깨어내는 것. 24) 一卷(일권)- 한 덩어리. 25) 洞府(동부)- 신선이 사는 고장. 26) 煙靄(연애)- 안개와 구름. 27) 天都(천도)- 황산 36 봉우리 중 최고봉의 이름. 28) 髣髴(방불)- 흡사 --- 하는 듯 하다. 29) 浮丘(부구)- 부구공(浮丘公), 황제(黃帝) 때의 신선. 30) 容成(용성)- 용성자(容成子), 황제의 사관(史官)이었으며 역시 신선임. 31) 松肪(송방)- 소나무 진. 32) 抗手(항수)- 두 손을 번쩍 드는 것.

(解說) 황산의 소나무를 가져다 분재로 만들어놓은 것을 보고 지은 시이다. 필자도 전에 시골에서 깊은 산에 가 바위틈에 자란 나무들을 캐어다가 분재를 만드는 사람을 보고 그런 짓 하지 말라고 말린 일이 있다. 열개를 뽑아다가 분재를 만들면 성공하는 것은 하

나 정도인 듯 하다. 얼마나 크게 아름다운 자연을 망치는 짓인가!

달밤에 강을 내려가며(月夜渡江)

만리 금빛 물결 위에 눈이 환하도록 달빛 밝게 비치고
배 돛은 바람을 잔뜩 받고 공중을 가르듯 달리네.
자욱한 밤빛 속에 삼산의 그림자가 지워져 가고 있고
호탕하게 아직도 흐르며 육조(六朝) 시대나 같은 소리를 내고
　　있네.
물밑의 고기나 용도 고요한 밤이라 놀랄 듯 하고
하늘가의 별자리들은 밤이 깊어졌음을 알려주네.
시원한 바람 타고 순식간에 경구를 지나니
초(楚)나라와 오(吳)나라의 접경이던 고향땅이 한없는 정을 일
　　게 하네.

　　萬里金波[1]照眼明하고, 布帆十幅[2]破空行이라.
　　(만리금파조안명　포범십폭파공행)
　　微茫[3]欲沒三山[4]影이오, 浩蕩[5]還流六代[6]聲이라.
　　(미망욕몰삼산영　호탕환류육대성)
　　水底魚龍驚靜夜하고, 天邊牛斗[7]轉深更[8]이라.
　　(수저어룡경정야　천변우두전심경)
　　長風瞬息過京口[9]하니, 楚尾吳頭[10]無限情이라.
　　(장풍순식과경구　초미오두무한정)

(註釋) 1) 金波(금파)- 달빛이 비친 강 물결. 2) 布帆十幅(포범십폭)- 천으로 만든 돛에 바람을 잔뜩 받은 것. 3) 微茫(미망)- 자욱한 것, 분명치 않은 모양. 4) 三山(삼산)- 남경(南京) 서남쪽 장강(長江) 가에 있는 산, 세 봉우리가 연이어 솟아있어 삼산이라 부른다. 5) 浩蕩(호탕)- 넓고 장대한 모양. 6) 六代(육대)- 육조(六朝), 오(吳)·동진(東晉)·송(宋)·제(齊)·양(梁)·진(陳)의 여섯 나라가 앞서거니 뒤서거니 모두 남경(당시의 建康)을 도읍으로 삼고 있었다. 7) 牛斗(우두)- 우수(牛宿)와 두수(斗宿), 별자리의 이름임. 8) 更(경)- 시각. 9) 京口(경구)-지금의 강소성(江蘇省) 진강(鎭江), 남경의 장강 하류에 있다. 10) 楚尾吳頭(초미오두)- 초나라 꼬리와 오나라 머리가 맞대어 있는 지방, 전국(戰國)시대 초나라와 오나라의 접경지대, 작자의 고향인 장강 하류지방을 가리킨다.

(解說) 작자가 달밝은 밤에 배를 타고 지금의 남경 지방에서 출발하여 고향 소주(蘇州) 쪽을 향해가는 도중 진강(鎭江)을 지나면서 읊은 시이다. 달 밝은 강변 풍경도 아름다우려니와 바람을 타고 장강을 쏜살같이 내려가는 기세가 호쾌하다. 고향을 향한 한없는 정도 고향이 가까워지고 있어서 더욱 상쾌했을 것이다.

2. 청 중엽의 시

··· 작가 약전(略傳) ···

여악(厲鶚, 1692-1753) 자는 태홍(太鴻), 호는 번사(樊榭)이며, 절강성(浙江省) 전당(錢塘) 사람이다. 거인(擧人)이 된 뒤 박학홍사(博學鴻詞)로 추거(推擧)되었으나 시험에 실패하여, 시문(詩文)으로 세월을 보냈다. 그의 문집으로 「번사산방집(樊榭山房集)」이 있다. 그는 사(詞)에 있어서도 대가라 부를 만 하다.

새벽에 도광 절정에 올라가(曉登韜光[1]絕頂)

산에 들어온 지 삼일이 되었는데
산에 올라와서야 마침내 산을 제대로 보게 되었네.
서리 내린 돌 비탈길은 미끄러워 밟고 가기도 어려운데
양지 비탈에만 햇빛이 겨우 비치기 시작하네.
무성한 대나무 숲을 뚫고 햇빛이 새어나와
차가운 푸른 잎이 외로이 가는 길을 이끌어주네.
마음 가라앉히고 찾아보아도 여러 가지 들리던 소리들 다 잠잠한데
많은 샘물만이 똑같은 소리 내며 울리고 있네.

가려진 골짜기 경치 모두가 어둑어둑 하더니
꼭대기에 올라가자 시야가 비로소 탁 트이네.
작은 정자에서 강호를 내려다보니
눈길 닿는 대로 온통 푸르른 세상일세.
오래 앉아 있으려니 정자 밖에서 향기가 풍기고
푸른 얇은 구름이 연못 위에 내려앉고 있네.
오래도록 백거이(白居易)를 흠모하는 것은
티끌세상의 속박으로부터 벗어나고 싶기 때문이네.

入山已三日에, 登頓[2)]遂眞賞[3)]이라.
(입산이삼일 등돈수진상)

霜磴[4)]滑難踐[5)]이나, 陽崖[6)]曦[7)]乍晃[8)]이라.
(상등활난천 양애희사황)

穿漏深竹[9)]光하니, 冷翠[10)]引孤往이라.
(천루심죽광 냉취인고왕)

冥搜[11)]滅衆聞이나, 百泉同一響이라.
(명수멸중문 백천동일향)

蔽谷境盡幽러니, 躋顚[12)]矚[13)]始爽[14)]이라.
(폐곡경진유 제전촉시상)

小閣俯江湖하니, 目極但莽蒼[15)]이라.
(소각부강호 목극단망창)

坐深[16)]香出院하고, 靑靄[17)]落池上이라.
(좌심향출원 청애낙지상)

永懷白侍郞[18)]하니, 願言脫塵鞅[19)]이라.
(영회백시랑 원언탈진앙)

(註釋) 1) 韜光(도광)- 항주(杭州)의 서호(西湖) 가에 있는 영은산(靈隱山) 북고봉(北高峰) 남쪽 영암사 서북쪽의 소구오(巢枸塢)를 말한다. 당(唐)대의 고승 도광(韜光)이 이곳에 암자를 짓고 설법(說法)을 하여 그런 이름이 생겼다. 2) 登頓(등돈)- 올라가 잠시 머무는 것. 3) 眞賞(진상)- 진실한 모양을 알게 되는 것. 4) 磴(등)- 돌비탈 길. 5) 踐(천)- 밟고 걷는 것. 6) 陽崖(양애)- 양지 비탈. 7) 曦(희)- 햇빛. 8) 晃(황)- 비치다, 밝히다. 9) 深竹(심죽)- 무성한 대나무. 10) 冷翠(냉취)- 차가운 푸른 대 잎. 11) 冥搜(명수)- 어둠 속에 찾다, 마음을 가라앉히고 찾아보다. 12) 躋巔(제전)- 정상에 오르다, 꼭대기를 밟다. 13) 矚(촉)- 보는 것, 시야. 14) 爽(상)- 밝아지다, 훤해지다. 15) 莽蒼(망창)- 푸름이 자욱한 것, 온통 푸른 것. 16) 坐深(좌심)- 오래 앉아있는 것. 17) 靄(애)- 구름 기운. 18) 白侍郞(백시랑)- 당(唐)대의 시인 백거이(白居易), 형부시랑(刑部侍郞) 벼슬을 지냈다. 일찍이 항주자사(杭州刺史)로 있으면서 도광에 올라 스님과 시를 창화(唱和)한 일이 있다. 19) 塵鞅(진앙)- 진세(塵世)의 속박.

(解說) 아름다운 항주의 서호 가에 있는 영은산에 새벽에 오른 감회를 읊은 시이다. 정말 선경이어서 가만히 있어도 진세의 속박으로부터 벗어나게 될 듯 하다.

영은사의 달밤(靈隱寺[1]月夜)

싸늘한 밤 향기로운 세계는 흰 달빛에 쌓였고
구부러진 계곡으로 절 문이 통하네.
달은 여러 산봉우리 위에 떠있고

샘물은 어지러운 나무 잎사귀 사이에 흐르네.
한 등불 아래 만물의 움직임이 멎어 있고
경쇠 소리 외로운데 넓은 하늘은 고요하네.
돌아오는 길에는 호랑이 만날까 두려운데,
더욱이 바위 밑에선 바람이 일고 있음에랴!

夜寒香界²⁾白이오, 澗曲³⁾寺門通이라.
(야한향계백 간곡사문통)

月在衆峰頂하고, 泉流亂葉中이라.
(월재중봉정 천류난엽중)

一燈群動⁴⁾息이오, 孤磬⁵⁾四天空이라.
(일등군동식 고경사천공)

歸路畏逢虎러니, 況聞巖下風이랴!
(귀로외봉호 황문암하풍)

(註釋) 1) 靈隱寺(영은사)- 항주 영은산에 있는 절 이름. 2) 香界(향계)- 향기로운 세계, 절의 경내를 가리킴. 3) 澗曲(간곡)- 계곡이 굽은 곳. 4) 群動(군동)- 만물의 움직임. 5) 磬(경)- 경쇠, 중들이 경을 읽을 적에 흔드는 작은 종.

(解說) 작자 여악은 항주 사람이며 산수를 특히 좋아하는 지라 서호 가의 영은사는 여러 번 찾아갔을 것이다. 앞의 시나 마찬가지로 역시 이 세상이 아닌 선계를 노래한 것 같다.

봄 추위(春寒)

아무렇게나 봄옷을 벗어 술 자국을 빨려는데
강남의 삼월은 바람이 가장 많이 부는 철일세.
눈 같은 배꽃이 진 뒤에 눈처럼 흰 넝쿨장미가 피었는데
사람은 두터운 발이 쳐진 방안에서 얕은 꿈속에 있네.

漫脫春衣浣¹⁾酒紅²⁾이러니, 江南三月最多風이라.
(만탈춘의완주홍 강남삼월최다풍)
梨花雪後酴醾³⁾雪이나, 人在重簾⁴⁾淺夢中이라.
(이화설후도미설 인재중렴천몽중)

(註釋) 1) 浣(완)- 빨래하다. 2) 酒紅(주홍)- 술이 묻은 자국. 3) 酴醾(도미)- 넝쿨장미의 일종. 4) 重簾(중렴)- 두터운 발이 쳐진 방 안.

(解說) 강남은 습기가 많아 기온이 약간 낮아도 쌀쌀하게 느껴진다. 쌀쌀한 봄날의 감상을 가볍게 노래한 시이다.

장강을 배를 타고 돌아오면서 연자기를 바라보고 지음(歸舟江行望燕子磯¹⁾作)

바위 형세가 마치 제비가 물을 스쳐 나는 듯한데,
고기 그물이 맑은 햇살을 받고 절벽 위에 걸려있네.

강물을 굽어보는 정자 위에는 어떤 사람들이 앉아있는가?
내가 조각배 위에서 푸른 산자락 바라보고 있는 것 보고들 있네.

石勢渾如掠水[2]**飛**하고, **漁罾**[3]**絶壁掛清暉**라.
(석세혼여약수비 어증절벽괘청휘)

俯江亭[4]**上何人坐**오? **看我扁舟望翠微**[5]라.
(부강정상하인좌 간아편주망취미)

(註釋) 1) 燕子磯(연자기)- 남경(南京) 북쪽 교외 관음문(觀音門) 밖에 있는데, 장강(長江) 가에 제비가 나래를 펴고 나는 듯한 모양의 바위가 있다. 2) 掠水(약수)- 물 위를 스치며 나는 것. 3) 罾(증)- 그물, 어망. 4) 俯江亭(부강정)- 강물을 굽어보는 정자. 연자기 위에 있는 관음각(觀音閣)을 말한다. 5) 翠微(취미)- 산의 푸른 빛, 여기서는 연자기 저편의 산자락을 뜻한다.

(解詩) 작자의 경치를 읊은 명작 중의 하나라 일컬어지는 작품이다. 친구들과 배를 타고 남경에서 연자기 옆을 지나면서 읊은 것이다. 끝 구절의 남들이 경치를 감상하고 있는 자기를 바라보고 있다고 읊은 시각에 묘미가 있다.

죽은 애희를 애도함(悼亡姬[1])

건성건성 시간은 흘러가지만 모든 일들이 전과 같으니,
작년 이런 계절에 매실(梅實)을 떨어뜨리는 바람 불어 그대를 데려가 버렸지.
적항(荻港)으로 조각배 타고 돌아오던 일 생각하면서
아름다운 당신의 방이 하루 저녁에 텅 비게 된 것을 어떻게 믿겠는가?
당신의 오(吳) 지방 말씨가 창 안으로부터 들려오는 듯한데,
아름다운 혼은 정처 없이 빗소리 속에 날아가 버렸네!
내 이 삶은 아름다운 이불 속의 꿈만이 그립건만
봄추위로 꿈나라로 통하지도 못함을 어이하랴!

約略²⁾流光³⁾事事同⁴⁾, 去年天氣⁵⁾落梅風.⁶⁾
(약략류광사사동 거년천기낙매풍)

思乘荻港⁷⁾扁舟返, 肯⁸⁾信妝樓⁹⁾一夕空?
(사승적항편주반 긍신장루일석공)

吳語¹⁰⁾似來窓眼裏, 楚魂¹¹⁾無定雨聲中.
(오어사래창안리 초혼무정우성중)

此生只有蘭衾¹²⁾夢, 其奈¹³⁾春寒夢不通!
(차생지유난금몽 기내춘한몽불통)

註釋) 1) 亡姬(망희)- 죽은 애희(愛姬), 작자가 오흥(吳興)을 여행하다가 만나 집으로 데리고 돌아온 애희 주씨(朱氏). 2) 約略(약략)- 대략, 건성건성. 3) 流光(유광)- 흘러가는 시간. 4) 事事同(사사동)- 모든 일이 똑같다. 5) 天氣(천기)- 날씨, 계절. 6) 落梅風(낙매풍)- 매실을 떨어뜨리는 바람, 아름다운 자기의 애희를 빼앗아 간 바람. 애희 주씨가 죽을 때와 똑같은 계절에 똑같은 풍경 속에 똑같은 바람이 분다는 것이다. 7) 荻港(적항)- 절강성(浙江省) 오흥현(吳興縣) 남쪽 초계(苕溪)에 붙어 있으며, 작자는 오흥을 여행하다가 애희 주씨를

만나 이 곳에서 배에 태워 집으로 데려왔던 것이다. 8) 肯(긍)- 어찌. 9) 妝樓(장루)- 여인이 화장하는 누각, 여인의 거처, 주씨의 거처를 가리킴. 10) 吳語(오어)- 오 지방의 말. 주씨는 오정(烏程, 지금의 浙江省 吳興縣) 사람이어서 '오어'로 말하였던 것이다. 11) 楚魂(초혼)-선녀 같은 주씨의 혼. 무산(巫山) 신녀(神女)의 얘기를 인용하여 표현한 말임. 12) 蘭衾(난금)- 둘이서 사랑을 나누던 이불을 아름답게 표현한 말. 13) 其奈(기내)- 그것을 어이하랴!

解說 이는 작자가 정실부인이 아닌 사랑하는 애첩(愛妾)의 죽음을 애도한 시이다. 작자 여악은 오흥을 여행하는 도중 애희(愛姬) 주씨(朱氏)를 만나 함께 배를 타고 집으로 돌아왔던 것이다. 그는 이 주씨를 무척 사랑했던 듯하다. 그는 주씨가 죽자 절절한 애도의 정을 노래한 「도망희」시 12수를 짓고 있다. 여기에 소개한 것은 그 중 열한 번째의 시이다.

호수 가 누각 벽에 적음(湖樓題壁)

물은 줄어들고 산 기운 싸늘한 곳에
산뜻한 기분으로 봄놀이하며 시를 적네.
화려한 난간은 지금 이미 썩어버렸으니
하물며 난간에 기대어 놀던 사람들이랴!

水落山寒處에, **盈盈**[1]**記踏春**[2]이라.
(수락산한처 영영기답춘)

朱欄³⁾**今已朽**니, **何況倚欄人**고?
(주란금이후 하황의란인)

(註釋) 1) 盈盈(영영)- 아름다운 모양, 산뜻한 모양. 2) 踏春(답춘)- 봄놀이를 하는 것. 3) 朱欄(주란)- 붉은 난간, 화려한 난간.

(解說) 아름다운 풍경을 즐기면서 덧없는 인생을 되새기고 있다. 자연은 예나 같은데 사람들이 세운 누각이나 사람들 자신은 한시도 그대로 있지 못한다.

··· **작가 약전**(略傳) ···

정섭(鄭燮, 1693-1765) 자는 극유(克柔), 호를 판교(板橋)라 하였고, 강소성(江蘇省) 흥화(興化) 사람이다. 진사가 된 뒤 산동성(山東省) 범현(范縣)·유현(濰縣) 등의 지현(知縣)을 하다가 흉년에 백성들에게 양식을 너무 많이 나누어주었다고 파면되었다. 그는 글과 그림으로 나날을 보냈고, 만년에는 양주(揚州)로 물러나 그림을 그려 팔면서 자유로운 생활을 하였다. 그의 문집으로 「판교전집(板橋全集)」이 있다.

고기잡이(漁家)

생선 팔아 백이 전 받아
양식 사서 밥 지으려고 배 돌려 돌아오네.
젖은 갈대 뽑아오니 불이 잘 붙지 않아
버들가지 늘어진 낡은 언덕 가에 널어 말리네.

賣得鮮魚百二錢하여, 糴糧¹⁾炊飯放歸船이라.
(매득선어백이전 적량취반방귀선)

拔來濕葦²⁾燒難著³⁾하니, 曬⁴⁾在垂楊古岸邊이라.
(발래습위소난착 쇄재수양고안변)

(註釋) 1) 糴糧(적량)- 식량을 사 들이는 것. 2) 葦(위)- 갈대. 3) 著(착)- 불이 붙다. 4) 曬(쇄)-햇볕에 말리는 것.

(解說) 고기잡이 하며 살아가는 사람들의 어려움을 노래한 시이다. 고기 잡기가 힘들다느니, 밥도 제대로 찾아먹기 힘들다느니 하고 늘어놓은 것 보다 그들의 어려움이 더 절실히 느껴진다.

고약한 사사로운 형벌(私刑惡)

[서문] 위충현이 많은 현명한 사람들을 잡아다가 고문한 이래로 그릇된 형벌이 무수히 생기어 그 해독은 여전히 세상에 끼쳐지고 있다. 낮은 관리들은 혹독한 고문을 하면서 돈을 갈취하는데도 상관은 전혀 알지도 못하고 있다. 어진 군자들이 지극히 가슴 아파 하는 일이다.

自魏忠賢¹⁾拷掠²⁾群賢으로, 淫刑³⁾百出하여, 其遺毒⁴⁾猶在人間이라. 胥吏⁵⁾以慘掠⁶⁾取錢이로되, 官長或不知也라. 仁人君子이, 有至痛焉이라.

(註釋) 1) 魏忠賢(위충현)- 명나라 신종(神宗, 1573-1620) 때 환관으로 궁전에 들어가 희종(熹宗, 1621-1627) 때에는 멋대로 세도를 부리며

자기 뜻에 거슬리는 많은 사람들을 사사로이 잡아다가 고문하고 처형하였다. 사종(思宗)이 즉위하자(1628) 쫓겨나 죄가 두려워 자살하였다. 2) 拷掠(고략)- 잡아다 고문하는 것. 3) 淫刑(음형)- 잘못된 형벌, 혹독한 형벌. 4) 遺毒(유독)- 끼친 해독. 5) 胥吏(서리)- 관청 서기, 관청에서 문서를 관장하는 관리. 6) 慘掠(참략)- 혹독한 고문.

관청의 형벌은 사사로운 형벌만큼 악하지는 않으니,
멋대로 관원들이 사람을 돼지 잡듯이 묶어 가서는
힘줄을 자르고 골수를 파내기도 하고 머리털을 뽑기도 하는 것이
도적을 심문하고 장물을 찾을 때보다도 더 가혹하네.
소리 지르며 땅에 엎어질 적에는 산 기색이라고는 없고
갑자기 조용히 소리도 없이 사지를 쭉 뻗네.
떨어진 넋은 떠다니다가도 죽지는 않고
겨우 되살아났지만 천지가 캄캄하네.
본시 헐벗음과 굶주림에 몰리어 그릇된 짓을 한 것인데,
또 간악한 자들을 만나 그들 살찌우기 위하여 착취당하게 되었네.
실 한 자락 곡식 한 톨도 모두 들추어내고
겨우 가죽과 뼈만 남았는데도 심한 고문 가하네.
많은 부녀자와 아이들까지도
오라에 매이고 형틀에 묶이어 모두들 잡혀왔네.
죄 없는 십 칠팔세 젊은이 얽어 들이더니
밤이 되자 이웃집 영감님도 묶여왔네.
이웃 영감님은 나이가 칠십인데
흰 막대기와 긴 몽둥이로 더욱 다급히 치네.

관원들 위세에 우레조차 겁이 나 소리를 거두고
검은 구름에서 비 쏟아지니 하늘도 울고 계신 듯 하네.

官刑不敵[1]私刑惡하니, 掾吏[2]搏[3]人如豕搏하여,
(관형부적사형악 연리박인여시박)

斬筋抉[4]髓剔[5]毛髮하고, 督盜[6]搜贓[7]例苛虐이라.
(참근결수척모발 독도수장예가학)

吼聲[8]突地[9]無人色이오, 忽漫[10]無聲四肢直이라.
(후성돌지무인색 홀만무성사지직)

游魂蕩漾[11]不得死하고, 婉轉[12]回蘇天地黑이라.
(유혼탕양부득사 완전회소천지흑)

本因凍餒[13]迫爲非[14]러니, 又値[15]奸習[16]取自肥라.
(본인동뇌박위비 우치간습취자비)

一絲一粒盡搜索하고, 但凭[17]皮骨當嚴威[18]라.
(일사일립진수색 단빙피골당엄위)

累累[19]妻女小兒童을, 拘囚[20]繫械[21]網一空[22]이라.
(누루처녀소아동 구수계계망일공)

牽累[23]無辜十七八이러니, 夜來鎖[24]得隣家翁이라.
(견루무고십칠팔 야래쇄득인가옹)

隣家老翁年七十이어늘, 白梃[25]長椎敲更急이라.
(인가노옹년칠십 백정장추고갱급)

雷霆[26]收聲怯吏威하고, 雲昏雨暗蒼天泣이라.
(뇌정수성겁리위 운혼우암창천읍)

註釋 1) 不敵(부적)- 대적이 못된다, 상대가 되지 않는다, 비교할 것이 못

된다. 2) 掾吏(연리)- 아전, 관원 밑에서 일하는 자들. 3) 搏(박)- 치다, 묶어 잡아가다. 4) 抉(결)- 후벼내는 것. 5) 剔(척)- 뽑다. 6) 督盜(독도)- 도적을 심문하는 것. 7) 搜贓(수장)- 부정한 장물을 찾는 것. 8) 吼聲(후성)- 소리를 지르는 것. 9) 突地(돌지)- 땅에 나자빠지는 것. 10) 忽漫(홀만)- 갑자기 조용해지다, 갑자기 움직이지 않다. 11) 蕩漾(탕양)- 둥둥 떠다니는 모양. 12) 婉轉(완전)- 얌전한 모양, 간신히. 13) 凍餒(동뇌)- 헐벗고 굶주리는 것. 14) 爲非(위비)- 그릇된 짓을 하는 것, 관원에게 잡혀올 짓을 하는 것. 15) 値(치)- 만나다. 16) 奸習(간습)- 간악한 습성, 간악한 습성을 지닌 자들. 17) 凭(빙)- 의지하다, 지탱하다. 18) 嚴威(엄위)- 심한 고문. 19) 累累(누루)- 많이 있는 모양. 20) 拘囚(구수)- 오라 줄에 묶이는 것. 21) 繫械(계계)- 형틀에 묶이는 것. 22) 網一空(망일공)- 하나도 남기지 않고 다 잡아들이는 것. 23) 牽累(견루)- 잡혀 끌려오는 것. 24) 鎖(쇄)- 쇠사슬에 묶이는 것. 25) 梃(정)- 추(椎)와 함께 몽둥이, 매, 막대기. 26) 雷霆(뇌정)- 우레 소리.

(解說) 관리들이 개인의 이익을 추구하기 위하여 백성들을 괴롭히는 참상을 고발한 시이다. 이민족의 지배 아래 이런 가렴주구(苛斂誅求)하는 자들이 더 많았을 것이다. 작자는 이러한 낮은 백성들을 대변하는 작품을 많이 남기고 있다.

흉년으로 떠돌아다니는 사람들의 노래(逃荒[1]行)

열흘 만에 한 아이를 팔고
닷새 만에 한 마누라 팔고,

다음 날에는 한 몸 만이 남아
아득히 먼 길을 떠나게 되었네.
먼 길은 구불구불하고도 아득한데
산과 들에는 승냥이와 호랑이 버글버글 하네.
흉년이 들어도 호랑이는 굶주리지 않으니
사람들을 살펴보고 있다가 험한 바위 있는 곳에서 노리고,
승냥이와 늑대는 대낮에도 나와
여러 마을에서는 어지러이 북을 쳐 알리네.
아아, 나는 살가죽이며 머리털이 말라버렸고
뼈는 다 부서져 허리와 등뼈까지도 부러져 버려,
사람을 만나면 눈이 먼저 노려보게 되고
먹을 것이 생겨도 삼키려면 도리어 토하게 되니,
호랑이 주린 배를 채워줄 것도 못되어
호랑이도 버려둔 채 잡아먹지 않네.
길 가에서 버려진 아이를 발견하여
불쌍히 여기고 주어서 짊어지고 있던 솥 안에 담으니,
자기 자식은 다 팔아버리고
오히려 남의 자식 돌보아 주게 되었네.
길을 함께 가던 부인이 있어
가엾이 여기고 그놈에게 젖을 물려주자,
꿀꺽꿀꺽 부인의 품 안에서 소리를 내고
쫑얼쫑얼 입으로는 말을 하는 듯한데,
마치 자기 부모를 부르는 것 같더니
말하고 웃게 되자 사람의 마음 쓰려지네.

천 리 떨어진 곳에 산해관(山海關)이 있고
만 리 떨어진 곳에 요양(遼陽) 수자리 터가 있는데,
위엄을 지닌 성은 솟아 밤의 별을 물으려는 듯 하고
마을의 등불만이 가을 물가를 비치고 있네.
긴 다리가 물 위에 떠 있는데
바람 사나워 물결은 온통 성난 듯하니,
건너가야 하겠는데 감히 가까이 가지 못하는 것은
다리 위는 미끄러운데 발에는 신발도 없기 때문이네.
앞에서 끌어주고 또 뒷사람을 잡아주는데
한 번 넘어지면 다시 일어나지 못할 형편이네.
다리를 건너 낡은 묘당에서 쉬게 되자
귀에 요란하게 고향 말이 들려오는데,
부인은 자기 친척들 얘기를 하고
남자 아이는 자기 집안 얘기일세.
기쁘게 얘기하느라 밤새 잠도 자지 않으니
마치 시름과 괴로움을 그걸로 잊으려는 듯하네.
새벽에 다시 일어나 길을 가는데
아침 햇빛에 그림자만 외로이 가고 있네.
변경의 장성이 점점 남쪽으로 보이게 되자
누런 모래만이 널리 한도 없이 펼쳐져 있네.
어떤 사람이 말하기를 당(唐)대의 설인귀(薛仁貴)가
요동(遼東) 정벌을 이곳으로부터 떠났다 하고,
어떤 사람은 말하기를 수(隋)나라 양제(煬帝)가 이곳에서 출정
　　하여

고구려(高句麗)가 그의 영웅다움에 굴복하도록 하였다네.
처음 온 곳이지만 전에 와보았던 곳만 같아
고생스런 중에도 다시 옛 일을 얘기하네.
다행이도 새로운 주인을 만나
토방(土房)이나마 잠잘 곳을 얻게 되었네.
긴 쟁기로 낡은 자갈밭을 일구어
봄밭을 갈게 되자 부슬비가 내리네.
말과 소양을 방목(放牧) 하는데
지는 해 아래 그 수는 헤아릴 수도 없네.
몸이 편안해지자 마음은 도리어 슬퍼지니
하늘 아래 남쪽 땅은 얼마나 멀어졌는가?
모든 일 말로 할 수는 없고
바람 쏘이며 눈물만 쏟아내듯 흘리네.

十日賣一兒하고, 五日賣一婦하니,
(십일매일아 오일매일부)

來日剩[2]一身하여, 茫茫卽長路라.
(내일잉일신 망망즉장로)

長路迂[3]以遠하고, 關山[4]雜豺虎러니,
(장로우이원 관산잡시호)

天荒虎不飢하니, 盱[5]人伺[6]巖阻요,
(천황호불기 우인사암조)

豺狼白晝出하여, 諸村亂擊鼓[7]라.
(시랑백주출 제촌난격고)

嗟[8]予皮髮焦[9]하고, 骨斷折腰膂[10]하여,
(차여피발초 골단절요려)

見人目先瞪[11]하고, 得食咽[12]反吐하니,
(견인목선징 득식열반토)

不堪充虎餓하여, 虎亦棄不取라.
(불감충호아 호역기불취)

道旁見遺嬰[13]하고, 憐拾置擔釜[14]하니,
(도방견유영 연습치담부)

賣盡自家兒하고, 反爲他人撫[15]라.
(매진자가아 반위타인무)

路婦有同伴하여, 憐而與之乳라.
(노부유동반 연이여지유)

咽咽[16]懷中聲하고, 咿咿[17]口中語하니,
(열열회중성 이이구중어)

似欲呼爺娘[18]하고, 言笑令人楚[19]라.
(사욕호야낭 언소영인초)

千里山海關[20]이오, 萬里遼陽戍[21]라.
(천리산해관 만리요양수)

嚴城嚙[22]夜星하고, 村燈照秋滸[23]러니,
(엄성교야성 촌등조추호)

長橋浮水面하고, 風號浪偏怒[24]라.
(장교부수면 풍호낭편노)

欲渡不敢攖[25]하니, 橋滑足無屨[26]라.
(욕도불감영 교활족무구)

前牽復後曳[27]로되, 一跌[28]不復擧라.
(전견부후예 일질불부거)

過橋歇古廟할새, 聒[29]耳聞鄕語하니,
(과교헐고묘 괄이문향어)

婦人叙親姻[30]하고, 男兒說門戶라.
(부인서친인 남아설문호)

歡言夜不眠하니, 似欲忘愁苦라.
(환언야불면 사욕망수고)

未明復起行하니, 霞光[31]影踽踽[32].
(미명부기행 하광영우우)

邊牆[33]漸以南하니, 黃沙浩無宇[34]라.
(변장점이남 황사호무우)

或云薛白衣[35]이, 征遼從此去하고,
(혹운설백의 정료종차거)

或云隋煬皇[36]에, 高麗拜雄武라.
(혹운수양황 고려배웅무)

初到若夙經[37]하니, 艱辛更談古라.
(초도약숙경 간신갱담고)

幸遇新主人하여, 區脫[38]與眠處라.
(행우신주인 구탈여면처)

長犁[39]開古磧[40]하여, 春田耕細雨하고,
(장리개고적 춘전경세우)

字[41]牧馬牛羊하여, 斜陽谷量數[42]라.
(자목마우양 사양곡량수)

身安心轉悲하니, 天南渺[43]何許오?
(신안심전비 천남묘하허)

萬事不可言이니, 臨風淚如注[44]라.
(만사불가언 임풍누여주)

註釋 1) 逃荒(도황)- 흉년이 들어 고향으로부터 떠나가는 것. 2) 剩(잉)- 남다. 3) 迂(우)- 구불구불한 것, 먼 것. 4) 關山(관산)- 산과 들판. 5) 盱(우)- 눈을 부릅뜨고 보는 것, 잘 살펴보는 것. 6) 伺(사)- 기회를 이용하다, 기회를 노려 목적을 이루다. 7) 鼓(고)- 승냥이나 늑대의 출현을 알리기 위하여 신호용으로 치는 북. 8) 嗟(차)- 아아, 감탄사. 9) 焦(초)- 타들어가다, 바싹 마르다. 10) 膂(려)- 등뼈. 11) 瞪(징)- 째려보다. 놀라고 의심스러워하며 바라보는 것임. 12) 咽(열)- 목이 메는 것. 13) 嬰(영)- 어린 아이. 14) 擔釜(담부)- 짊어지고 있는 솥. 15) 撫(무)- 돌보아주다, 어루만져주다. 16) 咽咽(열열)- 목이 메여 흐느끼며 우는 소리. 17) 咿咿(이이)- 중얼거리는 소리. 18) 爺娘(야낭)- 부모. 19) 楚(초)- 마음이 쓰린 것, 마음이 아픈 것. 20) 山海關(산해관) 허북성(河北省) 진항도시(秦皇島市) 동쪽 만리장성이 바다에 닿는 지점에 있는 관문(關門), 중국 본토에서 만주를 드나드는 요해(要害)의 지점이다. 21) 遼陽戍(요양수)- 요양의 수자리 터, 요녕성(遼寧省) 요양시(遼陽市)에 있다. 22) 嚙(교)- 씹다, 깨물다. 23) 滸(호)- 물가. 24) 偏怒(편노)- 매우 성난 듯 하다. 25) 攖(영)- 가까이 가다, 다가서다. 26) 屨(구)- 신, 신발. 27) 曳(예)- 끌다. 28) 趺(질)- 넘어지다. 29) 聒(괄)- 시끄러운 것, 요란한 것. 30) 親姻(친인)- 친척들. 31) 霞光(하광)- 아침에 떠오른 햇빛. 32) 踽踽(우우)- 외롭게 길을 가는 모양(『詩經』小雅 杕杜). 33) 邊牆(변장)- 변경의 담, 만리장성(萬里長城)을 가리킴. 34) 無宇(무우)-한이 없는 것. '우'는 사방의 한계를 뜻함. 35) 薛白衣(설백의)- 당(唐)나라 설인귀(薛仁貴), 본시 농부였으나 당 태종(太宗) 때 부름을 받아 요동(遼東)을 원정하여 흰 옷을 입고 적과 싸워 그 공으로 우령군중랑장(右領軍中郎將)이 되었고, 다시 고구려(高句麗)와 거란(契丹)을 쳐부스는 데 큰 공을 세웠다. 36) 隋煬皇(수양황)- 수양제, 그는 대업(大業) 8년(612) 고구려 정벌에 나섰으나 실패하고 만다. "고구려가 그의 영웅다움에 굴복하였다"는 것은 중국인의 표현이다. 37) 夙經(숙경)- 일찍이 전에 경험하다, 전에도 지나다. 38) 區脫(구탈)- 만주 지방의 토방(土房, 『漢書』 蘇武傳注). 39) 長犁(장리)- 긴 쟁기. 40) 磧(적)- 돌이 많은 밭. 41) 字(자)- 길러주다, 돌보아주다. 42) 谷量數(곡량수)- 곡량으로 헤아리다. '곡량'은 골짜기를 단위로 쓰는 것, 가축 수가 너무 많아 일일이 헤아릴 수 없음을 뜻한다(『史記』 貨殖傳). 43) 渺(묘)- 아득히 먼 것. 44) 注(주)- 그릇의 물을 쏟는 것.

解說 건륭(乾隆) 11년(1746) 작자가 산동성 유현(濰縣)의 지현(知縣)으로 있을 적에 그 지방에 큰 흉년이 들었다. 이때 먹을 것을 찾아 북쪽 오랑캐 땅으로 떠나는 백성들의 참상을 노래한 것이 이 시이다. 작자는 상부에 제대로 허락도 받지 않고 이런 참상을 그대로 보고만 있을 수가 없어서 나라의 창고를 열고 백성들에게 차용서(借用書)만을 받고 곡식을 나누어주고, 또 토목공사를 크게 일으키어 난민들에게 일자리를 마련해 주고 그 고을 부자들에게 번갈아가며 죽을 쑤어 일하는 사람들을 먹이게 하여 만명 이상의 목숨을 살렸다 한다. 그러나 정섭은 이처럼 멋대로 나라 창고 문을 열었다는 죄목으로 건륭 18년(1753)에는 12년간의 산동의 벼슬생활에서 쫓겨나 남쪽 양주(揚州)로 내려와 시와 그림을 즐기며 살게 되었다.

소흥(紹興)

승상은 어지러이 많은 조칙(詔勅)만 내리고
소흥천자(紹興天子)는 오직 술 마시며 노래나 즐기고 있네.
금나라 사람들이 휘종(徽宗)과 흠종(欽宗) 돌려보내주고자 해도
중국에서는 필요하지 않은 모양이니 어찌할 것인가?

> 丞相[1]紛紛詔勅多하고, 紹興[2]天子只酣[3]歌로다.
> (승상분분조칙다 소흥천자지함가)
> 金人欲送徽欽[4]返이로되, 其奈中原[5]不要何오?
> (금인욕송휘흠반 기내중원불요하)

(註釋) 1) 丞相(승상)- 이때의 승상은 화의(和議)를 주장하던 진회(秦檜)이다. 2) 紹興(소흥)- 남송(南宋)의 첫째 임금 고종(高宗)의 연호(年號). 3) 酣(감)- 즐기다, 술에 얼큰히 취해있는 것. 4) 徽欽(휘흠)- 북송(北宋)의 끝머리 임금인 휘종(徽宗)과 흠종(欽宗). 5) 中原(중원)- 중국, 한족의 나라 남송(南宋)을 가리킴.

(解說) 천자와 승상이 나라는 돌보지 않고 환락만을 추구하다 나라를 망친 남송을 노래한 것이다. 금나라가 북쪽으로 잡아간 북송의 황제 휘종과 흠종을 돌려보내주려 했으나 고종은 자기 황제 자리가 위태로워질까 하여 반기지 않았다. 오랑캐들 앞에 형편없던 자기네 한족을 노래하여 이민족의 지배를 받고 있는 한족들의 반성을 재촉하려는 뜻이 있었을 것이다.

도정(道情)

기일(其一)

늙은 고기잡이 영감
낚시 대 하나 들고
산자락 의지하여
물굽이 곁에서 지내네.
조각배 타고 아무 거리낌 없이 왔다 갔다 하니
백사장의 갈매기 여기저기서 놀고 아득히 가벼운 물결 치고 있
　　는데,
쓸쓸한 갈대 욱어진 나루터는 대낮인데도 쌀쌀하고
높이 부르는 한 곡조 노래 속에 기운 해 저물고 있네.
잠깐 지난 사이에
물결 금빛으로 출렁이고,
문득 머리 드니
달이 동산 위에 떠 있네.

　　老漁翁이, 一釣竿으로,
　　(노어옹　일조간)

　　靠山涯하고, 傍水灣이라.
　　(고산애　방수만)

　　扁舟來往無牽絆[1]하고, 沙鷗[2]點點輕波遠하며,
　　(편주래왕무견반　사구점점경파원)

荻³⁾港蕭蕭⁴⁾白晝寒하고, 高歌一曲斜陽晚이라.
(적항소소백주한 고가일곡사양만)

一霎時⁵⁾에, 波搖金影하고,
(일삽시 파요금영)

驀⁶⁾擡頭⁷⁾하니, 月上東山이라.
(맥대두 월상동산)

(註釋) 1) 牽絆(견반)- 끌리고 매이는 것, 거리끼는 것. 2) 鷗(구)- 갈매기.
3) 荻(적)- 갈대. 4) 蕭蕭(소소)- 쓸쓸한 모양. 5) 一霎時(일삽시)-
잠깐 동안, 짧은 시간. 6) 驀(맥)- 문득, 갑자기. 7) 擡頭(대두)- 머리를 드는 것.

기이(其二)

늙은 나무꾼이
나무를 했는데,
파란 솔가지를 묶고
푸른 홰나무도 끼어놓았네.
아득히 들풀은 가을 산 밖까지 욱어져 있는데,
하관(下棺) 받침 자리는 거친 무덤 되었고
넓은 묘문(墓門)은 푸른 이끼 덮인 채 누워있으며
무덤 앞 돌 말은 칼 가는 바람에 개어져 버렸네.
차라리 나무꾼처럼
남는 돈으로 술 받아다가
얼큰히 취하여

산길 따라 돌아가는 것이 더 좋지.

老樵夫[1]이, 自砍[2]柴[3]러니,
(노초부 자감시)

細[4]靑松하고, 夾綠槐[5]라.
(곤청송 협록괴)

茫茫野草穐[6]山外러니, 豐碑[7]是處成荒塚[8]하여,
(망망야초추산외 풍비시처성황총)

華表[9]千尋[10]臥碧苔하고, 墳前石馬磨刀壞라.
(화표천심와벽태 분전석마마도괴)

倒不如는, 閒錢沽酒[11]하여,
(도불여 한전고주)

醉醺醺[12]하여, 山徑歸來라.
(취훈훈 산경귀래)

(註釋) 1) 樵夫(초부)- 나무꾼. 2) 砍(감)- 나무를 베다, 자르다. 3) 柴(시)- 땔나무. 4) 綑(곤)- 새끼줄로 묶는 것. 5) 槐(괴)- 홰나무. 6) 穐(추)- 가을, 추(秋). 7) 豐碑(풍비)- 옛날 하관(下棺)을 할 때 받침대로 쓰던 나무로 만든 큰 비석 모양의 물건. 8) 塚(총)- 무덤. 9) 華表(화표)- 무덤 앞에 세우는 문. 10) 千尋(천심)- 넓이가 무척 넓은 것을 형용한 말. '심'은 한 발로 7자 또는 8자 넓이라 한다. 11) 沽酒(고주)- 술을 사는 것. 12) 醺醺(훈훈)- 술이 얼큰히 취한 모양.

(解說) '도정'은 옛날부터 중국민간에 널리 유행하는 민요이다. 특히 연화락(蓮花落)과 함께 거지들의 장타령으로 전국 각지에 유행하였다. 그리고 지금도 민간에는 단순한 노래뿐만이 아니라 서사

(敍事)적인 도정과 희곡적인 연출을 하는 도정 등이 있다. 작자 전섭은 민간가요에도 관심이 있어 이 민간가요 형식의 '도정' 10수를 짓고 있다. 여기에는 그 중 앞머리의 두 수를 번역하였다.

유현의 관서에서 대를 그리어 장배이신 포괄 중승에게 드리며(濰縣署中¹⁾畵竹呈年伯²⁾包大中丞括³⁾)

관청 방에 누워 살랑살랑 댓잎 소리 들으니
마치 백성들의 괴로운 소리 같네.
나는 낮은 고을의 관리이지만
한 가지 한 잎에 모두 마음이 걸리네.

> 衙齋⁴⁾臥聽蕭蕭⁵⁾竹하니, 疑是民間疾苦聲이라.
> (아재와청소소죽 의시민간질고성)
> 些小⁶⁾吾曹⁷⁾州縣吏이, 一枝一葉總關情⁸⁾이라.
> (사소오조주현리 일지일엽총관정)

(註釋) 1) 署中(서중)- 관청 안, 사무실 안. 2) 年伯(연백)- 자기보다 나이가 위인 장배(長輩)에 대한 존칭, 포괄은 작자의 아버지와 같은 해 진사가 되었다. 3) 包大中丞括(포대중승괄)- 포괄(包括), 그는 전당(錢塘, 지금의 杭州) 사람으로 그때 산동(山東)의 포정사(布政使)로 있으면서 서리(署理)로 순무(巡撫)의 일도 맡고 있었다. 청대에는 '순무'를 '중승'이라 높여 불렀고, 자기 아버지 연배라 '대' 자까지 붙인 것이다. 4) 衙齋(아재)- 관청의 사무실. 5) 蕭蕭(소소)- 찬 바

람에 댓잎이 내는 소리. 6) 些小(사소)- 작은, 낮은, 보잘 것 없는. 7) 吾曹(오조)- 우리들, 나 같은 사람. 8) 關情(관정)- 정이 끌리다, 마음이 걸리다.

(解說) 앞의 「도황행」이나 마찬가지로 작자가 산동 유현의 현령으로 있을 적에 지은 시이다. 정섭은 대나무를 좋아하고 또 개성있는 대나무를 잘 그리어 유명하다. 특히 그림에 쓴 제화시(題畵詩)도 많이 지었다. 그러나 이 시를 통하여 작자는 순수한 예술만을 추구하기 위하여 그림을 그리고 그림을 감상했던 것이 아님을 알게 된다.

… 작가 약전(略傳) …

원매(袁枚, 1716-1797) 자가 자재(子才), 호는 간재(簡齋) 또는 수원(隨園)이라 하였으며 절강성(浙江省) 전당(錢塘, 지금의 杭州) 사람이다. 진사가 된 뒤 강녕(江寧, 지금의 南京) 지현(知縣)이 되었으나 40세 때에 벼슬을 그만두고 강녕 소창산(小倉山)에 수원(隨園)이란 장원을 건축하고 만년을 시를 즐기면서 살았다. 시에 있어서는 성령(性靈)을 시 속에 살릴 것을 주장하여 유명하다. 그에게는 「소창산방집(小倉山房集)」과 「수원시화(隨園詩話)」가 있다.

마외(馬嵬[1])

옛날 장한가를 노래 부르지 마라,
인간 세상에도 본시 은하가 있는 거니.
석호촌의 부부의 이별은
장생전의 눈물보다도 훨씬 많이 흘렸으리.

莫唱當年長恨歌[2]하라! 人間亦自有銀河라.
(막창당년장한가 인간역자유은하)

石壕村³⁾裏夫婦別은, 淚比長生殿上多라.
(석호촌리부부별 누비장생전상다)

註釋) 1) 馬嵬(마외)- 섬서성(陝西省) 흥평현(興平縣) 서쪽 25리 되는 곳에 있는 지명. 당나라 현종(玄宗) 때 안록산(安祿山)이 난을 일으키어 장안(長安)으로 쳐들어오자 현종은 사천성(四川省)으로 피난을 떠났다. 이때 임금을 호위하던 군대가 마외에 와서 반란을 일으키어 나라를 망친 장본인인 양귀비(楊貴妃)와 그 일당들을 죽일 것을 요구하여, 황제도 하는 수 없이 사랑하는 여인을 무지한 군인들에게 내주어 마외에서 죽게 하였다. 2) 長恨歌(장한가)- 당(唐)대의 백거이(白居易)가 지은 시, 당나라 현종과 양귀비의 사랑 얘기를 노래한 시이다. 7월 7석 날 두 사람은 장생전에서 비익연리(比翼連理)가 되자는 영원한 사랑을 약속한다. 3) 石壕村(석호촌)- 당나라 두보(杜甫)의 시「석호리(石壕吏)」에 나오는 마을 이름. 이 시에서는 안록산(安祿山)의 난이 일어나자 관리들이 마을에 나와 젊은이들은 모두 전쟁터로 끌고나가 대부분이 죽고, 늙은이들까지도 그대로 두지 않는 관리들의 횡포와 처참한 백성들의 처지를 고발한 시이다.

解說) 이 시는 4수 중의 제2수이다. 작자는 마외라는 곳을 지나면서 이곳에서 최후를 마친 양귀비라는 일세의 미인을 슬퍼하면서도, 그보다도 더 절실한 것이 민생임을 노래하고 있다. 이민족의 지배 아래 백성들은 말할 수 없는 압박을 받으면서 살아가고 있었음을 짐작케 한다.

다시 마외역에 적음(再題馬嵬驛)

기일(其一)

만세소리 촉도(蜀道) 동편에서 들려오고
군사들의 협박은 너무나 갑작스러웠네.
장군이 손에 황금도끼 들고
군대를 통솔치 않고 왕비를 다스렸네.

萬歲傳呼蜀道[1]東하니, 鬻拳兵諫[2]太匆匆[3]이라.
(만세전호촉도동 육권병간태총총)
將軍[4]手把黃金鉞[5]하고, 不管三軍[6]管六宮[7]이라.
(장군수파황금월 불관삼군관육궁)

註釋) 1) 蜀道(촉도)- 장안에서 촉(四川省)으로 가는 길. 2) 鬻拳兵諫(육권병간)- '육권'은 춘추(春秋)시대 초(楚)나라 사람. 그는 초나라 임금에게 말로 강력히 간하였으나 들어주지 않자 무기로 위협하여 간하는 말을 따르게 하였다(『左傳』 莊公 19年). 3) 匆匆(총총)- 갑작스런 모양, 급히 서두르는 모양. 4) 將軍(장군)- 이때의 장군은 진현례(陳玄禮)였음. 5) 黃金鉞(황금월)- 황금도끼. 장군의 지휘권을 상징하는 무기였다. 6) 三軍(삼군)- 전군의 통칭. 7) 六宮(육궁)- 임금의 비빈(妃嬪)들이 거처하던 궁전, 여기서는 임금의 후비(后妃)를 가리킴.

기이(其二)

결국 임금은 옛날의 맹세 어겼으니
강산에 대한 정은 중하고 미인에 대하여는 가벼웠네.
양귀비는 부부의 맛을 다 깨달았을 것이니
이제는 이 세상에 다시 태어나지 않으리라.

> 到底¹⁾君王負舊盟²⁾하니, 江山情重美人輕이라.
> (도저군왕부구맹 강산정중미인경)
> 玉環³⁾領略⁴⁾夫婦味리니, 從此人間不再生하리라.
> (옥환령략부부미 종차인간부재생)

註釋) 1) 到底(도저)- 결국은. 2) 舊盟(구맹)- 옛날 맹서, 영원히 사랑하겠다던 맹서. 3) 玉環(옥환)- 양귀비의 본시 이름. 4) 領略(영략)- 이해하다, 깨닫다, 알다.

解說) 앞의 「마외」 시와 같은 때 지은 것이다. 아무래도 앞 시에서는 양귀비의 비극을 너무 가벼이 노래했다고 생각되어 다시 양귀비의 비극을 노래한 듯하다. 특히 양귀비 자신보다도 사랑의 맹서를 지키지 못한 현종에게 일침을 가하고 있는 것이 특징이라 할 것이다. 이것도 4수 중에서 두 수를 뽑은 것이다.

봄날의 잡시(春日雜詩)

기일(其一)

수많은 가지에서 꽃잎 비 오듯 떨어지고 안개는 짙으니,
그려내기에 시인들은 득의한 계절.
산 위 봄 구름은 나처럼 게을러서,
해가 높이 솟도록 산봉우리 위에 머물러 있다.

千枝紅雨[1]**萬重**[2]**烟**이니, **畵出詩人得意天**이라.
(천지홍우만중연 화출시인득의천)
山上春雲如我懶[3]하여, **日高猶宿翠微**[4]**巓**이라.
(산상춘운여아란 일고유숙취미전)

(註釋) 1) 紅雨(홍우)- 붉은 꽃잎이 비 오듯 떨어지는 것. 2) 萬重(만중)- 만 겹, 안개가 짙은 것을 형용한 말. 3) 懶(란)- 게으름 피는 것. 4) 翠微(취미)- 산의 푸르름, 푸른 산을 가리킨다.

기이(其二)

청명 철인데도 연일 비가 어지러이 내리고
깊어가는 봄 자취가 버들가지로 오르는 것을 보면서 보내고 있네.
밝은 달은 정이 많아 또 나와의 약속을 따라
밤이 되자 살구나무 꽃가지 위로 얼굴을 보여주네.

淸明¹⁾連日雨瀟瀟²⁾하고, 看送春痕³⁾上柳枝라.
(청명련일우소소 간송춘흔상류지)

明月有情還約我하여, 夜來相見杏花梢⁴⁾라.
(명월유정환약아 야래상견행화소)

(註釋) 1) 淸明(청명)- 동지(冬至)날로부터 105일째인 한식(寒食) 다음 날. 2) 瀟瀟(소소)- 빗 바람이 사나운 모양(『詩經』 鄭風 風雨). 3) 春痕(춘흔)- 봄의 흔적, 나무 싹이 파랗게 돋아남을 말한다. 4) 梢(소)- 나무 끝, 가지 끝.

(解說) 본시 12수로 이루어져 있으나 그 중 첫째 수와 넷째 수를 골라 번역하였다. 봄의 정취를 가볍게 노래한 시이다. 작자가 주장한 '성령(性靈)'이란 말은 애매하기 짝이 없다. 개성적인 서정을 뜻하는 듯하고, 평론가들은 이런 시들이 작자가 추구한 성령이 담겨있는 시라고 생각하고 있다.

섣달 보름 밤(十二月十五夜)

두웅두웅 밤의 북소리 다급하니
점점 인기척 끊어지네.
등불 불어 끄자 창이 더욱 밝아지니
달이 온 천지의 눈을 비추고 있네.

　　沈沈¹⁾更鼓²⁾急하니, 漸漸人聲絶이라.
　　(침침경고급, 점점인성절)

吹燈窓更明하니, 月照一天³⁾雪이라.
(취등창갱명, 월조일천설)

(註釋) 1) 沈沈(침침) - 소리가 멀리서 들려오는 모양. 2) 更鼓(경고) - 밤의 시각을 알리는 북소리. 중국의 도시에는 고루(鼓樓)가 있어 밤이면 그 북을 쳐서 밤의 시각을 알렸다. 3) 一天(일천) - 온 하늘, 온 하늘 아래. 곧 온 천지를 가리킴.

(解說) 달 밝은 겨울밤의 정취를 가볍게 노래하고 있다. 고요한 밤 창 밖 눈 위에 비치는 달빛이 무척이나 아름답다.

감회를 적음(書懷)

나는 이 삶을 즐기지도 않았는데
문득 이 세상에 태어나 있네.
나는 이제 이 삶을 즐기려 하는데
갑자기 죽음이 다가오고 있네.
이미 죽은 뒤와 아직 태어나지 않았을 적은
이러한 맛이 본시 다른 것이 아니었으리라.
끝내 싫은 것은 이 천지 간에
이런 쓸데 없는 일이 한 가지 더 있는 것이네.

我不樂此生이로되, 忽然生在世라.
(아불락차생 홀연생재세)

我亦樂此生이러니, 忽然死又至라.
(아역낙차생 홀연사우지)

已死¹⁾與未生은, 此味原無二리라.
(이사여미생 차미원무이)

終嫌²⁾天地間에, 多此一番事라.
(종혐천지간 다차일반사)

註釋) 1) 已死(이사)- 이미 죽은 것, 죽은 뒤. 2) 嫌(혐)- 싫어하다.

解說) 사람의 삶과 죽음의 문제를 가볍게 노래한 시이다. 원매 다운 착상이라 여겨진다.

적벽(赤壁¹⁾)

강물 위에 불어온 동풍에 백만 대군 무너져
옛날 이곳에서 천하가 셋으로 나누어진 형세 갖추어졌네.
한나라의 화덕(火德)이 끝내는 적을 불살라 버려
연못 속의 용이 마침내 구름을 타게 되었네.
강물은 그대로 흐르고 있어 가을 물 아득한데
고기잡이배의 등불 비치는 중에 갈대만이 어지럽네.
나는 퉁소 부는 손과 함께 오지 않아
까막까치의 차가운 소리만이 고요한 밤에 들리네.

一面東風²⁾百萬軍이, 當年此處定三分³⁾이라.
(일면동풍백만군 당년차처정삼분)

漢家火德⁴⁾終燒賊하니, 池上蛟龍⁵⁾終得雲이라.
(한가화덕종소적 지상교룡종득운)

江水自流秋渺渺⁶⁾하고, 漁燈猶照荻⁷⁾紛紛이라.
(강수자류추묘묘 어등유조적분분)

我來不共吹簫客⁸⁾하여, 烏鵲寒聲靜夜聞이라.
(아래불공취소객 오작한성정야문)

(註釋) 1) 赤壁(적벽)- 지금의 호북성(湖北省) 경계 가어현(嘉魚縣) 동북쪽 장강(長江)의 남쪽 기슭에 있다. 삼국(三國)시대 오(吳)나라 손권(孫權)의 장수 주유(周瑜)가 위(魏)나라 조조(曹操)의 대군을 불로 공격하여 무찌른 곳이다. 또 그곳에서 멀지 않은 황강현(黃岡縣) 성밖 장강의 좌안(左岸)에는 송(宋)대의 문호 소식(蘇軾)이 놀러가 적벽전(赤壁戰)을 떠올리며 지은 명문「석벽부(赤壁賦)」를 읊은 곳이 있다. 2) 一面東風(일면동풍)- 오나라 주유가 촉(蜀) 유비(劉備)의 군대와 손을 잡고 적벽에서 80만의 조조의 군대를 맞아 싸웠는데, 동남풍을 이용하여 불로 공격하여 조조의 수군(水軍)을 전멸시켰던 일을 가리킨다. 3) 三分(삼분)- 그때 삼국(三國)으로 나뉘어 있던 형세가 안정되었다는 뜻. 이전까지는 조조의 위나라 세력이 압도적이었다. 4) 漢家火德(한가화덕)- 한나라 고조(高祖)는 화덕(火德)으로 나라를 일으켰다고 하는데(劉向 父子의 주장,『漢書』郊祀志贊 注), 유비(劉備)는 한나라 왕실 자손이라 화덕의 임금이라 한 것이다. 5) 池上蛟龍(지상교룡)- 적벽의 싸움 뒤에 주유가 그의 임금 손권에게 올린 상소문에 유비를 교룡(蛟龍)에 비유하며, "만약 비구름만 만나면 연못 속에서 벗어나게 될 것"이라 말하였다. 6) 渺渺(묘묘)- 물이 아득히 흐르는 모양. 7) 荻(적)- 갈대. 8) 吹簫客(취소객)- 소식의「적벽

부」를 보면 퉁소를 슬픈 가락으로 부는 손이 등장하고 있다.

(解說) 적벽에 가서 삼국시대의 적벽전과 송대의 소식의 「적벽부」를 아울러 떠올리며 느낀 정회를 읊은 시이다. 소식 뒤로 많은 시인들이 적벽에 나가 이런 시를 읊고 있다.

··· 작가 약전(略傳) ···

조익(趙翼, 1727-1814) 자가 운송(耘松), 호가 구북(甌北)이며, 강소성(江蘇省) 양호(陽湖, 지금의 常州) 사람이다. 진사가 된 뒤 벼슬은 한림편수(翰林編修)를 거쳐 귀서도(貴西道) 도태(道台)까지 되었으나 벼슬을 버리고 집으로 돌아와 저술로 세월을 보냈다. 그는 「구북시집(甌北詩集)」이외에 「구북시화(甌北詩話)」12권을 남기고 있다.

한가히 지내며 책읽기(閒居讀書)

후세인이 옛 책을 봄에 있어서는
언제나 자기 입장을 따른다.
보기를 들면 넓은 마당에
빙 둘러서서 높은 무대의 놀이를 구경하는 거와 같다.
난장이는 평지에 서서
머리를 들어 발돋움하고 쳐다본다.
높은 누각에 난간이 있는데
유정은 기대서서 수평으로 보고 있다.

놀이에는 별다른 게 없지만
구경하는 방법이 각기 다르다.
난장이는 놀이 구경하고 돌아와
자세히 보았노라고 스스로 자랑하지만,
누각 위에 있던 사람은 그 말을 듣고
자기도 모르게 코웃음 친다.

> 後人觀古書에, 每隨己境地[1]라.
> (후인관고서　매수기경지)
>
> 譬如廣場中에, 環看高臺[2]戲라.
> (비여광장중　환간고대희)
>
> 矮人[3]在平地하여, 擧頭仰而企[4]라.
> (왜인재평지　거두앙이기)
>
> 危樓[5]有憑檻[6]하니, 劉楨[7]方平視라.
> (위루유빙함　유정방평시)
>
> 做戲非有殊나, 看戲乃各異라.
> (주희비유수　간희내각이)
>
> 矮人看戲歸하여, 自謂見仔細나,
> (왜인간희귀　자위견자세)
>
> 樓上人聞之하고, 不覺笑欹鼻[8]라.
> (루상인문지　불각소소분비)

(註釋) 1) 己境地(기경지)- 자기의 경지, 자기의 입장. 2) 高臺(고대)- 높은 무대. 3) 矮人(왜인)- 난장이. 4) 企(기)- 발돋음을 하는 것, 발뒤꿈치를 들고 서는 것. 5) 危樓(위루)- 높은 누각. 6) 檻(함)- 난간.

7) 劉楨(유정)- 한(漢)나라 말엽 건안칠자(建安七子) 중의 한 사람. 조비(曹丕)가 태자로 있을 적에 잔치를 벌이고 자기 부인 진씨(甄氏)가 나와서 손님들에게 인사를 하도록 하였다. 손님들은 모두 엎드렸으나 유정만은 꼿꼿한 자세로 곧 평시(平視)하며 진씨에게 인사하였다. 결국 유정은 불경함으로 죄를 얻어 벌을 받았다(『三國志』魏志 王粲傳). 8) 歆鼻(분비)- 콧방귀를 뀌는 것, 코웃음을 치는 것.

(解說) 똑같은 책이라 할지라도 보는 이에 따라 그 책을 이해하는 정도가 크게 다름을 읊은 것이다.

시를 논함(論詩)

기일(其一)

이백(李白)과 두보(杜甫)의 시는 여러 사람들 입을 통하여 전해지나
지금 와서는 이미 신선하지 않다고 느껴지네.
우리나라 땅에는 대대로 재주있는 사람들이 나와
제각기 시단(詩壇)을 수백 년간 이끌어왔네.

　　李杜詩篇萬口傳이나, 至今已覺不新鮮이라.
　　(이두시편만구전　지금이각불신선)
　　江山¹⁾代有才人出하여, 各領²⁾風騷³⁾數百年이라.
　　(강산대유재인출　각령풍소수백년)

(註釋) 1) 江山(강산)- 중국 땅을 가리킴. 2) 領(영)- 영도하다, 거느리다.
3) 風騷(풍소)-『시경(詩經)』국풍(國風)과 『초사(楚辭)』의 이소(離騷), 시 또는 시단(詩壇)을 나타내는 말임.

기이(其二)

외짝 눈으로 본다 하더라도 반드시 자기주장이 있어야 할 것이니
어지러이 문단에서는 함부로 남의 글 고치며 비평하네.
난장이가 놀이를 구경한다 한들 무얼 보겠는가?
모두 남들을 따라 좋다 나쁘다 얘기한다네.

> 隻眼¹⁾須憑自主張이니, 紛紛藝苑²⁾漫雌黃이라.
> (척안수빙자주장 분분예원만자황)
> 矮人³⁾看戲何曾見고? 都是隨人說長短이라.
> (왜인간희하증견 도시수인설장단)

(註釋) 1) 隻眼(척안)- 외짝의 눈. 2) 藝苑(예원)- 예림(藝林), 문단, 문학세계. 3) 矮人(왜인)- 난장이.

(解說) 시를 짓는 것에 대하여 읊은 시이다. 5수 중 두 수를 뽑아 번역하였다. 시에 있어서는 이백이나 두보의 시도 지금 보면 신선하지 않다고 여길 정도로 큰 포부의 소유자였음을 알게 한다. 그는 『구북시화(甌北詩話)』에서 당(唐)의 이백·두보·한유(韓愈)·백거이(白居易)와 송(宋)의 소식(蘇軾)·육유(陸游), 금(金)의 원호문(元好問), 명(明)의 고계(高啓), 청대로 들어와서는 오위업(吳偉業)과 사신행(査愼行)을 합쳐 10가(家)의 시를 평하고 있는데, "대

대로 재주 있는 사람들이 나와" 시단을 영도했다고 읊은 그의 뜻을 짐작할 수 있을 것이다.

비싼 쌀(米貴)

쌀 비싸기가 진주나 같으니 어찌 쉽사리 값을 헤아릴 수 있으랴?
점심밥을 흔히 해가 기울어진 뒤에야 짓는다네.
이 늙은이 근래에 양식 아끼는 법 터득하였으니
새로 지은 시 씹으면서 굶주린 창자 속이는 것일세.

> 米貴如珠豈易量[1]이리오? 午炊往往[2]到斜陽이라.
> (미귀여주기이량 오취왕왕도사양)
> 老夫近得休糧[3]法하니, 咀嚼[4]新詩誆[5]餓腸이라.
> (노부근득휴량법 저작신시광아장)

(註釋) 1) 量(양)- 헤아리다, 쌀값을 헤아리는 것. 2) 往往(왕왕)- 가끔, 자주. 3) 休糧(휴량)- 양식을 아끼는 것. 4) 咀嚼(저작)- 입으로 씹다, 음미(吟味)하다. 5) 誆(광)- 속이다.

(解說) 그때 쌀값이 비싸기도 했겠지만 아무것도 않고 시나 지으며 사는 시인에게는 더욱 쌀값이 비싸게 느껴졌을 것이다.

후원거시(後園居詩[1])

어느 손님이 갑자기 문을 두드리고 찾아와
글 값을 보내주면서
내게 묘지(墓誌)를 써달라고 부탁을 하는데
나더러 교묘하게 아첨을 잘해 달라 하네.
정치한 것을 말할 적에는 반드시 한(漢)나라 공수(龔遂)와 황패
　　(黃覇) 같았다 하고
학문을 얘기할 적에는 반드시 송(宋)나라 정자(程子)와 주자(朱
　　子) 같았다 하라네.
나는 짐짓 장난을 쳐 보려고
그가 바라는 대로 써주기로 하고,
옛글을 뜯어 맞추며 한 편의 글을 이루고 보니
의젓한 군자가 생겨났네.
그의 평소의 행실에 비추어 보니
천 가지 중에 하나도 들어맞는 게 없네.
이 글이 만약 후세에 전해진다면
누가 다시 현명한 이와 어리석은 자를 제대로 알게 되겠는가?
간혹 또 그것을 근거로 인용하여
마침내 역사책에 그대로 베껴 넣는 이가 있을 지도 모르니,
오랜 역사상의 기록은
대부분이 거짓임을 알겠네.

有客忽叩門하여, 乃送潤筆需[2]하고,
(유객홀고문 내송윤필수)

乞我作墓誌하며, 要我工爲諛[3]라.
(걸아작묘지 요아공위유)

言政必龔黃[4]이오, 言學必程朱[5]라.
(언정필공황 언학필정주)

吾聊以爲戱하여, 如其意所須[6]하여,
(오료이위희 여기의소수)

補綴[7]成一篇하니, 居然[8]君子徒라.
(보철성일편 거연군자도)

核[9]諸其素行하니, 十鈞[10]無一銖라.
(핵저기소행 십균무일수)

此文倘[11]傳後면, 誰復知賢愚리오?
(차문당전후 수부지현우)

或且引爲據하여, 竟入史冊摹[12]리니,
(혹차인위거 경입사책모)

乃知靑史[13]上에, 大半亦屬誣[14]라.
(내지청사상 대반역속무)

(註釋) 1) 後園居詩(후원거시)- 작자에게는 전(1755)에 쓴「원거시(園居詩)」7수가 있어 뒤(1764)에 지은 이 시에 '후'자를 앞에 붙인 것이다. 2) 潤筆需(윤필수)- 글의 대가, 글을 써준 대가. 3) 諛(유)- 아첨하다. 묘지(墓誌) 주인공의 업적을 사실보다 크고 훌륭하게 쓰는 것을 말한다. 4) 龔黃(공황)- 한(漢)나라 때의 공수(龔遂)와 황패(黃覇). 공수는 선제(宣帝) 때의 발해태수(勃海太守)로 도적을 막고 스스로 절검하며 백성들을 도와 농촌을 부유하게 만들었던 사람. 황패는 무

제(武帝) 말엽에 태수(太守)를 거쳐 승상(丞相)이 되어 큰 치적을 올렸다. 5) 程朱(정주)- 북송(北宋)의 학자 정호(程顥)·정이(程頤) 형제와 주희(朱熹), 모두 성리학(性理學)의 대가임. 6) 所須(소수)- 바라는 바, 필요로 하는 것. 7) 補綴(보철)- 옛사람들의 글을 이것저것 주워모아 짜 맞추어 글을 만드는 것. 8) 居然(거연)- 의젓한 모양. 9) 核(핵)- 사실을 대조하는 것. 10) 鈞(균)- 수(銖)와 함께 무게의 단위. 1균은 30근(斤), 1근은 16량(兩)이어서 1균은 480량, 1수는 24분의 1량, 곧 24수가 1량. 따라서 10균은 4800량, 1152수, 비교가 되지 않는다. 11) 倘(당)- 혹시, 만약. 12) 摹(모)- 그대로 베끼는 것. 13) 靑史(청사)- 오랜 역사. 옛날엔 대쪽에 글을 적었기 때문에 '청사'란 말이 생겨났다. 14) 誣(무)- 속이다, 거짓말.

(解說) 조익은 뛰어난 역사가이기도 하다. 그러나 그가 돈을 받고 묘지를 써주면서, 과장된 말을 쓰지 않을 수 없음을 고백하고 있다. 이런 글이 후세에 역사자료가 될 것이니 역사 기록도 그대로 믿기 어렵다는 것이다. 중국에서도 그러하였지만 우리나라에서도 거의 모든 문인들이 돈을 받고 남의 묘지명(墓誌銘)·비문(碑文)·행장(行狀) 따위를 써주었다. 남의 청탁과 돈을 받고 그의 조상에 대하여 쓰는 글이니 객관적으로 공정하게 쓰는 수가 없었을 것이다. 조익은 역사가이면서도 시인다운 반성을 하고 있다.

··· **작가 약전(略傳)** ···

옹방강(翁方綱, 1733-1818) 자는 정삼(正三), 호는 담계(覃溪), 순천(順天, 지금의 北京市 大興縣) 사람. 진사가 된 뒤 벼슬은 편수(編修)를 거쳐 내각학사(內閣學士)에 까지 올랐다. 고증학에 있어서도 대가라 일컬어지며, 시에 있어서는 기리(肌理)를 주장하였다. 문집으로 『복초재시문집(復初齋詩文集)』을 남겼다.

나부산을 바라보며(望羅浮)

오직 자욱하기만 한 중에
인가와 낚시터가 있네.
절 문에서 종소리 갑자기 울려오는데
나무꾼은 길도 아직 분별 못하겠네.
사백 봉우리의 층층이 있는 샘물 흘러 떨어지는 것이
삼천 장(丈)의 폭포 되어 물보라를 날리네.
누구와 더불어 그림 같은 이 경치 음미해야 하나?
산 반쪽이 온통 저녁 햇빛 아래 있네.

祇有濛濛²⁾意하고, 人家與釣磯³⁾라.
(지유몽몽의 인가여조기)

寺門鐘乍起로되, 樵客⁴⁾徑猶非⁵⁾라.
(사문종사기 초객경유비)

四百層⁶⁾泉落하니, 三千丈翠飛⁷⁾라.
(사백층천락 삼천장취비)

與誰參⁸⁾畫理⁹⁾리오? 半面盡斜暉¹⁰⁾라.
(여수참화리 반면진사휘)

(註釋) 1) 羅浮(나부)- 광동성(廣東省) 동강(東江) 북쪽 기슭에 있는 산 이름. 옛날 진(晉)나라 갈홍(葛洪)이 여기에서 도를 닦아 신선이 되었다고 전해지는 도교의 제칠동천(第七洞天)이다. 2) 濛濛(몽몽)- 안개가 자욱한 모양. 3) 釣磯(조기)- 낚시터. 4) 樵客(초객)- 나무꾼. 5) 徑猶非(경유비)- 길을 제대로 분별 못하는 것, 길을 제대로 찾을 수 없는 것. 6) 四百層(사백층)- 나부산은 높고 낮은 400여 봉우리로 이루어져 있다고 한다. 그래서 나부산의 높은 봉우리를 '사백층'이라 표현한 것이다. 7) 翠飛(취비)- 폭포 물이 떨어지면서 비취 같은 물이 나는 것. 8) 參(참)- 참획(參劃)하다, 음미하며 논하다. 9) 畫理(화리)- 그림처럼 아름다운 경치의 실상. 10) 斜暉(사휘)- 저녁 햇빛.

(解說) 고증학자로 알려진 작자라서 이러한 아름다운 서경(敍景)이 더욱 값지게 느껴진다. 나부산의 선경이 잘 들어나 있다.

한 장갑(韓莊閘)¹⁾   이수(二首)

기일(其一)

가을빛이 짙은 넓고 밝은 하늘의 달이 온 물굽이에 비치는 중에
몇 채의 초가가 운하의 갑문(閘門)을 베고 있는 듯 하네.
미산호의 물은 잘 닦아놓은 거울 같아서
강 남쪽과 북쪽의 산들을 되비치고 있네.

> 秋浸空明月一灣이오, 數椽²⁾茆店³⁾枕江關이라.
> (추침공명월일만 수연묘점침강관)
> 微山湖水如磨鏡하니, 照出江南江北山이라.
> (미산호수여마경 조출강남강북산)

(註釋) 1) 韓莊閘(한장갑)- 산동성(山東省) 미산현(微山縣) 동남쪽 미산호(微山湖) 동쪽 기슭에 있는 갑문(閘門) 이름. 대운하(大運河)의 물을 조절하는 갑문이며, 운항(運航)의 요지이고, 주변 호수와 산이 무척 아름다운 곳이라 한다. 2) 椽(연)- 집을 가리키는 말. 3) 茆店(묘점)- 모옥(茅屋), 초가집.

기이(其二)

문밖엔 어엿이 만 리의 운하가 흐르고 있어서
늘어선 인가들은 마치 매어놓은 배 같네.
산 빛과 호수 기운이 서로 삼키고 뱉고 하여

모두가 짙은 구름 일어서 나루터를 감싸게 하네.

門外居然萬里流하니, 人家一帶似維舟[1]라.
(문외거연만리류 인가일대사유주)
山光湖氣相呑吐[2]하여, 幷作濃雲擁[3]渡頭라.
(산광호기상탄토 병작농운옹도두)

(註釋) 1) 維舟(유주)- 물가에 배를 대고 밧줄로 매어놓은 것. 2) 呑吐(탄토)- 삼키고 뱉고 하는 것. 3) 擁(옹)- 감싸다, 둘러싸다.

(解說) 대운하와 연결되는 갑문 근처의 풍경이 산뜻하게 묘사되어 있다. 더욱이 그 근처의 호수와 산이 그림보다도 아름답게 느껴진다.

··· 작가 약전(略傳) ···

황경인(黃景仁, 1749-1783) 자를 한용(漢鏞) 또는 중칙(仲則)이라 했으며, 강소성(江蘇省) 무진(武進, 지금의 常州) 사람이다. 그는 가난에 쪼들리다가 건륭(乾隆) 41년(1776) 황제가 동유(東遊)할 적에 소시(召試)에 응하여 합격하였으나 벼슬이 주어지기 전에 죽었다. 전형적인 재능을 지니고도 낙백(落魄)하여 멋대로 산 재자(才子)이며, 그의 문집으로 「양당헌집(兩當軒集)」이 있다.

어린 딸(幼女)

네 아비 근년에 실로 기쁜 일 적었는데,
옷자락 부여잡으니 더욱 떠나기 어렵게 만드누나!
이번 가는 길이 서울로 가는 것은 아니니
뜬 구름 떠있는 북쪽 바라보며 애비 생각 말아라!

　　　汝父年來實鮮歡[1]이니, 牽衣故作別離難이라!
　　　(여부년래실선환　견의고작별리난)

此行不是長安²⁾客이니, 莫向浮雲直北看하라!
(차행부시장안객 막향부운직북간)

(註釋) 1) 鮮歡(선환)- 기쁜 일이 드물다. 2) 長安(장안)- 이때의 서울은 북경(北京)임.

(解說) 어린 딸을 집에 두고 여행을 떠나면서 지은 시이다. 어린 딸과 집안을 걱정하는 진정이 느껴진다.

젊은이의 노래(少年行)

남아라면 분발하여 전쟁터로 나갈 것이며,
누대(樓臺)에 오른다 해도 고향생각 않아야 하네.
태백산 높이 솟아 하늘에 닿아있고,
보배로운 내 칼은 달과 함께 빛을 발하네.

男兒作健¹⁾向沙場²⁾이오, 自愛登臺不望鄉이라.
(남아작건향사장 자애등대불망향)
太白³⁾高高天尺五⁴⁾요, 寶刀明月共輝光이라.
(태백고고천척오 보도명월공휘광)

(註釋) 1) 作健(작건)- 분발하는 것, 떨치고 일어나는 것. 2) 沙場(사장)- 모래밭, 전쟁터를 가리킴. 3) 太白(태백)- 산 이름, 섬서성(陝西省)

미현(郿縣) 동남쪽에 있다. 4) 天尺五(천척오)- 하늘이 한 자 다섯 치, 곧 하늘에 닿아있음을 뜻하는 말.

(解說) 이민족의 지배 아래 살아가는 한족 지식인의 울분이 느껴진다. 자기가 만약 젊다면 칼을 들고 민족을 위해 일해보고 싶다는 뜻을 담은 듯 하다.

늙은 어머님과의 작별(別老母)

장막 걷고 들어가 어머님께 절하고 멀리 떠나려는데,
흰 머리의 어머니 시름겨워 바라보노라니 눈의 눈물도 말라버리네.
처참한 싸리문 안에 눈보라치는 밤,
이런 때 아들놈은 없는 것만도 못하네.

> 搴幃¹⁾拜母河梁去²⁾러니, 白髮愁看淚眼枯라.
> (건위배모하량거 백발수간누안고)
>
> 慘慘³⁾柴門⁴⁾風雪夜에, 此時有子不如無라.
> (참참시문풍설야 차시유자불여무)

(註釋) 1) 搴幃(건위)- 장막을 걷어 올리다, 커텐을 걷다. 2) 河梁去(하량거)- 멀리 떠나가다. '하량'은 본시 강물 위의 다리. 한(漢) 이릉(李陵)의 「여소무시(與蘇武詩)」에서 "손을 잡고 다리 위로 올라가(攜手上河梁)"하고 이별을 읊어 이별을 나타내는 말로 쓰이게 되었다. 3)

慘慘(참참)- 극히 가난하여 처참한 모양.   4) 柴門(시문)- 싸리문을 단 초라한 집.

(解說) 작자는 네 살 때 아버지를 여위고 홀어머니와 어려운 생활을 하였다. 어려운 생활 속에 노모를 작별하는 작자의 쓰라린 마음이 잘 드러나 있다.

우리 안 호랑이 노래(圈¹⁾虎行)

도성 성문 안에서 새해 초에 잡기(雜技)를 연출하는데
물고기며 용이며 괴상한 짐승들 갖추어있지 않은 것이 드물다네.
시장의 놀이꾼은 어떤 인간이기에
산신령을 부리어 아이들 놀이를 하는가?
처음 호랑이 우리를 광장으로 메어 내오자
온 성안의 구경꾼들이 담 치듯 둘러싸네.
사방 둘레에 울을 세우고 호랑이를 끌어내자
털 몸 웅크리고 귀를 내러뜨린 기죽은 모양이네.
먼저 호랑이 수염을 건드리자 호랑이는 그제야 따르며
막대기를 땅에 세우자 호랑이가 사람처럼 일어서네.
사람들이 소리치자 호랑이도 울부짖으니 소리가 우레 같고,
이빨과 발톱 날카로운 몸 가까이로 놀이꾼 몸을 날려 다가가서
호랑이가 커다란 입을 딱 벌리자

놀이꾼은 몸을 돌려 천천히 입안을 만지고,
다시 모자를 벗더니 머리를 호랑이 입에 갖다 대는데
머리를 호랑이에게 먹이려 해도 호랑이는 먹지 않고
호랑이 혀로 사람 핥기를 아기가 젖핥듯 하네.
갑자기 호랑이 등 누르고 소리치며 가라고 하자
호랑이는 곧 우물쭈물 난간을 돌면서 걷네.
몸을 날려 땅에 웅크렸다가는 언 땅을 걷어차고 뛰어오르니
온 몸으로 마치 화려한 털가죽 자리를 까는 것 같네.
빙빙 돌며 춤추는 형세는 호선무(胡旋舞)를 흉내 내는 듯 하고,
호랑이의 위세를 발휘하는 듯하지만 실은 사람들에게 잘 보이
　　려는 것이네.
조금 뒤엔 벌렁 누워 죽은 체 하고 있다가
고기를 던져주자 후다닥 일어나네.
구경꾼들이 크게 웃고 서로 다투며 돈을 내주고
놀이꾼이 돈을 다 거둬들이자 호랑이는 꼬리를 흔드네.
다시 우리 안으로 몰아넣자 뒷걸음 쳐 들어가는데,
여기에서의 즐거움으로 산 속 생활 잊은 듯 하네.
사람이 시키는 대로 호랑이는 따르고 사람은 턱짓으로 부리니
놀이꾼들 모두 호랑이 덕에 먹고살고 있네.
내가 이 꼴 보아도 기운이 빠져버리는 형편인데
한심스런 얼룩무늬 머슴 놈아, 무엇 때문에 고생을 하는가?
발목을 자르고라도 도망가지 못하니 너는 지혜가 모자라고
우리를 부스지도 못하니 너는 용기가 없는 것이네.
이들은 일생동안 너에 의지하여 먹고 살지만,

그들이 어찌 중황(中黃) 같은 힘이나 있고
또 양앙(梁鴦)처럼 너를 기쁘거나 노엽게 하는 재주가 있다더냐?
너는 찌꺼기 음식이나 얻어먹고 지내니 결국 무엇이 되겠느냐?
창귀(倀鬼)도 낯이 부끄러워 주인을 바꿀 거라!
옛 산의 친구들을 만약 만나게 된다면
너의 행실이 쥐만도 못하다고 비웃으리라!

都門[2]歲首陳百戲하니, 魚龍怪獸[3]罕不備라.
(도문세수진백희 어룡괴수한불비)

何物市上游手兒[4]로, 役使山君[5]作兒戲오?
(하물시상유수아 역사산군작아희)

初舁[6]虎圈來廣場할새, 傾城觀者如堵墻[7]이라.
(초여호권내광장 경성관자여도장)

四周立柵[8]牽虎出하니, 毛拳[9]耳戢[10]氣不揚이라.
(사주립책견호출 모권이즙기불양)

先撩[11]虎須[12]虎猶帖[13]하고, 以棒卓地[14]虎人立이라.
(선료호수호유첩 이봉탁지호인립)

人呼虎吼[15]聲如雷러니, 牙爪叢[16]中奮身入하여,
(인호호후성여뢰 아조총중분신입)

虎口呀開[17]大如斗러니, 人轉從容[18]探以手하고,
(호구아개대여두 인전종용탐이수)

更脫頭顱[19]抵虎口하여, 以頭飼虎虎不受하고, 虎舌舐[20]人如舐縠[21]라.
(갱탈두로저호구 이두사호호불수 호설지인여지구)

忽按虎脊叱[22]使行하니, 虎便逡巡[23]繞闌[24]走라.
(홀안호척질사행 호변준순요란주)

翻身踞地[25]蹴凍塵[26]하니, 渾身[27]抖開[28]花錦茵[29]이라.
(번신거지축동진 혼신두개화금인)

盤回[30]舞勢學胡旋[31]하니, 似張虎威實媚[32]人이라.
(반회무세효호선 사장호위실미인)

少焉仰臥[33]若佯[34]死러니, 投之以肉霍然[35]起라.
(소언앙와약양사 투지이육곽연기)

觀者一笑爭釀錢[36]하고, 人旣得錢虎搖尾라.
(관자일소쟁갹전 인기득전호요미)

仍驅入圈負[37]以趨하니, 此間樂亦忘山居라.
(잉구입권부이추 차간락역망산거)

依人虎任[38]人頤使[39]하니, 伴虎人皆虎唾餘[40]라.
(의인호임인이사 반호인개호타여)

我觀此狀氣消沮[41]어늘, 嗟爾斑奴[42]亦何苦아?
(아관차장기소저 차이반노역하고)

不能決蹯[43]爾不智요, 不能破檻[44]爾不武라.
(불능결번이부지 불능파함이불무)

此曹一生衣食汝나, 彼豈有力如中黃[45]하며, 復似梁鴦[46]能喜怒아?
(차조일생의식여 피기유력여중황 부사양앙능희노)

汝得殘餐究奚補[47]아? 倀鬼[48]羞顔亦更主리라.
(여득잔찬구해보 창귀수안역경주)

舊山同伴倘相逢하면, 笑爾行藏[49]不如鼠리라!
(구산동반당상봉 소이행장불여서)

(註釋) 1) 圈(권)- 짐승을 가두어 두는 우리. 2) 都門(도문)- 도성(都城)의 문, 북경의 성문 안을 가리킴. 3) 魚龍怪獸(어룡괴수)- 중국에서는 옛날부터 잡기(雜技) 연출에 물고기와 용 및 괴상한 짐승들이 등장하였다(보기; 漢 張衡의 「西京賦」). 4) 游手兒(유수아)- 잡기를 연출하는 사람, 놀이꾼. 5) 山君(산군)- 호랑이를 가리키는 말. 6) 舁(여)-어깨 위에 메는 것. 7) 堵墻(도장)- 둘러쌓아 놓은 담. 8) 柵(책)- 나무를 세워 만든 울. 9) 毛拳(모권)- 털이 말리다, 호랑이 몸이 움츠려 드는 것. 10) 耳戢(이즙)- 귀가 힘없이 쳐지는 것. 11) 撩(료)- 건드리는 것. 12) 須(수)- 수염, 수(鬚). 13) 帖(첩)- 순종하는 것, 잘 따르는 것. 14) 卓地(탁지)- 땅 위에 세우는 것. 15) 吼(후)- 울부짖는 것. 16) 牙爪叢(아조총)- 이빨과 발톱이 있는 호랑이 몸 가까이를 가리킴. 17) 呀開(아개)- 입을 크게 벌리는 것. 18) 從容(종용)- 여유가 있는 모양. 19) 頭顱(두로)- 머리에 쓴 모자. 20) 舐(지)- 혀로 핥는 것. 21) 彀(구)- 젖먹이, 젖. 22) 叱(질)- 소리치다, 꾸짖다. 23) 逡巡(준순)- 우물쭈물하며 가는 것. 24) 繞闌(요란)- 막아놓은 울을 도는 것. 25) 踞地(거지)- 땅바닥에 웅크리고 앉는 것. 26) 凍塵(동진)- 언 먼지, 언 땅. 27) 渾身(혼신)- 온 몸. 28) 抖開(두개)- 들어서 펴는 것. 29) 花錦茵(화금인)- 꽃을 수놓은 비단 자리, 화려한 모피. 호랑이 가죽을 형용한 말. 30) 盤回(반회)- 빙빙 도는 것. 31) 胡旋(호선)- 호선무(胡旋舞), 서역 쪽에서 들어온 빙빙 돌면서 추는 동작이 무척 빠른 춤의 일종. 32) 媚(미)- 잘 보이다, 아첨하다. 33) 仰臥(앙아)- 벌렁 드러눕는 것. 34) 佯(양)- 거짓, ---체하다. 35) 霍然(곽연)- 벌떡, 갑자기. 36) 醵錢(갹전)- 돈을 추렴하는 것. 37) 負(부)- 반대로, 뒤쪽으로. 38) 虎任(호임)- 호랑이가 시키는대로 따르는 것. 39) 頤使(이사)- 턱짓으로 부리는 것. 40) 虎唾餘(호타여)- 호랑이가 침 뱉은 찌꺼기, 호랑이 덕에 먹고 살아감을 뜻한다. 41) 消沮(소저)- 없어져 버리는 것. 42) 斑奴(반노)- 얼룩얼룩한 놈, 얼룩얼룩한 하인. 호랑이를 가

리킴. 43) 決蹯(결번)- 발꿈치를 떼어내 버리는 것. 옛날에 어느 사람이 호랑이를 잡아 발을 묶어 놓았는데, 호랑이가 성이 나자 발목을 스스로 잘라내어버리고 도망쳤다 한다(『戰國策』). '번'은 짐승의 발바닥이 본 뜻임. 44) 檻(함)- 우리. 45) 中黃(중황)- 옛날의 힘이 센 용사의 이름(『尸子』). 46) 梁鴦(양앙)- 주(周)나라 선왕(宣王)의 짐승치는 관리. 그는 목정(牧正)이란 벼슬을 하였는데 모든 사나운 짐승들도 잘 따르게 만들었다 한다(『列子』 黃帝). 47) 奚補(해보)- 무슨 보탬이 되는가? 48) 倀鬼(창귀)- 호랑이에게 물려죽은 사람이 창귀가 되는데, 다시 호랑이를 인도하여 다른 사람을 잡아먹도록 해 준다고 한다(『正字通』). 49) 行藏(행장)- 행실, 거동.

(解說) 중국에는 옛날부터 잡기(雜技)가 발달하고 성행하였다. 사람들의 묘기뿐만이 아니라 짐승들의 묘기도 늘 함께 연출되었다. 지금의 써커스나 비슷한 연예이다. 작자는 북경에서 본 써커스에 출현한 호랑이를 노래하고 있다. 그러나 이처럼 긴 시를 읊은 저의는 이속의 지배 아래 머슴이나 일이 하면서 속 편히 지내고 있는 한족의 지식인들에 호랑이를 빗대고 있는 것 같다.

··· 작가 약전(略傳) ···

장문도(張問陶, 1764-1814) 자가 중야(仲冶), 호가 선산(船山)이며, 사천성(四川省) 수녕현(遂寧縣) 사람이다. 진사가 된 뒤 벼슬은 검토(檢討)를 거쳐 내주지부(萊州知府)에 이르렀다. 만년엔 벼슬을 그만두고 고향에 돌아와 살다 죽었다. 그에게는 시집으로「선산시초(船山詩草)」가 있다.

황주를 지나면서(過黃州[2])

잠자리 같은 한 척 홀로 돌아오는 배 타고 있으려니
추위는 봄옷으로 스며들고 밤 강물은 고요하네.
나는 강물을 가로질러 서쪽으로 날아가는 학처럼
밝은 달 아래 꿈꾸듯이 황주를 지나가고 있네.

  蜻蛉[2]一葉獨歸舟에, 寒浸春衣夜水幽[3]라.
  (청령일엽독귀주 한침춘의야수유)
  我似橫江西去鶴[4]하니, 月明如夢過黃州라.
  (아사횡강서거학 월명여몽과황주)

註釋) 1) 黃州(황주)- 호북성(湖北省) 황강현(黃岡縣). 송(宋)나라 소식(蘇軾)이 귀양살이를 하면서「적벽부(赤壁賦)」를 읊은 곳이다. 2) 蜻蛉(청령)- 잠자리. 3) 幽(유)- 어두운 것, 고요한 것. 4) 西去鶴(서거학)- 서쪽으로 날아가는 학. 소식의「후적벽부(後赤壁賦)」에 "마침 외로운 학이 한 마리 있어 강을 가로질러 동쪽으로부터 날아오고 있다(適有孤鶴, 橫江東來.)"하고 읊은 표현을 빌러 쓴 것이다.

解說) 배타고 황주를 지나면서 밤의 정서를 읊고 있다. 그리고 직접 표현은 않고 있지만 옛날 그 곳에서「적벽부」를 읊었던 소식(蘇軾)에 대한 흠모의 정이 문외(文外)에 넘치고 있다.

노구(蘆溝)

노구에서 남쪽을 바라보니 먼지만이 자욱한데,
나뭇잎 지고 찬 서리 내린 큰 벌판 펼쳐져 있네.
하늘과 바다처럼 넓은 시정을 나귀 등에 앉아 얻었는데,
산과 들의 가을빛이 비속에 찾아오고 있네.
셀 수없이 많은 세상일 겪었지만 이룬 것이란 없고
별 볼일 없이 남에게만 의존하고 있으니 쓸데없는 인간일세.
옛날의 영웅들은 불러도 일어서 나오지 않으니
큰 소리로 노래하며 부질없이 옛 황금대를 조상(弔喪)하네.

蘆溝¹⁾南望盡塵埃요, 木脫²⁾霜寒大漠³⁾開라.
(노구남망진진애 목탈상한대막개)

天海詩情驢背得하니, 關山秋色雨中來라.
(천해시정노배득 관산추색우중래)

茫茫⁴⁾閱世⁵⁾無成局이오, 碌碌⁶⁾因人⁷⁾是廢才라.
(망망열세무성국 녹록인인시폐재)

往日英雄呼不起하니, 放歌空弔古金臺⁸⁾라.
(왕일영웅호불기 방가공조고금대)

(註釋) 1) 蘆溝(노구)- 북경(北京)시 서남쪽 교외의 하북성(河北省)과의 경계에 있는 강물 이름. 지금은 영정하(永定河)라 부르며, 거기에 걸려 있는 노구교(蘆溝橋)가 유명하다. 2) 木脫(목탈)- 나무 잎이 다 떨어지는 것. 3) 大漠(대막)- 아득히 넓은 들판. 4) 茫茫(망망)- 아득한 것, 셀 수도 없이 많은 것. 5) 閱世(열세)- 세상일을 경험하는 것. 6) 碌碌(녹록)- 못난 것, 용렬한 것. 7) 因人(인인)- 남에게 의존하는 것. 8) 金臺(금대)- 황금대(黃金臺), 옛 터가 하북성 역현(易縣) 동남쪽에 있는데, 전국(戰國)시대의 연(燕)나라 소왕(昭王)이 쌓았고, 그 위에 천금(千金)을 놓고 천하의 현명한 사람들을 불러들였다 한다.

(解說) 늦은 가을 여행을 하다가 노구를 지나면서 본 풍경과 감상을 노래한 것이다. 조국을 위하여 공헌 못하는 자신이 무척이나 한심하게 느껴진 모양이다.

열엿새 날 밤 눈 속에 강을 건너며(十六夜雪中渡江)

친구가 근래 편지를 보내어 초청을 해주어

배를 타고 강을 가로질러 멀지 않은 곳 갔다 오네.
좋은 술 마시어 경구(京口)의 눈도 자신도 모르게 즐겁고
큰 돛은 해문산(海門山) 기슭의 물결을 쉽게 타넘고 가네.
양주(揚州)의 등불 밝아 달도 빛을 발하지 못하고
오시(吳市)의 요란한 풍악 뒤에 오직 외로운 퉁소소리만 남았네.
저 멀리까지 바람불고 물결치지만 무슨 상관있으랴?
금산(金山)과 초산(焦山)이 아름다운 두 송이 연꽃 같네.

故人折簡[1]近相招하니, 一舸[2]橫江路不謠라.
(고인절간근상초 일가횡강노불요)

醇酒[3]暗消[4]京口[5]雪이오, 大帆平壓[6]海門[7]潮라.
(순주암소경구설 대범평압해문조)

揚州燈火難爲月[8]이오, 吳市[9]笙歌[10]剩此簫[11]라.
(양주등화난위월 오시생가잉차소)

那管風濤千萬里리오? 妙蓮[12]兩朶是金焦[13]라.
(나관풍도천만리 묘련양타시금초)

註釋 1) 折簡(절간)- 편지를 써 보내는 것. 2) 舸(가)- 큰 배, 배. 3) 醇酒(순주)- 잘 익은 술, 맛있는 술. 4) 暗消(암소)- 모르는 새에 녹는다, 자기도 모르게 찬 눈을 이겨내며 즐김을 뜻한다. 5) 京口(경구)- 강소성(江蘇省) 진강시(鎭江市)의 옛 이름. 6) 平壓(평압)- 쉽게 이겨내다, 쉽게 물결을 타넘어 가는 것. 7) 海門(해문)- 장강(長江) 가의 초산(焦山) 가까이 있는 산 이름. 8) 難爲月(난위월)- 달도 어찌지 못한다, 눈 오는 밤이라 달이 없는 것은 당연한 일이지만 양

주의 찬란한 등불을 강조하기 위하여 이런 표현을 쓰고 있다. 9) 吳市(오시)- 본시는 오나라 도성인 소주(蘇州)를 뜻하나 여기서는 진강을 가리킨다. 10) 笙歌(생가)- 생을 불며 노래하다, 풍악을 즐김을 뜻한다. 11) 剩此簫(잉차소)- 춘추(春秋)시대 초(楚)나라의 오자서(伍子胥)가 아버지가 억울한 주검을 당하자 오나라로 도망쳐 나와 한 때 통소를 불며 거지노릇을 하였다. 그래서 후세에 거지처럼 어렵게 사는 것을 '오시취소(吳市吹簫)'라 일컫게 되었다. 12) 妙蓮(묘련)- 미묘한 연꽃, 아름다운 연꽃. 13) 金焦(금초)- 금산(金山)과 초산(焦山), 진강에서 멀지 않은 장강 기슭에 있다.

(解說) 친구의 초청을 받아 술을 마시고 다시 자기가 살고 있던 소주(蘇州)로 돌아오면서 감회를 읊은 시이다. 좋은 술을 얻어 마시고 양주와 진강을 지날 적에는 기분이 무척 좋다. 그러나 소주로 가까이 오면서 다시 어려운 자기 형편이 떠오르지만 이를 극복하려 애쓴다.

3. 청 말엽의 시

··· 작가 약전(略傳) ···

공자진(龔自珍, 1792-1841) 자는 슬인(璱人), 호는 정암(定庵), 절강성(浙江省) 인화(仁和, 지금의 杭州) 사람. 진사가 된 뒤 내각중서(內閣中書)·예부주사(禮部主事) 등의 벼슬을 하였으나 만년은 벼슬을 그만두고 물러나와 살았다. 아편전쟁(阿片戰爭) 전후 시대의 진보적인 사상가로 뒤에 큰 영향을 끼쳤다. 그의 문집으로 『공자진전집(龔自珍全集)』이 있다.

만감(漫感)[1]

서북쪽 먼 지역으로 종군하려니 방법이 막연하고
동남 일대의 일로 서린 한만이 시 속에 가득 차네.
한 손에 퉁소 들고 한 손엔 칼 들고 평생 일하려는 뜻 지녔으나,
모두 어긋나 십오 년의 세월 광객(狂客)이란 이름만 얻었구나!

絶域²⁾從軍計惘然³⁾하고, 東南幽恨⁴⁾滿詞箋⁵⁾이라.
(절역종군계망연　동남유한만사전)

一簫一劒⁶⁾平生意러니, 負盡⁷⁾狂名十五年⁸⁾이라.
(일소일검평생의　부진광명십오년)

(註釋) 1) 漫感(만감)- 특별한 의도 없이 평소에 느낀 것. 2) 絶域(절역)- 변경 지역, 여기서는 중국의 서북쪽 변경을 뜻한다. 3) 惘然(망연)- 막연한 것, 잘 알 수 없는 것. 4) 東南幽恨(동남유한)- 동남쪽의 서린 한. 동남쪽이란 장강(長江) 하류 지방을 가리키며, 제국주의자들이 아편을 들여와 밀매를 자행하며 경제적인 약탈을 일삼고 있는 것을 가리킴. 5) 詞箋(사전)- 시를 쓴 종이. 6) 一簫一劒(일소일검)- 작자가 잘 쓰던 말. 퉁소는 문재(文才)를 뜻하고 칼은 무재(武才)를 나타낸다. 7) 負盡(부진)- 모두 어긋난 것. 8) 十五年(십오년)- 작자는 1806년부터 편년시(編年詩)를 쓰기 시작하였는데, 그때 나이 15세였고, 이 시는 17년 뒤 1823년에 쓴 것이다.

(解說) 공자진은 문무의 재능을 다하여 조국을 위하여 일하리라는 뜻을 세웠으나 30이 넘도록 아직도 뜻을 못 이루고 있다는 것이다. 어지러운 조국을 바라보며 겨우 광객(狂客)이란 말 밖에 듣지 못하는 스스로를 한하고 있다.

사람허수아비(人草稿¹⁾)

질그릇 장이가 여와(女媧)를 본받아

흙을 다져 장난삼아 사람을 만드는데,
어떤 놈은 머리를 숙이고 있고
어떤 놈은 머리가 커다라며,
거기에 붉은 칠 노란 칠 흰 칠 검은 칠을 하여
몸엔 여러 가지 옷을 걸치게 하네.
그래서 조물주에 대하여 생각해 보니
어찌 그분인들 처음 만들 때가 없었으랴?
이처럼 크지만 헛되이 다 갖추어지지 않았으니
여와도 어렵고 힘드는 것을 알고
위대한 장인의 마음을 반만 쓰고 버려두어
얼룩얼룩 흙 속에서 오랜 세월 부식(腐蝕)이 된 것일세.
꼭둑각시 놀이터에서도 거두어주지 않으니
나는 진실로 그들의 실체를 동정하게 되었네.
시호(諡號)를 사람허수아비라 하고
그들을 귀빈(貴賓) 대우하기로 하였네.

陶師²⁾師³⁾媧皇⁴⁾하여, 搏⁵⁾土戱爲人하니,
(도사사와황 단토희위인)

或則頭帖帖⁶⁾하고, 或者頭頵頵⁷⁾한데,
(혹즉두첩첩 혹즉두군군)

丹黃粉墨之하고, 衣裳百千身이라.
(단황분묵지 의상백천신)

因念造物者하니, 豈無觸稿辰⁸⁾이리오?
(인념조물자 기무촉고신)

茲大僞未具⁹⁾하니, 媧也知艱辛¹⁰⁾하고,
(자대위미구 와야지간신)

磅礴¹¹⁾匠心半¹²⁾하여, 爛斑¹³⁾土花春¹⁴⁾이라.
(방박장심반 난반토화춘)

劇場¹⁵⁾不見收하니, 我固憐其眞이라.
(극장불견수 아고연기진)

諡¹⁶⁾曰人草稿요, 禮之用上賓¹⁷⁾이라.
(시왈인초고 예지용상빈)

註釋) 1) 人草稿(인초고)- 처음 만들어놓고 제대로 다듬지는 않은 사람. 몸만 만들어지고 제대로 된 마음이나 정신은 없는 인간이다. 편의상 '사람허수아비'라 번역하였다. 2) 陶師(도사)- 질그릇 장이. 3) 師(사)- 배우다, 본뜨다. 4) 媧皇(왜황)- 중국의 전설적인 여신인 여와씨(女媧氏). 그는 사람 머리에 뱀 몸을 지녔는데, 태초에 진흙을 빚어 사람을 만들었다 한다(『風俗通義』). 5) 搏(단)- 둥글게 뭉치다, 흙을 이기는 것. 6) 帖帖(첩첩)- 얌전히 밑으로 쳐져있는 모양. 7) 頵頵(군군)- 머리가 커다란 모양. 8) 屬稿辰(촉고신)- 처음 시험 삼아 만들었을 때. 9) 僞未具(위미구)- 제대로 다 갖춰지지 못하여 불완전한 것. 10) 知艱辛(지간신)- 사람을 제대로 완성하는 일이 어렵고 힘든 일임을 알다. 11) 磅礴(방박)- 넓고 큰 모양, 위대한 것. 12) 匠心半(장심반)- 장인(匠人)의 마음을 반만 쓰고 마는 것. 13) 爛斑(난반)- 얼룩얼룩한 것. 14) 土花春(토화춘)- 흙에 부식(腐蝕)되어 봄에 꽃이 피듯 얼룩이 생긴 것. 15) 劇場(극장)- 여기서는 인형극장(人形劇場). 16) 諡(시)- 사람이 죽은 뒤에 붙여주는 시호(諡號). 17) 上賓(상빈)- 귀빈(貴賓).

解說) 우언(寓言) 형식의 풍자시이다. 당시에 사람들은 많지만 모두 제대로 된 정신이나 마음은 없음을 풍자한 것이다. 별로 올바른 저항도 못하고 열강(列强)에게 유린당하고 있는 자기 나라를 보고 위정자들과 백성들에게 경각심을 심어주려는 뜻에서 지었을 것이다. 이 시의 앞쪽에서는 작자가 질그릇장이가 진흙으로 인형을 만드는 것을 보고, 옛날 인간을 창조했다는 여와(女媧)의 창조 과정을 상상하는 것이다. 이처럼 자기 나라에 정신없는 인간들이 많은 것은 여와가 진흙으로 사람 모양만 만들어놓고 올바른 정신이나 마음은 만들기가 어려워 내버려둔 인간들이라고 생각하는 것이다. 모두가 '사람허수아비' 라는 것이다.

호떡 노래(餺飥[1]謠)

넝삼님 시질엔 동진 힌 푼으로
달처럼 둥근 호떡을 샀는데,
지금 아이들은 동전 두 푼으로
동전만한 크기의 호떡을 사네.
쟁반 속의 호떡은 한 푼보다 비싼데,
하늘의 달은 한 편이 일그러졌네.
아아! 시중의 음식과 하늘의 달이어!
나는 너희 두 물건이 찼다 기울었다 하는 것을 예측하는데,
두 물건은 나를 지나가는 길손이라 여기고 빛을 비치고 있구나!
달이 호떡에게 말하기를
"둥근 것은 언제 건 기울어진다" 하고

3. 청 말엽의 시 | 253

호떡이 달에게 말하기를
"둥글둥글 끝없이 돌아간다"고 하네.
크기가 동전만 하지만
언젠가는 다시 달처럼 둥글어질 것이라는 거지.
아이를 불러 말해주리니,
오백년 뒤에는 너의 손자들이 배부르게 될 것이라는 걸세.

父老[2]一靑錢[3]으로, 餺飥如月圓이러니,
(부로일청전 박탁여월원)

兒童兩靑錢으로, 餺飥大如錢이라.
(아동양청전 박탁대여전)

盤中餺飥貴一錢이오, 天上明月瘦[4]一邊이라.
(반중박탁귀일전 천상명월수일변)

噫[5]! 市中之餕[6]兮와, 天上月이어!
(희 시중지준혜 천상월)

吾能料汝二物之盈虛兮어늘, 二物照我爲過客이라.
(오능료여이물지영허혜 이물조아위과객)

月語餺飥하되, 圓者當缺[7]이오,
(월어박탁 원자당결)

餺飥語月하되, 循環無極이라.
(박탁어월 순환무극)

大如錢이나, 當復如月圓이리라.
(대여전 당복여월원)

呼兒語若[8]하리니, 後五百歲俾[9]飽而元孫하리라.
(호아어약 후오백세비포이원손)

(註釋) 1) 餺飥(박탁)- 밀가루로 둥글게 만들어 철판 위에 굽는 일종의 호. 2) 父老(부로)- 아버지와 할아버지 시절. 3) 靑錢(청전)- 동전(銅錢). 4) 瘦(수)- 야위다, 이글어지는 것. 5) 噫(희)- 감탄사, 아아! 6) 餕(준)- 음식 찌꺼기, 음식. 7) 缺(결)-기울다, 이글어지다. 8) 若(약)- 너. 9) 俾(비)- ---하게하다, 사(使).

(解說) 중국의 아편전쟁(阿片戰爭) 무렵 폭등하는 물가를 걱정하면서 희학(戱謔)적인 수법으로 지은 시이다. 작자는 늘 시국의 추이에 신경을 곤두세우면서 조국의 장래를 걱정하고 있었다.

기해잡시(己亥雜詩)

[제목해설] 이 시는 모두 315수로 이루어진 보기 힘든 대형의 조시(組詩)이다. '기해'는 도광(道光) 19년(1839), 공자진은 이 해 벼슬을 그만두고 북경을 떠나 고향 항주(杭州)로 돌아왔다. 그리고 얼마 안 있다가 다시 북쪽으로 가서 가족들을 데려왔는데, 그러느라 남북을 8, 9개월에 걸쳐 9000리 길을 내왕하면서 하북(河北)·산동(山東)·강소(江蘇)·절강(浙江)의 네 성(省)을 거쳤다. 작자는 그때 조정을 떠나오면 다시는 돌아가기 어려울 것으로 여겼음으로 여행길에 느끼는 감회가 복잡하고 각별하였다. 그러한 복잡한 감회를 여행길에 느끼는 대로 칠언절구(七言絶句)의 형식으로 읊어 여행 바구니에 던져 넣어둔 것이 도합 315수가 된 것이다.

따라서 이 시 속에는 작자의 여러 가지 생각과 사상이 실려 있어 그의 생애와 시를 연구하는 데 있어서 없어서는 안될 자료가 되고 있다. 작자가 북경을 그 해 처음 떠난 것은 음력 4월 23일이며, 7월 9일 항주에 도착했다가 다시 9월 15일 가족을 데리러 북쪽으로 출발하여 12월 26일에 가족을 데리고 강소성(江蘇省) 곤산(崑山)의 우릉산관(羽琌山館)에 도착하였다.

제5수

한없는 여수(旅愁) 속에 밝은 해는 기우는데,
채찍 휘두르며 동쪽 하늘 끝 멀리 향해 가네.
떨어지는 꽃잎은 무정한 물건 아니니
봄 진흙에 섞이어 다시 꽃나무 길러주네.

浩蕩[1]離愁白日斜러니, 吟鞭[2]東指卽天涯라.
(호탕리수백일사 음편동지즉천애)
落紅[3]不是無情物이니, 化作春泥更護花라.
(낙홍불시무정물 화작춘니갱호화)

(註釋) 1) 浩蕩(호탕)- 깊고 넓은 모양, 한없이 넓고 큰 모양. 2) 吟鞭(음편)- 시인의 말채찍, 말채찍을 휘두르다. 3) 落紅(낙홍)- 떨어지는 붉은 꽃잎.

(解說) 여기에서 "떨어지는 꽃잎"은 바로 작자 자신이다. 그는 벼슬을 버리고 조정을 떠나오기는 하지만 언젠가는 다시 나라와 민족을 위하여 뜻있는 일을 해야겠다고 벼르고 있는 것이다. 꽃잎이 땅에

떨어져 "봄 진흙에 섞이어 다시 꽃나무를 길러 주듯이" 자기도 자신이 의탁하고 있는 이 나라를 위하여 자신을 바치겠다는 것이다.

제44수

다 쓴 붓을 내던진 뒤 추운 날씨에 몸을 맡기고
내 글을 축축이 젖은 다른 답안지나 같이 보도록 하였네.
어찌 감히 나라의 병 고칠 의원이라 스스로 뽐내겠는가?
약방문으로 오직 옛날의 단약(丹藥)을 팔았을 따름이었네.

기축년의 전시에 답안을 왕안석(王安石)의 「상인종황제서」를 바탕으로 요지를 썼었다.

霜毫[1]擲罷倚天寒[2]하고, 任作淋漓[3]淡墨[4]看이라.
(상호척파의천한 임작임리담묵간)
何敢自矜[5]醫國手리오? 藥方[6]只販古時丹[7]이라.
(하감자긍의국수 약방지판고시단)

己丑[8]殿試[9]에, 大指[10]祖王荊公[11]上仁宗皇帝書라.
(기축전시 대지조왕형공상인종황제서)

(註釋) 1) 霜毫(상호)- 붓을 이르는 말. 2) 倚天寒(의천한)- 추운 날씨에 몸을 맡기다, 송옥(宋玉)이 「대언부(大言賦)」에서 "긴 칼이 번쩍번쩍하는데 머나먼 곳에 뜻을 두고 있다(長劍耿耿, 倚天之外.)"고 한 표현을 빌린 것이다. 3) 淋漓(임리)- 축축한 모양. 4) 淡墨(담묵)- 과거의 답안으로 쓴 문장을 가리키는 말. 5) 自矜(자긍)- 스스로 뽐내다. 6) 藥方(약방)- 약 방문, 여기서는 자신의 과거 답안지에서 나

라의 문제를 해결할 방안으로 제시한 글을 가리킴. 7) 古時丹(고시단)- 옛 적의 단약(丹藥). 뒤에 보이는 왕안석(王安石)의 「상인종황제언사서(上仁宗皇帝言事書)」를 가리킴. 8) 己丑(기축)- 도광(道光) 9년(1829). 9) 殿試(전시)- 명·청대에는 성시(省試)에 통과한 거자(擧子)들을 경사(京師)로 불러 모아 다시 회시(會試)를 보는데, 회시 뒤에 다시 황제가 직접 참여하여 성적을 매기는 전시를 보았다. 전시는 정치·사회에 관한 시무(時務)를 주제로 하는데, 황제가 내준 문제에 조목조목 답안을 씀으로 대책(對策)이라 불렀다. 10) 大指(대지)- 대체적인 주지(主旨). 11) 王荊公(왕형공)- 송(宋)대에 신법(新法)을 추진했던 왕안석(王安石). 그는 「상인종황제언사서」라는 상서를 올리어 정치개혁을 주장하였다.

(解說) 이 시는 지난 날 자신이 전시(殿試)를 볼 적을 회고하며 지은 시이다. 그때에는 대책(對策)으로 시국을 바로잡을 개혁방안을 제시했는데, 지금은 아무것도 이루지 못하고 물러나고 있음을 스스로 뉘우치고 있는 것이다.

제62수

고인이 문자 창제하니 귀신이 밤에 울었고,
후세 사람은 글자를 알자 온갖 근심 모였네.
나는 귀신 두렵지 않고 근심도 없으니,
영묘한 문자를 밤에 보충하느라 가을 등불 파랗게 밝히고 있네.

일찍이 허신은 옛 글자를 본 것이 적다고 한이 되어, 상나라와 주나라의 동기(銅器)에 쓰여 있는 특별한 글자로 글자의 모양과 뜻을 해설하여 『설문해자(說文解字)』에 147자를 보충하였는데, 무술년 4월에 책을 완성하였다.

古人¹⁾製字鬼夜泣하니, 後人²⁾識字百憂集이라.
(고인제자귀야읍 후인식자백우집)
我不畏鬼復不憂니, 靈文³⁾夜補秋燈碧이라.
(아불외귀부불우 영문야보추등벽)

嘗恨許叔重⁴⁾見古文少⁵⁾하여, 據商周彝器⁶⁾秘文⁷⁾說其形義하여, 補說文⁸⁾一百四十七字하니, 戊戌⁹⁾四月書成이라.
(상한허숙중견고문소 거상주이기비문설기형의 보설문일백사십칠자 무술사월서성)

(註釋) 1) 古人(고인)-「회남자(淮南子)」본경훈(本經訓)에 "옛날에 창힐(蒼頡)이 글자를 만들자 하늘에선 곡식이 비처럼 내렸고 밤에는 귀신이 울었다(昔者蒼頡作書, 天雨粟, 鬼夜泣)"이라 하였다. 중국에서는 황제(黃帝)의 사관(史官) 창힐이 한자를 만들었다는 전설이 전해지고 있다. 2) 後人(후인)- 송대의 소식(蘇軾)이 「석창서취묵당(石蒼舒醉墨堂)」시에서 "인생은 글자를 알면서 우환이 시작된다(人生識字憂患始)"하였다. 3) 靈文(영문)- 영묘(靈妙)한 문자, 한자를 가리킴. 4) 許叔重(허숙중)- 동한(東漢)의 허신(許愼), 『설문해자(說文解字)』의 작자임. 5) 見古文少(견고문소)- 허신은 한나라 내 통용된 예서(隸書)를 근거로 한자의 형음의(形音義)를 해설하는 최초의 부수에 따라 한자를 배열한 사전을 저작하였음. 여기의 '고문'은 예서 이전의 옛 글자들을 가리킨다. 6) 彝器(이기)- 옛날 종묘(宗廟)에서 쓰던 예기(禮器), 상나라와 주나라 시대의 동기(銅器)를 주로 가리킨다. 7) 秘文(비문)- 사람들이 잘 알지 못한 글자. 8) 說文(설문)-『설문해자』. 9) 戊戌(무술)- 도광 18년(1838).

(解說) 작자는 그처럼 바쁜 중에도 문자학 공부와 저술을 하고 있다. 공자진은 허신의 『설문해자』에 147자의 해설을 보충하는 저술을 완성하고 나서 그 감회를 읊은 것이다. 불행이도 지금 이 작자의 저서는 전해지지 않고 있는 듯 하다.

제83수

끄는 줄 하나에는 열 사람의 많은 일꾼이 있어야 하는데,
자세히 계산해보니 천척의 배가 이 강물을 지나고 있네.
나도 일찍이 나라 창고의 곡식을 축내 온지라
밤에 어여차 소리 듣자 눈물 줄줄 쏟아지네.

5월 12일 회포(淮浦)에 도착하여 지음.

只籌[1]一纜[2]十夫多어늘, 細算千艘[3]渡此河라.
(지주일람십부다　세산천소도차하)
我亦曾糜[4]太倉[5]粟이니, 夜聞邪許[6]淚滂沱[7]라.
(아역증미태창속　야문야허루방타)

五月十二日에, 抵淮浦[8]作이라.
(오월십이일　저회포작)

(註釋) 1) 籌(주)- 준비하다, 기획하다. 2) 纜(람)- 배를 끄는 밧줄. 3) 艘(소)- 배, 배를 세는 단위. 4) 糜(미)- 소비하다. 5) 太倉(태창)- 나라의 곡식 창고. 6) 邪許(야허)- 일하며 여러 사람들이 함께 힘줄 적에 내는 소리, 어여치! 7) 滂沱(빙타)- 눈물이 비 오듯 쏟아시는 모양. 8) 淮浦(회포)- 지금의 강소성(江蘇省) 회안현(淮安縣)에 있던 회성(淮城). 북쪽으로 물건을 실어날으는 배가 꼭 지나야 할 곳으로 갑문(閘門)도 있었다.

(解說)　이 시는 작자가 도광(道光) 19년(1839) 북경을 떠나 청강포(淸江浦)에 도착하여 지은 시이다. 그곳에는 갑문(閘門)이 있어 지나가는 배를 갑문 위로 끌어올리자면 배 한 척에 수십 명의 인부가

필요하였다. 위정자들은 남쪽의 쌀을 북쪽으로 운반하기 위하여 수많은 사람들을 강제 동원하여 부당한 노동착취를 하고 있었다. 그런 사실을 눈으로 보면서 작자는 눈물을 흘린 것이다.

제123수

소금이나 철의 생산 제대로 하지 않고 황하 다스려 잘 쓰지도 않고
오직 동남지방만 의지하니 눈물만 펑펑 쏟아지네.
나라에서 정한 세금이 석 되라면 백성들은 한 말을 내야 되니,
소 잡아먹는 것이 어찌 벼 심는 것보다 낫지 않겠는가?

不論鹽鐵[1]不籌河[2]하고, 獨倚東南[3]涕淚多라,
(불론염철불주하 독의동남체루다)
國賦[4]三升民一斗니, 屠牛[5]那不勝栽禾[6]아?
(국부삼승민일두 도우나불승재화)

(註釋) 1) 鹽鐵(염철) - 소금과 철. 한(漢)나라 때부터 국가가 그 생산과 판매를 관장하던 가장 중요한 나라의 생산품이었다. 따라서 이 두 가지 물건의 생산 판매는 국가의 재정에 큰 영향을 끼치게 된다. 2) 籌河(주하) - 황하(黃河)의 홍수를 잘 다스리어 잘 활용하는 것. 3) 獨倚東南(독의동남) - 오로지 동남지역에 의지하다. 경제적으로 북쪽지방까지도 강소(江蘇)・절강(浙江)의 동남지방 쌀 생산에 의존하는 것. 4) 國賦(국부) - 나라의 부세(賦稅). 나라에서 백성들에게 3승의 부세를 과하였다면 관리들은 한 말 곧 10승을 빼앗아간다는 것이다. 5)

屠牛(도우)- 밭 가는 소를 잡아먹는 것, 곧 농사를 짓지 않는 것. 6) 栽禾(재화)- 벼를 심다, 농사를 짓는 것.

(解說) 청나라는 만주족의 나라라서 북쪽지방보다 남쪽지방에 대한 착취가 더 가혹했던 것 같다. 나라와 관리들에게 착취당하여 살아가기 조차도 힘든 자기 고향 근처 농민들의 고통을 가슴아파하고 있는 것이다.

제125수

나라의 생기가 바람과 우뢰에 의지하여 일어나야 하는데,
그저 잠잠한 벙어리 같기만 하니 정말 슬프도다.
내가 하나님께 간구하노니 다시금 분발하사,
파격적으로 많은 인재 내려 주옵소서!

진강을 자나다가 옥황과 풍신·뇌신을 제사지내는 것을 보았는데, 제사지내면서 기도드리는 사람들이 무척 많았다. 그곳의 도사가 축문(祝文)을 지어달라고 간청하였다.

九州[1]生氣恃風雷어늘, 萬馬齊瘖[2]究[3]可哀라.
(구주생기시풍뢰 만마제음구가애)
我勸天公重抖擻[4]하노니, 不拘一格[5]降人才하소서!
(아권천공중두수 불구일격강인재)

過鎭江[6], 見賽[7]玉皇[8]及風神雷神者, 禱祠[9]萬數. 道士乞撰靑詞[10].
(과진강 견새옥황급풍신뢰신자 도사만수 도사걸찬청사)

註釋) 1) 九州(구주)- 중국을 이르는 말. 『서경(書經)』 우공(禹貢)편에 중국이 아홉 주(州)로 나뉘어 있음. 2) 萬馬齊瘖(만마제음)- 모두가 벙어리가 된 것처럼 잠잠한 것. 3) 究(구)- 궁극적으로, 정말. 4) 抖擻(두수)- 분발하다, 진작(振作)하다. 5) 不拘一格(불구일격)- 한 가지 격식에 얽매이지 않는 것, 파격적인 것. 6) 鎭江(진강)- 강소성(江蘇省)의 도시 이름. 7) 賽(새)- 신을 제사지내는 것, 대개 도사(道士)들이 주관함. 8) 玉皇(옥황)- 도교의 최고 신의 하나, 옥황상제(玉皇上帝). 9) 禱祠(도사)- 제사지내면서 기도드리는 것. 10) 靑詞(청사)- 제사지낼 적에 도사가 신에게 읽는 축문(祝文).

解說) 민간에서 옥황상제와 바람의 신 및 우레의 신에게 제사지내는 것을 보고, 마침 도사가 축문을 지어달라고 간청하여, 작자도 자기 소원을 비는 시를 지었다. 나라의 생기가 다시 떨치고 일어나고 침략자들을 물리칠 인재를 내려달라는 것이 그의 소원이다.

제130수

도연명(陶淵明)은 마치 누워있는 용이라던 호걸 제갈량(諸葛亮) 닮았으니
오래 된 심양에는 소나무와 국화 높이 자라있네.
이 시인의 시취(詩趣)가 결국 담담하다고 믿지는 말게!
삼분의 이는 「양보음(梁父吟)」 정취이고 삼분의 일이 「이소(離騷)」 정취일세.

陶潛酷似臥龍[1]豪니, 萬古潯陽[2]松菊[3]高라.
(도잠혹사와룡호 만고심양송국고)

莫信詩人竟平淡⁴⁾하라! 二分⁵⁾梁父⁶⁾一分騷라.
(막신시인경평담 이분양보일분소)

(註釋) 1) 臥龍(와룡)- 제갈량(諸葛亮)을 가리키는 말. 이 구절 아래 "말뜻은 신기질에게 근거를 둔 것이다(語意本辛棄疾)"고 스스로 주를 달고 있다. 신기질의 사(詞)「하신랑(賀新郎)」에 "도연명을 보면 풍류가 마치 와룡 제갈량 같네(看淵明, 風流酷似, 臥龍諸葛)"라고 읊고 있다. 2) 潯陽(심양)- 지금의 강서성(江西省) 구강(九江) 남쪽 도연명의 고향. 그는 심양 채상(柴桑) 사람이었다. 3) 松菊(송국)- 소나무와 국화. 도연명이 특히 좋아했고 동시에 그의 고결한 인격을 나타낸다. 4) 平淡(평담)- 그는 속세를 떠나 영리를 멀리하고 살았기 때문에 그의 시취는 평평하고 담담하다고 보는 이도 있다. 5) 二分(이분)- 삼분의 이. '일분'은 삼분의 일. 6) 梁父(양보)- 양보음(梁父吟), 옛날 악부(樂府) 제명. 지금 제갈량이 지었다는 「양보음」이 전하는데, 본시 장송곡(葬送曲)이어서 가사와 곡조가 슬프면서도 강개(慷慨)하다고 한다. 이는 제갈량이 어려운 나라 일을 걱정했기 때문이다.

(解說) 이 앞 제129수에 "배 안에서 도연명 시를 읽고 3수의 시를 지었다(舟中讀陶詩, 三首)"고 스스로 주를 달고 있다. 도연명을 나라를 위하여 뜻과 몸을 다 바친 제갈량에 비기면서 자신이 시를 읊는 비분강개(悲憤慷慨)를 표현하고 있다.

제231수

옛날 학파의 저술이 무척이나 많아서

촛불 밝히고 책상 앞에 앉는 열정 일으켜 주네.
만약 해 지는 것 막았다는 노양공(魯陽公)의 창이 정말 내 손에 있다면
지는 해 오직 내 서재를 비치게 하리라.

九流¹⁾觸手²⁾緒縱橫하니, 極勸³⁾當筵⁴⁾炳燭情이라.
(구류촉수서종횡 극권당연병촉정)

若使魯戈⁵⁾眞在手면, 斜陽只乞照書城⁶⁾이라.
(약사노과진재수 사양지걸조서성)

(註釋) 1) 九流(구류)- 제자(諸子) 구류. 『한서(漢書)』예문지(藝文志) 제자략(諸子略)에는 10가(家)가 수록되어 있으나 흔히 소설가(小說家)는 제외하고 9가를 들어 구류라 한다. 여기서는 여러 학파들을 총칭한 것이다. 2) 觸手(촉수)- 여기서는 각 학파의 서로 다른 학설을 가리킨다. 3) 極勸(극권)- 적극적으로 권하다, 매우 ---을 하노록 하다. 4) 當筵(당연)- 공부하는 자리에 앉는 것, 책상 앞에 앉는 것. 5) 魯戈(노과)- 노양공(魯陽公)의 창. 춘추(春秋)시대 노양공이 한(韓)나라와 싸우다가 해가 지려 하자 그의 창을 휘두르니 해가 다시 뒤로 물러서 뜻대로 싸웠다 한다(『淮南子』覽冥). 6) 書城(서성)- 서재.

(解說) 공부에 대한 열정을 노래한 시이다. 시국에 대한 불만 속에서도 공자진은 쉬지 않고 책을 읽으며 공부를 하였다.

제307수

이제부터는 푸른 산 속으로 우리 부부 작은 수레 타고 돌아가
  게 되었으니
두 사람 각각 하늘가에 멀리 떨어져 외로이 꿈꾸며 자는 일 없
  으리라!
한 놈은 황매(黃梅)처럼 의젓하고 한 놈은 산반(山礬)처럼 안존
  하니
두 깨끗한 자식 데리고 집에 잘 돌아가게 되었네.

식구들은 동지 뒤 닷새 되는 날에 도성을 떠나왔다.

從此靑山共鹿車[1]하니, 斷無隻夢[2]墮天涯리라.
(종차청산공록거　단무척몽타천애)
黃梅[3]淡冶[4]山礬[5]靚[6]하니, 猶及雙淸[7]好到家라.
(황매담야산반정　유급쌍청호도가)

眷屬于冬至後五日出都라.
(권속우동지후오일출도)

註釋 1) 鹿車(녹거) – 삭고 간단한 수레. 동한(東漢) 때 포선(鮑宣)이 부자집 딸과 결혼을 하였지만 처가의 도움은 사절하고 두 부부가 초라한 녹거를 타고 고향 집을 방문하였다(『後漢書』列女傳). 2) 隻夢(척몽) – 홀로 외롭게 자면서 꿈을 꾸는 것. 3) 黃梅(황매) – 납매(蠟梅)라고도 부르는 매화의 일종. 4) 淡冶(담야) – 산듯하고 의젓한 것. 5) 山礬(산반) – 강남땅에 흔히 자라는 풀의 일종. 꽃이 피면 매우 향기롭다 한다. 여기에서 '황매'와 '산반'은 작자의 두 아들 공등(龔

橙)과 공도(龔陶)의 두 아들을 상징한다. 6) 靚(정)- 고요하다, 안존하다. 7) 雙淸(쌍청)- 두 아들을 가리킴.

(解說) 가족을 데리고 집으로 돌아오는 기쁨과 안도감을 노래하고 있다. 그리고 작자는 자기 두 아들에 대하여 적지 않은 기대를 걸고 있었음이 분명하다.

··· 작가 약전(略傳) ···

정진(鄭珍, 1806-1864) 자는 자윤(子尹)이며, 만년에 호를 채옹(柴翁)이라 하였고, 귀주성(貴州省) 준의(遵義) 사람이다. 거인(擧人)은 되었으나 회시(會試)에는 계속 실패하여 여파현학(荔波縣學)의 훈도(訓導) 노릇을 얼마간 했을 뿐 대부분의 생활을 학문과 시에 몰두하며 농촌생활로 보냈다. 그는 학자이고 송시파(宋詩派)에 속하는 인물이며, 현실을 반영하는 작품도 적지 않다. 문집으로는 「소경당전집(巢經堂全集)」이 있다.

목매어 죽는 슬픔(經死[1]哀)

호랑이 같은 관리가 돌아가기도 전에 호랑이 같은 졸개들이 또
 와서
밀린 세금 내라고 재촉하는 소리 우레와 같네.
우레 같은 소리 잠잠해지기도 전에 곡하는 소리가 일더니
달려와 알리기를 그의 집 영감이 이미 목매어 죽어버렸다 하네.
높은 관리가 이를 갈고 눈을 부라리며 성을 내면서 말하기를;
"나는 목숨은 필요 없고 돈이 필요한거야!

만약 귀신이 된다고 보아주기로 한다면
아마도 이 고을에는 살아있을 사람이란 없을 거야!"
재촉하여 그 아들놈을 불러오도록 해 가지고
곤장 일백 대를 치고는
"아비를 불의에 빠뜨렸으니 그 죄가 얼마나 큰가?
아비가 매달려있는 것 풀려 하거든 속히 세금을 채워 내거라!"
　　하네.
아아! 북쪽 성안에서는 세금 내려고 집을 팔았는데 구더기가
　　집문 밖까지 기어 나오고,
남쪽 성안에서는 또 너덧 명이 목 매어 죽었다는 소식 전해오네!

　　虎卒[2]未去虎隸來하여, 催納捐欠聲[3]如雷라.
　　(호졸미거호례래　최납연흠성여뢰)
　　雷聲不住哭聲起하고, 走報其翁已經死라.
　　(뇌성부주곡성기　주보기옹이경사)
　　長官切齒目怒瞋[4]하되, 吾不要命只要銀이라!
　　(장관절치목노진　오불요명지요은)
　　若圖作鬼卽寬減[5]이면, 恐此一縣無生人이리라!
　　(약도작귀즉관감　공차일현무생인)
　　促呼捉子[6]來하여, 且與杖一百하되;
　　(촉호착자래　차여장일백)
　　陷父不義罪何極고? 欲解父懸[7]速足陌[8]하라!
　　(함부불의죄하극　욕해부현속족맥)
　　嗚呼라! 北城賣屋蟲出戶러니, 南城又報縊[9]三五라!
　　(오호　북성매옥충출호　남성우보이삼오)

註釋) 1) 經死(경사)- 목을 매어 죽는 것. 2) 卒(졸)- 세금을 받으러 나온 관리, 뒤의 '예(隷)'도 같음. 3) 捐欠(연흠)- 덜 낸 것을 내라고 하는 것. 4) 瞋(진)- 성을 내며 눈을 부릅뜨는 것. 5) 寬減(관감)- 감면(減免)해 주는 것. 6) 捉子(착자)- 죽은 영감 아들을 잡는 것. 7) 懸(현)- 목을 매어 줄에 매달려 있는 것. 8) 足陌(족맥)- 옛날 돈의 단위로 100문(文)이 1맥. 따라서 100문의 돈을 다 채워서 내라, 밀린 세금을 다 내라는 뜻. 9) 縊(이)- 목매어 죽는 것.

解說) 처참한 농촌의 실상을 고발한 시이다. 세금을 다 내지 않으면 심지어 목매달아 죽은 사람의 시체도 못 내리게 하고 있다. 그 결과 살 수가 없어서 파는 집에서는 시체에 자라난 구더기들이 문밖까지 기어 나오는 실정이다. 이민족의 핍박은 상상을 초월한다.

무릉에서 책을 태우면서 탄식함(武陵¹⁾燒書歎)

[작자 서문] 십이월 초하루에 도원에 배를 대었는데, 밤중에 뱃전이 깨져서 배가 물에 반쯤 잠겼다. 다음 날 무릉에 도착하여 짐 궤짝을 열어보니 모두 흠뻑 젖어있었다. 사흘 밤낮 동인 책을 불에 말렸는데, 전에 베끼고 저술한 것들이 혹은 타기도 하고 혹은 그슬리어 반 정도의 책이 겨우 남으니 그 때문에 크게 탄식한 것이다.

十二月朔²⁾에, 泊桃源³⁾이러니, 夜半舷⁴⁾破하여, 水沒半船

이라. 翌$^{5)}$抵武陵하여, 啓箱籢$^{6)}$하니, 皆透漬$^{7)}$하니, 烘$^{8)}$書三晝夜라. 凡前所鈔述者이, 或燒或焦하고, 半成殘稿하니, 爲之浩歎$^{9)}$이라.

(註釋) 1) 武陵(무릉)- 지금의 호남성(湖南省) 상덕시(常德市). 2) 朔(삭)- 음력 초하루. 3) 桃源(도원)- 지금의 호남싱에 속해있는 현(縣) 이름. 4) 舷(현)- 뱃전. 5) 翌(익)- 다음 날. 6) 箱籢(상록)- 책 상자. '록'은 대나무로 만든 상자. 7) 透漬(투지)- 물에 푹 젖은 것. 8) 烘(홍)- 불에 말리다. 9) 浩歎(호탄)- 크게 탄식하는 것.

책을 불에 쬐여 말리는 심정 어떠하겠는가?
마치 늙은 영감이 병든 자식 돌보는 것 같으니,
마음속으로는 그의 원기가 회복될 수 없음을 잘 알고 있으면서
오직 죽지만 않으면 좋겠다고 간구하는 것일세.
책이 불탈 적에는 또 어떠하겠는가?
마치 사애로운 아비가 올고 있는 자식에 성이 나고
그가 죽는 것이 한이 되어 내버리고 돌아다보지도 않다가
서서히 되돌아와 스스로 자식을 어루만지는 거나 같다네.
이러한 심정이 스스로 바보같이 느껴지면서도 스스로가 우스워서
그 때문에 마음과 피를 다 말리고도 번뇌로 변하네.
여든 살까지 장수를 하는 사람 몇이나 되는가?
너 때문에 고통을 당한 사람들은 얼마나 많을 것인가?

烘書之情何所似오? 有如老翁撫$^{1)}$病子니,
(홍서지정하소사 유여로옹무병자)

心知元氣不可復이나, 但求無死斯足矣라.
(심지원기불가복 단구무사사족의)
書燒之時又何其²⁾오? 有如慈父怒啼兒하여,
(서소지시우하기 유여자부노제아)
恨死擲去不回顧라가, 徐徐復自摩撫³⁾之라.
(한사척거불회고 서서부자마무지)
此情自痴⁴⁾還自笑니, 心血旣乾轉煩惱라.
(차정자치환자소 심혈기건전번뇌)
上壽⁵⁾八十能幾何오? 爲爾所累何其多오?
(상수팔십능기하 위이소루하기다)

註釋) 1) 撫(무)- 어루만지다, 돌보다. 2) 何其(하기)- 어떠했는가? 여하(如何)? 3) 摩撫(마무)- 어루만지는 것. 4) 痴(치)- 바보. 5) 上壽(상수)- 장수(長壽)하는 것, 나이를 많이 먹는 것.

解說) 작자는 시인이면서도 학자요, 애서가(愛書家)이다. 여행 중에 흠뻑 적신 책을 불에 말리느라 책을 그슬리고 태워 반은 못쓰게 된 심정을 읊은 것이다. 책을 죽어가는 자식에 비기고 있는데, 그의 절실한 심정이 잘 드러나 있다. 그는 이미 늙도록 책 때문에 자신의 정력을 적지않이 소모시키고 있으면서도 여전히 책에 대하여 깊은 애착을 지니고 있는 것이다.

저녁 풍경(晚望)

저녁 무렵 오랜 들판 위에 서니

아득히 태곳적 봄처럼 느껴지네.
푸른 구름은 날아가는 새들을 빨아들이고
파란 벼 밭에선 길가는 사람 나오네.
물빛은 가을이 멀어 고요하기만 하고
산 모습은 비온 뒤라 더욱 산뜻하네.
오직 가엾은 것은 계곡 좌우의 집들,
열 집에 아홉 집은 가난해 보이네.

> 嚮晚[1]古原上하니, 悠然太古春[2]이라.
> (향만고원상 유연태고춘)
> 碧雲收去鳥하고, 翠稻出行人이라.
> (벽운수거조 취도출행인)
> 水色秋前[3]靜하고, 山容雨後新이라.
> (수색추전정 산용우후신)
> 獨憐溪左右하노니, 十室九家貧이라.
> (독련계좌우 십실구가빈)

(註釋) 1) 嚮晚(향만)- 저녁이 되어가는 것, 저녁 무렵. 2) 太古春(태고춘)- 태곳적 봄. 그곳의 봄빛이 태고로부터 변하지 않았음을 말한다. 3) 秋前(추전)- 가을이 되기 전. 가을에는 물이 불어 강물이 넘실거리지만 지금은 봄이라 가을이 멀어 강물이 고요하다는 것이다.

(解說) 저녁 무렵 작자가 들판을 산책하다가 보고 느낀 소감을 읊은 것이다. 작자는 아름다운 주변 풍경에만 마음을 빼앗기지 아니하고 주변 마을의 가난한 농민들에게 깊은 관심을 기울이고 있다.

구실보의 청명하상도에 적음(題仇實父¹⁾清明河上圖²⁾)

남쪽 북쪽의 와사(瓦肆)에는 새로운 여러 가지 기예(技藝)가 연출되고 있고
용진교 밖에는 붉은 먼지가 자욱하네.
여지요자·연화압 같은 요리 즐기고 있으니
태평시대에 술 취하고 배불리 먹는 이들이 부럽기만 하네.

南北瓦頭³⁾諸伎新하고, 龍津橋⁴⁾外漲紅塵⁵⁾이라.
(남북와두제기신 용진교외창홍진)
荔枝腰子⁶⁾蓮花鴨⁷⁾이니, 羨爾承平醉飽人이라.
(여지요자연화압 선이승평취포인)

註釋) 1) 仇實父(구실보)- 명대의 유명한 화가인 구영(仇英). 호가 십주(十洲)였고, 심주(沈周)·문징명(文徵明)·당인(唐寅)과 함께 명사가(明四家)라 일컬어지고 있다. 2) 清明河上圖(청명하상도)- 송(宋)나라 장택단(張擇端)이 그린 북송(北宋)의 수도 변경(汴京. 지금의 開封)의 황하가의 화려한 풍경을 그린 길이 2장(丈), 폭은 한 자에 못 미치는 비단에 그린 긴 그림. 그림도 잘 그렸지만 송나라 때의 여러 가지 풍경이 그려져 있어 더욱 유명하다. 3) 瓦頭(와두)- 와사(瓦肆)·와사(瓦舍)·와시(瓦市) 등으로도 불리는 송나라 때의 희장(戱場), 그곳에 여러 가지 연극과 기예(技藝)가 공연되었다. 4) 龍津橋(용진교)- 송대 변경의 시내에 있던 다리 이름. 5) 紅塵(홍진)- 붉은 먼지, 번잡하고 화려한 속에 일어나는 먼지를 뜻한다. 6) 荔枝腰子(여지요자)- 여러 가지 고기에 여지를 넣어 요리한 음식 이름. 7) 蓮花鴨(연화압)- 연꽃 향기를 섞어 요리한 오리고기 음식 이름. 모두 송나라 때

유명했던 요리 이름이다.

(解說) '청명하상도'에는 상당히 많은 여러 가지 풍경이 그려져 있다. 그러나 작자는 구영이 모사한 그림을 보고 특히 와사(瓦舍)에서 놀이를 공연하는 장면과 붉은 먼지를 일게 하고 있는 번화한 거리에 관심을 집중하고 있다. 뒤에 좋은 음식을 마음껏 먹고 술에 취하여 노는 태평성세의 사람들과 작자 당시의 혼란한 세상을 견주기 위해서일 것이다. 따라서 이 시의 뜻은 끝머리 '부럽기만 하다' 는 한 마디 말로 요약되고 있다.

한단(邯鄲)

한단이 노래하고 춤추던 곳이 굉장했다고 모두들 말하는데,
이 나그네의 수레가 머문 곳엔 담까지 들풀로 덮여있네.
젊었던 사람들은 늙었고 예인들은 시집가 버렸으니
홀로 봄의 한단 성에서 저녁 해만 바라보네.

  盡說邯鄲¹⁾歌舞場²⁾이러니, 客車停處草遮牆이라.
  (진설한단가무장 객거정처초차장)
  少年³⁾老去才人嫁하니, 獨對春城看夕陽이라.
  (소년로거재인가 독대춘성간석양)

(註釋) 1) 邯鄲(한단) - 지금의 하북성(河北省) 한단시(邯鄲市). 2) 歌舞場 (가무장) - 노래하고 춤추는 곳. 한단은 전국(戰國)시대 조(趙)나라의

도성으로, 한때는 번영하여 아름다운 여자들이 많고 즐기고 놀기 좋은 곳으로 유명하였다. 3) 少年(소년)- 그 곳에서 즐기며 놀던 젊은 이들.

(解說) 몰락한 한단의 거리 풍경을 통하여, 몰락해가는 청나라의 실정을 은근히 들어내고 있다. 이 시는 비교적 시인이 젊었을 적에 지은 것이다.

··· 작가 약전(略傳) ···

김화(金和, 1818-1885) 자가 아포(亞匏)이고, 강소(江蘇) 상원(上元), 지금의 南京) 사람이다. 그는 함풍(咸豊) 3년(1853), 태평천국(太平天國)의 난 때 난군이 남경을 함락시킬 적에 경험을 직접 긴 시로 읊어 당시의 사회상을 잘 반영하고 있다. 그의 시집으로 「추혜음관시초(秋蟪吟館詩鈔)」가 있다.

난릉 여인의 노래(蘭陵¹⁾女兒行)

장군은 선주(宣州)의 포위를 풀은 뒤
군가를 불으며 줄곧 나는 듯이 행군하여,
계속 달리어 동쪽 뇌수(瀨水) 가에 이르러
금으로 장식한 집을 짓고 옥으로 문을 달고 안착하였네.
열 겹의 가리개 병풍은 화려한 비단으로 만들었고
늘어진 색실 술 가리개엔 수백 개의 여러 가지 구슬이 달려있
　　으며,
바닥 깔개에는 천오(天吳)와 자봉(紫鳳)이 가득히 수 놓여 있고
산호와 옥 나무가 등불 아래 서로 빛을 발하고 있네.

큰 거북껍질로 만든 쟁반과 소라로 만든 잔에는
산초 꽃 띄워 빚은 술과 삶은 살찐 양고기 담겨 있네.
자리에는 담비 갖옷과 비단 옷 입은 당시의 귀인들이 태반이고
눈앞의 화려함은 이 세상에서 보기 어려울 지경이네.
듣건대 장군께서 혼례를 끝마치고
이전에 정혼한 귀족 규수를 오늘 데려 온다네.

난릉은 이 곳으로부터 멀리 있으나 중매쟁이를 보내어
봄 강물 위의 배는 지휘하는 데 따라 달려가니,
좋은 날 풍광은 더욱 밝고 아름다우며
눈이 녹은 모래밭은 따스하고 맑은 물결은 비취빛인데,
쌍교(雙橋) 부근의 아이들은 모두 좋아서 소리 지르고
새 해의 매화나무와 버드나무엔 봄기운이 배어있네.
정오가 되자 멀리서 북소리 피리소리 요란하더니
앞 나루터에서는 이미 부인이 도착했음을 알려오네.
장군이 웃음을 머금고 섬돌을 내려가니
여러 손님들은 조용히 주변을 빙 둘러싸고 기다리네.

신부의 아름다운 배가 장군의 집 문 앞에 당도히자미자
배 속의 여자는 날쌔게 뭍으로 올라와 잽싸게 움직이는데,
옷차림 소박하나 우아하고 아무런 장식도 하지 않았으며
풍채가 아름다워 하늘의 선녀처럼 존귀하게 보이니,
만약 요지(瑤池)에서 서왕모(西王母)와 수레를 함께 타던 공주
　　가 아니라면

꼭 선궁(璇宮)에서 베를 짜던 천제(天帝)의 손녀 직녀(織女)일
  듯 하네.
헌칠한 키로 우뚝이 서 있는데
옥 같은 모습은 참담하고 따스한 기운이라곤 없는데,
소매 거두며 여러 손님들에게 말하네.
"여기에 오신 분들은 모두가 귀하신 분들이고
저 또한 나라의 은택에서 벗어나 있는 사람이 아니니
처음부터 끝까지 제가 분명히 하는 말을 들어주십시오!
저는 난릉의 벼슬하는 집안 딸인데
세상이 어지러워져 인정은 매우 험악해졌습니다.
집에는 어머님과 두 오라버님이 계시는데
시골집 궁벽한 곳에 살고 있습니다.
전날에 싸늘한 밭 채소에 물을 주고 있을 적에
장군께서 지나다가 여러 번 서서 바라보신 적이 있으나,
나는 물 항아리를 들고 집으로 돌아와 급히 문을 닫고
장군님과는 전혀 한 마디 말도 주고받은 적이 없습니다.
어저께 두 사람의 병사를 보내어
금과 비단을 광주리에 넘치도록 담아 가지고 와서,
나와 장군님은 이미 정혼을 하였으니
우리 어머님께서 옛날에 허혼을 한 것이라서
이번에 배를 타고 친영(親迎)을 하러 온 것인데
기일도 되었으니 절대로 거절 말라는 겁니다.
저의 오라버님께서 약간 물어보시더니
큰 소리를 기둥과 주춧돌이 흔들릴 정도의 소리를 지르자,

칼을 빼 드는 자들 수십 명이 있었으니
이리와 호랑이 같은 자들이 많은 무리를 이끌고 온 거지요.
한 번 소리치자 갑자기 모여들어
집 밖의 길가는 사람들을 놀라게 하고,
그들 형세가 어찌나 흉흉한지
날아갈 수가 있다 해도 멀리 가기 어려운 지경이었고,
내가 만약 함께 가지 않는다면
온 집안사람들 놀란 영혼은 당장 죽게 될 판이었습니다.
나 지금 이제는 따라왔으니
장군님께 이것은 어떻게 된 사정인가 여쭙고자 합니다."

여인의 말은 한 마디 한 마디가 창자 속에서 불붙어 나오는 것
　　이었으니,
갑자기 한 손을 내밀어 장군을 부여잡고
다른 한 손으로는 칼집의 칼을 빼려고 하면서 말하였네.
"내 말이 사실인지 거짓인지 당신은 귀로 들었소 못 들었소?
나는 오직 당신을 잡아 고소성(姑蘇城)으로 끌고 가서
순무아문(巡撫衙門)으로 가서 사실대로 고소하여,
서민을 위하여 요순(堯舜) 같은 천자님께 사실을 아뢰도록 요
　　청할 것이오!
예부터 많은 명장들이 청사(靑史)에 향기로운 업적과 이름을
　　남기며
제후(諸侯)로 봉해지고 식읍(食邑)을 받고 돈을 하사받고 비단
　　을 하사받는 등 나라의 은사(恩賜)를 받는 이외에

또 양가의 규수를 약탈한 공로로 포상을 받은 일이 있다는 말
  을 들은 일이 있는가요?
조서를 내리는 궁전은 가까운 곳에 있고 오색구름에 쌓여있어요!
만일 내가 당신에게 시집간다면
당신은 어찌 기쁘지 않겠어요?
그러나 천자의 명이 없다면
절대로 이 분규는 해결할 수가 없습니다!
당신이 만약 저에게 성이 난다면 바로 저를 죽이시지요.
마치 가볍고 간단하게 한 마리의 벼룩이나 모기를 흙먼지 속에
  쳐서 떨어뜨리는 것이나 같은 일 일테니까요!
그러지 않으면 내가 내 칼로 당신의 목숨을 빼앗아
다섯 발걸음 안에 당신의 목 자른 피로 푸른 비단 치마를 흠뻑
  적실 것입니다.
문밖의 긴 방축에는 많은 아가위나무가 서있는데
나무 밑 빈 땅에 내일 호색장군의 무덤을 만들어 드리지요.
살든 죽든 빨리 결정하세요!
어째서 고개를 숙인 채 말없이 서생(書生)처럼 움츠려들어 있
  나요?"

장군은 평일에 군을 우레 소리처럼 큰 소리로 호령하였고
두 팔로는 무려 백근 천근이 넘는 돌을 내던질 힘이 있었으나,
이때엔 얼굴에 죽은 재 무늬가 떠오르고
붉게 술에 취한 것처럼 얼굴빛이 붉디붉어졌네.
장막 아래 건장한 병사들도 분위기가 갑자기 고약해지자

주먹을 쥐고 손톱이나 뜯고 어금니만 깨물고 있었네.
장군이 남의 손에 잡히었으나
갑자기 벗어날 수가 없었으니,
쥐에게 물건 던지려면 옆의 그릇들 조심하라고 한 형편이니
무기를 써서 대항할 수도 없네.
장군은 좌우로 손을 흔들어 그의 부하들을 물러나게 하고
눈으로 여러 손님들 바라보는데 마치 누그러뜨리는 한 마디 말
　　이라도 해달라는 듯한 눈치였네.

여러 손님들의 놀라움이 약간 진정되자
한 사람이 여인에게 읍을 하고 앞으로 나아가 말하였네.
"아가씨의 말씀 들어보니
우리도 화가 나서 머리가 위로 뻗습니다.
그러나 장군님의 본심은
처음부터 이렇게 되기를 바란 것이 아닙니다!
구혼을 한 일은 진실로 있던 일이나
약탈결혼이란 비리야 어찌 저지르겠습니까?
어리석은 아래 사람들이 사리를 몰랐으니
죄는 심부름한 사람들에게 있습니다.
심부름 갔던 두 병사는
명령을 그르쳤으니 반드시 호되게 매질을 당할 것입니다.
이제 다른 말 하지 않고
다시 고향 동리로 돌려보내 드릴 것이며,
장군께서 친히 댁으로 찾아가

웃통을 벗고 매를 자청하며 죽을 죄의 용서를 빌 것입니다.
삼가 변변치 못한 예물을 올리고
어머님께는 따로 맛있는 음식을 마련해 올리겠습니다.
이 일 지나고 나면 안개와 구름 걷히어
하늘에 본시 아무런 흠집도 없듯이 될 것입니다.
아가씨께서 어서 배에 올라 돌아가십시오,
공연한 말 않고 반드시 약속 지키겠습니다!"

여인은 여러 손님들 돌아보면서 웃음을 띠는 한편 눈썹을 찌푸
　　리며 말하였네.
"여러분은 저를 어린 아이로 아십니다!
저분은 지금 크게 실망을 하였는데
거친 성품을 어떻게 다스릴 수 있겠습니까?
산의 귀신이 원수를 찾아 갚으려 할 때에는
지닌 마음이 더욱 악독해집니다.
한탄스러운 것은 전쟁이 일어난 뒤로
곳곳에서 병사들이 백성들을 죽인 것입니다.
백성 죽이기를 적을 죽이듯 하여
그 해독이 온 땅에 넘칩니다.
난릉으로 가는 국도(國道)에는
이런 사람들의 내왕이 빈번하여,
서리가 내리는 저녁에도
비 내리는 아침에도 있습니다.
몇 칸의 우리 집은

바람에 살랑거리는 땔나무 감이나 같고,
우리 집의 몇 식구 목숨은
솥 안의 물고기나 같이 처참한 신세이어서,
손가락 튀기는 사이에 풍파가 일어나기만 하면
눈 깜박 하는 사이에 재가 되고 말 처지입니다.
지금 뒤의 화근(禍根)을 심어놓는다면
마침내는 원귀(冤鬼)가 되고 말 것인데,
염라대왕은 있는지 없는지 모르지만
저승에서 그 누가 원한을 풀어주겠습니까?
천자님께 호소하는 것이 어떻겠습니까?
하늘은 절대로 사사로움이 없을 테니까요.
혹 마침내 악독한 손으로 그를 죽인다면
공론이 자연 진실을 가려줄 것입니다.
내가 여기에 온 것이
사마귀가 두 다리를 벌리고 큰 수레바퀴를 막으려는 것이나 같
　　음을 잘 알지요.
그러나 어찌 목숨을 부지하려고
이 보잘 것 없는 몸 아끼겠습니까?
여러분들의 화해시키려는 말씀은
너무 복잡하여 저는 따르지 못하겠습니다."

여러 손님들이 다시 앞으로 나서며 읍하고 말하였네.
"제발 노여워 마십시오!
장군께선 현명하다는 명성이 대단하시고

명예를 전부터 소중히 여기고 계시며,
오직 한 마음으로 유장(儒將)이 되기를 바라서
가벼운 갖옷과 느슨한 띠를 띠고 근신(謹愼)하고 계십니다.
이번 일이 크게 옳지 못하였음이
하루아침에 소문으로 새롭게 퍼진다면,
모든 사람들이 불만스러운 소리를 낼 것이고
틀림없이 거듭거듭 비난을 하게 될 것인데,
이 추악한 평판은 나온 근거가 있는 것이니
장군께서 변명을 하려해도 입이 움직여지지 않을 것입니다.
깨끗한 백옥에 더러움이 묻으면
돈 몇 문(文)의 가치도 없게 될 것입니다.
잘못을 뉘우친다 해도 어쩔 수가 없고
한스럽게도 얼굴 가릴 수건도 없음 한탄하게 될 것입니다.
강동(江東)의 어르신네들은
장군을 만나게 되면 장군과 친한 것을 부끄러워할 것인데,
하물며 감히 여러 사람들의 노여움을 사면서
화단(禍端)을 일으키며 스스로 혼인을 하겠습니까?
죄를 지고 명교(名敎)를 다 망치게 되어
다시는 사람노릇도 못하게 될 것입니다.
장군께선 범상한 분이 아니시고
사방에서 적과 싸우느라 고난도 많이 겪으셨으며,
큰 재목으로 비록 관중(管仲)이나 악의(樂毅)에 견줄 사람이라
 할 수는 없지만
영웅의 풍도는 조사(趙奢)와 염파(廉頗)에 비길만한 분입니다.

아가씨께서는 올바른 집안의 후손이시니
조정의 용맹스런 신하를 너그러이 용서하시면 다행이겠습니다.
뒷날의 일은 우리 모두의 입으로 보증하겠습니다!
저는 관청 사람이고 저들은 이 고장 유지들입니다."
한꺼번에 무릎을 꿇고 대신 살려줄 것을 빌면서 칭송하였네.
"아가씨는 신선이오 부처님이오 하늘의 신이십니다!"

여인도 여러 손님들의 뜻은 어기기 어렵다는 것을 알고서
말하였네; "저는 여러분들 뜻에 따르겠으니,
여러분들은 앞서 하신 말씀은 잠시 접어두시고,
제게 여러분들이 한 가지 물건을 빌려 주십시오!
제가 듣건대 저 분에게는 백어(白魚)라는 이름의 좋은 말이 있
　　는데
하루 천리를 달리고도 여유가 있다고 하였습니다.
저는 난릉을 출발하여
집을 떠난 지 이미 나흘이 넘었습니다.
늙은 어머님은 괴로워하시면서 늘 대문에 기대어 서계실 것이고
두 오라버님은 마당 가운데에서 손을 잡고 공연한 한숨만 쉬고
　　계실 것입니다.
만약 이 말을 타고 집으로 돌아간다면
오늘 해질 무렵에는 집에 도착하게 될 것입니다.
이제부터는 저도 해어진 움막은 버리고
다른 고장의 도화원(桃花源)에 살 곳을 장만하여
복사꽃 숲 속에서 어머님을 봉양하고

오라버님들 따라서 태공병법(太公兵法)이나 읽을 것이니,
무릉 같은 그 곳은 고기잡이 하는 멍청한 이들은 찾지도 못할
　　곳입니다.
사흘이나 닷새 안으로
살던 집에서 이사를 한 뒤에,
말릉(秣陵)의 장위사에서
말을 돌려드리면 어떻겠습니까?"

장군의 그 말은 자주 타지도 않고 아끼던 것이나
이 상황에서는 오직 여인이 떠나지 않을까 두려운지라
급히 아랫사람 불러 말을 앞으로 끌어오게 하니,
말 네 발목은 눈처럼 희고 귀에는 솜 같은 흰 털이 났네.
여인은 이 말을 한 번 둘러보자
미간에 언 듯 기쁜 빛이 떠올랐네.
그제야 손을 풀어 잡았던 장군의 옷을 놓고
몸은 돌릴 사이도 없이 이미 안장 위에 올라앉네.
한 마디 긴 작별인사를 남기면서 공중을 가르듯 달려가는데
번개 치고 별똥 떨어지듯 가는 곳을 모르게 되네.
여인이 떠나간 뒤 몇 일 동안 군대에는 아무런 소동도 없었고
장군은 군대를 거느리며 호기(豪氣)를 키웠네.
종산(鍾山) 근처 군영(軍營) 주변에서
여러 관원들이 장군을 마중하고 수고를 위로하게 되었는데,
새 포도로 빚은 큰 잔의 술을 권하고
징이며 피리로 음악 연주하며 기뻐 떠드는 소리 요란하였네.

구름 속에서 나온듯한 한 마리 말이 먼지를 날리며 오는데
아무 탈 없는 맑은 빛을 뿜으며 기세 좋게 당도하네.
천금같은 약속을 그대로 실현하니
장군은 고삐를 잡고 이를 맞아 말의 무리 속으로 돌려보냈네.
말은 피 같은 땀을 흘리고 길게 울부짖는데
그 등 위에는 울퉁불퉁 이리저리 꽁꽁 묶은 석 자 높이의 물건이 있는데,
바로 병사들이 전에 갖다 주었던 정혼 예물로
봉해진 채로 조금도 틀림없이 그대로 돌아왔네.
정혼 예물 다 내리자
거기에 또 편지와 칼이 있는데,
칼 빛은 번쩍번쩍 그 날은 불어 날리는 터럭도 잘릴 듯 하네.
장군은 이 때문에 몇일 밤잠을 제대로 이루지 못하였다네.

將軍[2]旣解宣州[3]圍하고, 鐃歌[4]一路行如飛라.
(장군기해선주위 요가일로행여비)

行行東至瀨水[5]上하여, 乃營金屋安玉扉[6]하니,
(행행동지뇌수상 내영금옥안옥비)

步障[7]十重列紈綺[8]하고, 流蘇[9]百結垂珠璣[10]하며,
(보장십중열환기 유소백결수주기)

天吳[11]紫鳳[12]貼地滿하고, 珊瑚玉樹燈相輝라.
(천오자봉첩지만 산호옥수등상휘)

靈觿[13]之柈[14]大螺[15]琖[16]엔, 椒花釀熟羊羔肥라.
(영휴지반대라잔 초화양숙양고비)

坐中貂錦[17]半時貴요, 眼下繁華當世稀라.
(좌중초금반시귀 안하번화당세희)

道是將軍畢婚禮하고, 姬姜[18]舊聘今于歸[19]라.
(도시장군필혼례 희강구빙금우귀)

蘭陵道遠蹇修[20]往할새, 春水吳船憑指揮라.
(난릉도원건수왕 춘수오선빙지휘)

良辰風日最明媚하니, 雪消沙暖晴波翠라.
(양신풍일최명미 설소사난청파취)

雙橋兒女競歡聲하고, 新年梅柳含春意라.
(쌍교아녀경환성 신년매류함춘의)

卓午[21]遙聞鼓吹喧할새, 前津已報夫人至라.
(탁오요문고취훤 전진이보부인지)

將軍含笑下階行하고, 衆客無聲環堵[22]侍라.
(장군함소하계행 중객무성환도시)

綵船剛艤[23]將軍門하니, 船中之女隼入[24]而猱奔[25]이라.
(채선강의장군문 선중지녀준입이노분)

結束雅素謝雕飾하고, 神光綽約[26]天人尊하니,
(결속아소사조식 신광작약천인존)

若非瑤池[27]陪輦[28]之貴主면, 定是璇宮[29]宵織[30]之帝孫이라.
(약비요지배련지귀주 정시선궁소직지제손)

頎[31]身屹[32]以立하니, 玉貌慘不溫이라.
(기신흘이립 옥모참불온)

斂袖[33]向衆客하고 가로되,
(염수향중객)

"來此堂者皆高軒[34]이라.
(내차당자개고헌)

我亦非化外[35]니, 從頭聽我分明言하라!
(아역비화외 종두청아분명언)

我是蘭陵宦家女나, 世亂人情多險阻라.
(아시난릉환가녀 세란인정다험조)

一母而兩兄으로, 村舍聊僻處러라.
(일모이양형 촌사요벽처)

前者冰畦自灌蔬할새, 將軍過之屢延佇[36]로되,
(전자빙휴자관소 장군과지루연저)

提甕還家急閉門하고, 曾無一字相爾汝[37]라.
(제옹환가급폐문 증무일자상이여)

昨來兩材官[38]이러니, 金幣溢筐筥[39]하고,
(작래양재관 금폐일광거)

謂有赤繩繫[40]하니, 我母昔口許라 하고,
(위유적승계 아모석구허)

茲用打槳迎하니, 期近愼勿拒하라 하여
(자용타장영 기근신물거)

我兄稍誰何하고, 大聲震柱礎라.
(아형초수하 대성진주초)

露刃數十輩이, 狼虎紛伴侶로,
(노인수십배 낭호분반려)

一呼遽⁴¹⁾奔集⁴²⁾하여, 户外駭行旅라.
(일호거분집　호외해행려)

其勢殊訌訌⁴³⁾하니, 奮飛難遠擧하고,
(기세수홍홍　분비난원거)

我如不偕來면, 盡室驚魂無死所라.
(아여불해래　진실경혼무사소)

我今已偕來니, 要問將軍此何語니라."
(아금이해래　요문장군차하어)

女言縷縷⁴⁴⁾中腸焚한데, 突前一手揕⁴⁵⁾將軍하되,
(여언루루중장분　돌전일수침장군)

一手有劍欲出且未出하고 가로되;
(일수유검욕출차미출)

"我言是眞是假汝耳聞不聞가?
(아언시진시가여이문불문)

我惟捉汝姑蘇⁴⁶⁾去하여, 中丞⁴⁷⁾臺下陳訴所云云하여,
(아유착여고소거　중승대하진소소운운)

請爲庶人上達堯舜君하리니, 古來多少名將鐘鼎留奇芬⁴⁸⁾하고,
(청위서인상달요순군　고래다소명장종정류기분)

一切封侯食邑賜錢賜絹種種國恩外에, 是否聽其劫掠良閨⁴⁹⁾弱息⁵⁰⁾爲策勳⁵¹⁾고?
(일체봉후식읍사전사견종종국은외　시부청기겁략량규약식위책훈)

詔書咫尺下五雲⁵²⁾하니,
(조서지척하오운)

萬一我嫁汝면, 汝意豈不欣이리오?
(만일아가여 여의기불흔)

不有天子命이면, 斷斷不能解此紛이라!
(불유천자명 단단불능해차분)

汝如怒我則殺我하라! 譬諸么麽[53]細瑣撲落[54]糞土一蚤蝨[55]이리라.
(여여노아즉살아 비저요마세쇄박락분토일조문)

不則我以我劍奪汝命하며, 五步之內頸血立濺青絁[56]裙하리라.
(불즉아이아검탈여명 오보지내경혈립천청시군)

門外長隄無數野棠[57]樹니, 樹下餘地明日與築好色將軍墳하리라.
(문외장제무수야당수 수하여지명일여축호색장군분)

一生一死速作計하라! 奚用俯首不語局促[58]同斯文[59]고?"
(일생일사속작계 해용부수불어국촉동사문)

將軍平日叱咤[60]雷車殷[61]하고, 兩臂發石無慮千百斤이러니,
(장군평일질타뢰거은 양비발석무려천백근)

此時面目灰死紋[62]이오, 頳[63]如中酒顏熏熏[64]이라.
(차시면목회사문 정여중주안훈훈)

帳下健兒騰惡氛하니, 握拳透爪[65]齒皺齦[66]이라.
(장하건아등악분 악권투조치요은)

將軍在人手로되, 倉猝[67]不得分하니,
(장군재인수 창졸부득분)

投鼠斯忌器[68]라, 無計施戈矜[69]이라.
(투서사기기 무계시과근)

將軍左右搖手揮其群하고, 目視衆客似乞片言通殷勤이라.
(장군좌우요수휘기군 목시중객사걸편언통은근)

衆客驚甫定하니, 前揖女公子하고 가로되;
(중객경보정 전읍여공자)

"聆女公子言하니, 怒髮各上指로다.
(영녀공자언 노발각상지)

要之將軍心은, 始願不到此라.
(요지장군심 시원부도차)

求婚固有之나, 簒取[70]敢非理오?
(구혼고유지 찬취감비리)

鹵莽[71]不解事하니, 罪在使人耳라.
(노망불해사 죄재사인이)

若兩材官者는, 矯命必重箠[72]하리라.
(약량재관자 교명필중추)

如今無他言하고, 仍送還鄕里하리다.
(여금무타언 잉송환향리)

將軍親造門[73]하여, 肉袒[74]謝萬死하리다.
(장군친조문 육단사만사)

敬奉不腆儀[75]하고, 堂上[76]佐甘旨[77]하리다.
(경봉부전의 당상좌감지)

事過如煙雲하고, 太空本無滓[78]리라.
(사과여연운 태공본무재)

請卽回舟行이니, 食言如白水[79]로다."
(청즉회주행 식언여백수)

女視衆客笑且顰[80]하고 가로되;
(여시중객소차빈)

"諸君視我黃口侲[81]이로다.
(제군시아황구진)

彼今大失望하니, 野性詎[82]肯馴고?
(피금대실망 야성거긍순)

山魖[83]尋仇讐면, 蓄念愈不仁이라.
(산허심구수 축념유불인)

慨從軍興[84]來로, 處處兵殺民이라.
(개종군흥래 처처병살민)

殺民當殺賊하니, 流毒滋[85]垓垠[86]이라.
(살민당살적 유독자해은)

蘭陵官道上엔, 若輩來往頻하여,
(난릉관도상 약배내왕빈)

不在霜之夕이면, 則在雨之晨이라.
(부재상지석 즉재우지신)

我家數間屋은, 獵獵[87]原上薪이오,
(아가수간옥 엽렵원상신)

我家數口命은, 慘慘[88]釜內鱗[89]이니,
(아가수구명 참참부내린)

彈指[90]起風波면, 轉眼成灰塵이라.
(탄지기풍파 전안성회진)

與其種後禍면, 終作銜哀磷[91]이리니,
(여기종후화 종작함애린)

閻羅知有無나, 夜臺[92]寃誰伸고?
(염라지유무 야대원수신)

何如叫九重[93]고? 天必無私綸[94]이리라.
(하여규구중 천필무사륜)

或竟辣手作이면, 公論自有眞이리라.
(혹경랄수작 공론자유진)

明知我此來는, 螳斧[95]當巨輪이라.
(명지아차래 당부당거륜)

寧猶計瓦全[96]하여, 惜此區區身이리오?
(영유계와전 석차구구신)

諸君調停詞는, 蔓甚[97]我弗遵이리다!"
(제군조정사 만심아불준)

衆客更前揖하고 가로되;
(중객갱전읍)

"請勿變色嗔[98]하라!
(청물변색진)

將軍負賢名하여, 毛羽[99]夙所珍하고,
(장군부현명 모우숙소진)

壹意希儒風하여, 裒帶[100]殊恂恂[101]이라.
(일의희유풍 구대수순순)

此擧大不韙[102]니, 一旦傳聞新하면,
(차거대불위 일단전문신)

萬口鳴不平하여, 可知詈申申[103]이리니,
(만구명불평 가지리신신)

惡聲來有由하여, 欲辨難鼓脣이리다.
(악성내유유 욕변난고순)

白璧自汚之면, 罔値錢一緡[104]이라,
(백벽자오지 망치전일민)

悔過方不遑[105]이니, 恨無障面巾이리라.
(회과방불황 한무장면건)

江東[106]諸父老는, 相見慙相親하리니,
(강동제부로 상견참상친)

況敢犯衆怒하여, 興戎[107]自婚姻이리오?
(황감범중노 흥융자혼인)

得罪名敎[108]盡이리니, 不能復爲人이라.
(득죄명교진 불능부위인)

斯人非尋常하니, 四方戰賊多苦辛이오,
(사인비심상 사방전적다고신)

大才雖非管樂[109]匹이나, 英風猶自奢頗[110]倫[111]이라.
(대재수비관악필 영풍유자사파륜)

女公子旣世家裔[112]니, 幸爲朝廷寬假[113]熊羆臣[114]하라.
(여공자기세가예 행위조정관가웅비신)

他日之事願以百口保요, 某也官府某也鄕縉紳[115]이로라."
(타일지사원이백구보 모야관부모야향진신)

翕然[116]長跪[117]代請命하되; "惟女公子爲仙爲佛爲天神이라!"하니라.
(흡연장궤대청명 유녀공자위선위불위천신)

女知衆客意難拂[118]하고,
(여지중객의난불)

乃曰: "我爲諸君屈하리니,
(내왈 아위제군굴)

諸君前說姑置之면, 我與諸君借一物하리라.
(제군전설고치지 아여제군차일물)

我聞彼有善馬名白魚니, 日行千里猶徐徐라.
(아문피유선마명백어 일행천리유서서)

我之發蘭陵하여, 辭家計已四日餘라,
(아지발난릉 사가계이사일여)

老母痛苦常倚閭[119]하고, 兩兄中庭握手空唏噓[120]라.
(노모통고상의려 양형중정악수공희허)

若乘此馬歸到家면, 加及今日日落初리라.
(약승차마귀도가 가급금일일락초)

自今我亦棄敝廬[121]하고, 卜鄰[122]別有秦人墟[123]하리니,
(자금아역기폐려 복린별유진인허)

桃花林中奉板輿[124]하고, 從兄去讀黃石書[125]하며,
(도화림중봉판여 종형거독황석서)

武陵[126]隔絕癡兒[127]漁하리라.
(무릉격절치아어)

三日五日間에, 我旣遷所居하고,
(삼일오일간 아기천소거)

秣陵[128]蔣尉祠[129]에서, 歸馬其何如오?"
(말릉장위사 귀마기하여)

將軍此馬不數馭[130]로되, 至此惟恐女不去하여,
(장군차마불삭어 지차유공여불거)

急呼從者牽馬前하니, 四足霏霜[131]耳披絮[132]로다.
(급호종자견마전 사족비상이피서)

女一顧此馬하고, 眉宇[133]色差豫[134]라.
(여일고차마 미우색차예)

撒手[135]始釋將軍衣하고, 身未及騰鞍已據하여,
(살수시석장군의 신미급등안이거)

一聲長謝破空行하니, 電掣[136]星流不知處라.
(일성장사파공행 전체성류부지처)

女行數日軍無騷하고, 將軍振旅[137]膽氣豪라.
(여행수일군무소 장군진려담기호)

鍾山[138]之旁營周遭[139]하고, 賓僚迎拜將軍勞할새,
(종산지방영주조 빈료영배장군로)

斗酒勸酤[140]新蒲萄[141]하고, 鉦笳[142]雜奏聲歡呶[143]라.
(두주권조신포도 정가잡주성환노)

雲中匹馬塵甚囂[144]하고, 清光[145]無恙來滔滔[146]하니,
(운중필마진심효 청광무양내도도)

千金一諾[147]券[148]果操[149]라, 將軍迎縶[150]歸其曹[151]라.
(천금일락권과조 장군영집귀기조)

馬汗如血[152]長嘶號로니, 背上有物臃腫拳曲[153]縱橫束
  縛三尺高한대,
(마한여혈장시호 배상유물옹종권곡종횡속박삼척고)

乃是材官當日將去之聘禮니, 封還[154]不失分厘毫라.
(내시재관당일장거지빙례 봉환불실분리호)
聘禮脫盡處에, 薤葉[155]多一刀하니,
(빙례탈진처 해엽다일도)
刀光搖搖其鋒能吹毛라. 將軍坐此[156]幾日夜睡睡不
牢라.
(도광요요기봉능취모 장군좌차기일야수수불로)

註釋 1) 蘭陵(난릉)- 지금의 강소성(江蘇省) 상주시(常州市)에 있던 옛 고을 이름. 2) 將軍(장군)- 태평천국(太平天國)의 난 때 선주(宣州)를 점령했던 난군을 쳐부신 장군, 누구인지는 알 수 없다. 3) 宣州(선주)- 지금의 안휘성(安徽省) 선성(宣城)의 옛 이름. 4) 鐃歌(요가)- 한(漢)대의 군악(軍樂), 악부(樂府) 고취곡(鼓吹曲)으로 18곡이 전해지고 있다. 여기서는 일반적인 군악을 가리킨다. 5) 瀨水(뇌수)-지금의 강소성(江蘇省) 율수현(溧水縣)에 흐르고 있는 율수(溧水). 6) 玉扉(옥비)- 옥으로 만든 화려한 문. 7) 步障(보장)- 병장(屛障), 가리개 병풍. 8) 紈綺(환기)- '환'은 흰 비단; '기'는 무늬가 있는 비단. 9) 流蘇(유소)- 끈목으로 매듭을 맺어 그 끝에 색실로 술을 드리운 것, 수레나 깃발의 가리개나 장식으로 늘어뜨렸음. 10) 璣(기)- 구슬의 일종. 11) 天吳(천오)- 수신(水神) 이름. 호랑이 몸에 사람 얼굴이고 각각 여덟 개의 머리와 발과 꼬리가 있다 한다. 12) 紫鳳(자봉)- 새 몸에 사람 얼굴이며 아홉 개의 머리가 달린 신수(神獸, 『山海經』에 보임). 모두 바닥 깔개에 수놓인 것임. 13) 蠵(휴)- 큰 거북이. 14) 柈(반)- 쟁반, 반(盤). 15) 蠡(라)- 소라, 라(螺)와 통함. 16) 琖(잔)- 옥잔, 술잔, 잔(盞)과 통함. 17) 貂錦(초금)- 담비 갖옷과 비단 옷을 입은 사람들. 귀인(貴人)들. 18) 姬姜(희강)- 귀족 집안의 여자를 가리킴. '희'는 주(周)나라 왕실의 성이고, '강'은 제

(齊)나라 임금의 성임. 19) 于歸(우귀)- 출가하는 것.『시경』주남(周南) 도요(桃夭)시에서 "지자우귀(之子于歸)"라 한데서 나온 말임. 20) 蹇修(건수)- 중매쟁이(「離騷」에 보이는 말). 21) 卓午(탁오)- 정오(正午). 22) 環堵(환도)- 담처럼 빙 둘러서는 것. 23) 艤(의)- 배를 물가에 대는 것. 24) 隼入(준입)- 새매처럼 날쌔게 들어오는 것. 25) 猱奔(노분)- 원숭이처럼 날랜 동작으로 달리는 것. 26) 綽約(작약)- 자태가 아릿따운 것. 27) 瑤池(요지)- 전설 중 서왕모(西王母)가 산다는 곳으로, 곤륜산(崑崙山) 위에 있다 한다. 28) 陪輦(배련)- 수레를 함께 타는 것. 29) 璇宮(선궁)- 직녀(織女)가 살고 있다는 하늘의 궁전. 30) 宵織(소직)- 밤에 길쌈을 하는 것. 31) 頎(기)- 키가 큰 것, 훤칠한 것. 32) 屹(흘)- 우뚝히 선 것, 위로 솟은 것. 33) 斂袖(염수)- 옷소매를 거두다, 몸가짐을 단정히 하는 것을 뜻함. 34) 高軒(고헌)- 높은 수레, 신분이 귀한 사람을 가리킴. 35) 化外(화외)- 조정의 지시를 받지 않는 곳을 가리킴. 36) 延佇(연저)- 오래 서 있는 것. 37) 爾汝(이여)- 너니 나니 하고 친근히 사귀는 것. 38) 材官(재관)- 용감한 병사, 병졸. 39) 筐筥(광거)- 폐물을 담은 광주리, '광'은 네모가 난 것, '거'는 둥근 광주리. 40) 赤繩繫(적승계)- 붉은 실로 매다. 옛날에는 부부가 될 남녀를 신이 붉은 실로 두 사람 발을 함께 매어 인연을 이루게 하였다고 믿었다(李復言『續幽怪錄』). 41) 遽(거)- 갑자기. 42) 坌集(분집)- 모여들다. 43) 訌訌(홍홍)- 형세가 흉흉한 모양. 44) 縷縷(루루)- 한 가닥 한 가닥이, 한 마디 한 마디 모두. 45) 揕(침)- 찌르다, 부여잡다. 46) 姑蘇(고소)- 지금의 강소성(江蘇省) 소주(蘇州). 청대에는 양강총독(兩江總督)은 남경(南京), 강소순무(江蘇巡撫)는 소주에 주재(駐在)하였다. 47) 中丞(중승)- 강소순무(江蘇巡撫)를 가리킴. 옛날에 어사중승(御史中丞)이 있었는데, 청대에는 우부도어사(右副都御史)가 순무(巡撫) 직도 겸하여, 여기서 '순무'를 중승이라 부르고 있는 것이다. 48) 鍾鼎留奇芬(종정류기분)- '종정' 같은 동기(銅器)에 이름이 새겨져

특이한 향기로운 이름이 남다, 명수청사(名垂靑史) 또는 유방천고(留芳千古)의 뜻임. 49) 良閨(양규)- 양가의 규수(閨秀). 50) 弱息(약식)- 약한 여자, 소녀. 51) 策勳(책훈)- 공로에 상을 주는 것, 공로를 드러내는 것. 52) 五雲(오운)- 오색의 상서로운 구름, 황제의 궁전이 있는 곳을 가리킴. 53) 么麽(요마)- 가늘고 작은 것, 보잘 것 없는 것. 54) 撲落(박락)- 뚝 떨어지는 것. 55) 蚤蟁(조문)- 벼룩과 모기. '문'은 문(蚊)과 같은 자. 56) 絁(시)- 비단, 거친 비단. 57) 棠(당)- 아가위나무, 산사나무. 58) 局促(국축)- 불안하여 어쩔줄 모르는 것, 우물쭈물 하는 것. 59) 斯文(사문)- 글공부 밖에 모르는 사람. 60) 叱咤(질타)- 꾸짖다, 호령하다. 61) 殷(은)- 소리가 크게 나는 것. 62) 灰死紋(회사문)- 죽은 재 무늬, 죽은 재 꼴. 63) 頳(정)- 붉은 빛. 64) 熏熏(훈훈)- 얼큰한 것, 불그리한 것. 65) 透爪(투조)- 손톱을 잡아 뜯는 것. 66) 齩齦(요은)- 어금니를 악무는 것. 67) 倉猝(창졸)- 갑자기. 68) 投鼠斯忌器(투서사기기)- 옛날 속담. 쥐에게 물건을 던져 쥐를 쫓으려다가 그릇이나 깰까 겁난다는 뜻. 69) 艾枮(괴간)- 상. '간'은 장자구. 70) 篡取(찬취) 찬달(篡奪). 71) 鹵莽(노망)- 거칠고 야한, 함부로 행동하는 것. 72) 箠(추)- 채찍, 매, 매질을 하다. 73) 造門(조문)- 집을 찾아가다, 방문하다. 74) 肉袒(육단)- 잘못에 대하여 옷을 벗고 매를 쳐주기를 청하는 것. 75) 不腆儀(부전의)- 풍부하지 못한 예물. 76) 堂上(당상)- 노모(老母)를 가리킴. 77) 佐甘旨(좌감지)- 맛있는 음식에 보탬을 주다. 78) 滓(재)- 찌꺼기, 더러운 것. 79) 食言如白水(식언여백수)- 절대로 식언은 하지 않겠다는 뜻. '백수'는 맹세를 할 적에 늘 인용하는 말임(『左傳』僖公 24年). 80) 顰(빈)- 눈살을 찌푸리는 것. 81) 黃口倀(황구진)- 어린 아이. '황구'는 어린 것, '진'은 아이. 82) 詎(거)- 어찌, 어떻게. 83) 山魖(산허)- 산 귀신, 도깨비. 84) 軍興(군흥)- 군사들을 일으키다, 전쟁을 시작하다. 청나라에서 태평군(太平軍)을 토벌한 것을 가리킴. 85) 滋(자)-번지다, 퍼지다. 86) 垓垠

(해은)- 온 땅, 온 천하. 87) 獵獵(엽렵)-바람에 날리는 소리, 바람에 마른 풀이 살랑거리는 것. 88) 慘慘(참참)- 비참한 모양. 89) 鱗(린)- 고기 비늘, 물고기. 90) 彈指(탄지)-손가락을 튀기는 사이, 극히 짧은 사이. 91) 銜哀磷(함애린)- 슬픔을 머금은 귀신, 원귀(寃鬼). '린'은 도깨비불, 귀신을 뜻함. 92) 夜臺(야대)- 분묘, 묘혈(墓穴). 93) 九重(구중)- 구중궁궐(九重宮闕), 임금의 궁전. 94) 私綸(사륜)- 사사로운 이치, 사리(私理). 95) 螳斧(당부)- 버마잽이의 앞찌깨. '당'은 당랑(螳螂), 버마잽이. '부'는 도끼처럼 생긴 앞의 두 팔 같은 찌깨. 『장자(莊子)』 천지(天地)편에 "당비당거(螳臂當車)" 얘기가 보인다. 96) 瓦全(와전)- 계책대로 온전히 이루는 것. 97) 蔓甚(만심)- 쓸데 없는 말이 너무 많은 것. 98) 嗔(진)- 노하다, 성을 내다. 99) 毛羽(모우)- 명성(名聲), 명예. 100) 裘帶(구대)- 가벼운 갖옷에 띠는 느슨히 맨 것을 가리킴. 101) 恂恂(순순)- 성실히 근신하는 모양. 102) 大不韙(대불위)- 크게 옳지 못하다, 매우 옳지 못한 일이라 여기다. 103) 詈申申(이신신)- 거듭거듭 꾸짖는 것, 거듭하여 욕하는 것. 104) 緡(민)- 돈의 단위, 1민은 1000문전(文錢), 동전을 꿰는 실. 따라서 일민(一緡)은 '한 꾸러미의 동전'이라 볼 수도 있다. 105) 不遑(불황)- 겨를이 없다, 어찌할 겨를이 없다. 106) 江東(강동)- 장군의 고향 지방을 가리킴. 107) 興戎(흥융)- 화단(禍端)을 일으키다. 108) 名敎(명교)- 바른 명분과 예교(禮敎). 109) 管樂(관악)- 춘추(春秋)시대 제(齊)나라 환공(桓公) 때의 재상인 관중(管仲)과 전국(戰國)시대 연(燕)나라의 명장인 익이(樂毅), 두 사람은 임금을 잘 보좌한 명장임. 110) 奢頗(사파)- 전국시대 조(趙)나라의 명장인 조사(趙奢)와 염파(廉頗). 111) 倫(윤)- 같은 무리, 같은 종류. 112) 世家裔(세가예)- 훌륭한 집안의 후손. 113) 寬假(관가)- 너그러이 용서하다. 114) 熊羆臣(웅비신)- 무장(武將), 용맹스런 신하. 115) 縉紳(진신)- 사대부, 유명인사. 본시는 넓은 띠에 홀(笏)을 꽂고 있는 벼슬하는 귀한 신분의 사람. 116) 翕然(흡연)- 한꺼번에

움직이는 모양. 117) 長跪(장궤)- 무릎을 꿇는 것. 118) 拂(불)- 거스르다. 119) 倚閭(의려)- 마을 문에 기대어 서있는 것. 딸이 돌아오기를 바라고 있는 것이다. 120) 唏噓(희허)- 탄식하는 소리. 121) 敝廬(폐려)- 해진 움막, 자기 집을 이르는 말. 122) 卜鄰(복린)- 이웃을 골라 살다. 123) 秦人墟(진인허)- 도화원(桃花源)을 가리킴. 도연명(陶淵明)의 「도화원기(桃花源記)」에 의하면 도화원은 진(秦)나라 때의 사람들이 전란을 피하여 와서 살고있는 곳이다. 124) 板輿(판여)- 옛날 사람들이 쓰던 가벼운 수레. 노인들이 늘 이 수레를 타고 다녀, 뒤에는 '부모를 봉양하는 것' 을 뜻하는 말이 되었다. 125) 黃石書(황석서)- 병서(兵書). 한(漢)나라 장량(張良)이 젊었을 적에 하비(下邳)에서 황석공(黃石公)을 만나 『태공병법(太公兵法)』을 전수받았다(『史記』留侯世家). 황석서는 이 책을 말한다. 126) 武陵(무릉)- 자기가 살 곳을 가리킨다. 127) 癡兒(치아)- 바보 아이, 멍청한 아이. 도화원을 찾아갔던 어부를 빗대어 이르는 말임. 128) 秣陵(말릉)- 옛 고을 이름. 지금의 강소성(江蘇省) 남경시(南京市). 129) 장위사(蔣尉祠)- '장위' 는 삼국(三國)시대 오(吳)나라 상사문(將于文), 손권(孫權) 때 말릉위(秣陵尉)가 되었다. 종산(鍾山) 아래에서 죽었는데, 그 곳 토지신(土地神)이 되어 사당에 모셔지고, 종산을 장산(蔣山)이라 고쳐불렀다. 130) 數馭(삭어)- 자주 타다. 131) 四足霏霜(사족비상)- 네 발이 눈과 서리처럼 흰 것. 132) 披絮(피서)- 솜으로 덮여있듯이 하얀 것. 133) 眉宇(미우)- 두 눈썹 사이. 134) 差豫(차예)- 약간 기쁜 모습을 드러내는 것. 135) 撒手(살수)- 손을 놓다, 손을 뿌리치다. 136) 電掣(전체)- 번개가 번쩍 하는 것. 137) 振旅(진려)- 군대를 정비하는 것. 138) 鍾山(종산)- 지금의 남경시(南京市) 중산문(中山門) 밖에 있는 산 이름. 139) 周遭(주조)- 주변(周邊), 주위. 140) 釂(조)- 술잔의 술을 쭉 마시는 것. 141) 蒲萄(포도)- 포도(葡萄). 여기서는 포도로 빚은 술, 포도주. 142) 鉦笳(정가)- 징과 피리, 군에서 쓰는 악기들을 가리킴. 143) 讙呶(환노)- 떠들썩한 것, 시끄러운 것. 144) 塵甚囂(진심효)- 먼지가 일고 매우 시끄러운 것. 145) 淸光(청광)- 백어마(白魚馬)의 맑게 빛나는 광채를 형용한 말. 146) 滔滔(도도)- 큰 강물이 흐르는 모양, 아무런 거침도 없이 움직이는 모양. 147) 千金一諾(천금일락)- 한 번의 약속을 귀중히 여기는 것. 148) 券(권)- 계약, 약속. 149) 果操(과조)- 마침내 실행하는 것. 150) 縶(집)- 말 굴레, 말을 가리킴. 151) 曹(조)- 무리, 말의 무리. 152) 馬汗如血(마한여혈)- 말의 땀이 피 같다, 한(漢)대에 서역(西域) 대완국(大宛國)에서 천리마(千里馬)를 들여왔는데, 붉은 피 같은 땀을 흘렸다 한다. 153) 臃腫拳曲(옹종권곡)- 불룩불룩하고 이리저리 굽은 것. 154) 封還(봉환)- 잘 봉하여 돌려보내는 것. 155) 薤葉(해엽)- 부추 잎, 편지를 이르는 말. 옛날에 글씨 모양을 부추 잎에 비유한데서 유래한 말(梁 庾肩吾『書品序』). 156) 坐此(좌차)- 이로 인하여, 이 일 때문에.

(解說) 이 시는 김화의 대표작으로 알려진 1500여 자의 장편 시이다. 청나라 말엽 전란으로 어지러운 시대에 권세가 하늘을 찌르는 한 장군의 횡포에 맞서 싸워 이긴 난릉의 여인 얘기이다. 이 시에 등장하는 인물이며 분위기 모두 가장 중국적이라 할 수 있다.

 시가 너무 길어 이해하기 쉽지 않을 것 같아 여러 단락으로 나누어 놓았다. 좀 더 내용을 파악하기 쉬우리라 믿는다.

··· **작가 약전**(略傳) ···

왕개운(王闓運, 1832-1916) 자는 임추(壬秋), 또는 임보(壬父), 호는 상기(湘綺), 호남성(湖南省) 상담(湘潭) 사람이다. 향시(鄕試)에 급제하여 거인(擧人)이 된 뒤 태평천국(太平天國)의 난이 일어나자, 증국번(曾國藩)의 평정군으로 들어가 활약하였고, 뒤에는 사천성(四川省)으로 들어가 여러 곳에서 강학(講學)을 하였다. 청 말에 한림원(翰林院) 검토(檢討)가 되기도 하였고, 신해혁명(辛亥革命) 뒤에는 청 사관(淸史館) 관장을 한 일도 있다. 시문으로 알려졌고, 문집으로 『상기루전집(湘綺樓全集)』을 남기고 있다.

원명원사(圓明園[1]詞)

진(秦)대의 의춘원(宜春園) 같은 궁성 안에는 반딧불이 날고 있고
한(漢)대의 건장궁(建章宮) 장락궁(長樂宮) 같은 궁전 옆엔 열 아름의 버드나무 늙었네.
이궁(離宮)은 옛날부터 놀고 즐길 때 쓰던 것이었는데

황제의 거처가 어찌하여 또 교외(郊外)에 있게 되었는가?
옛 서호(西湖)의 맑고 파란 물은 연(燕) 계(薊) 지방에 흐르고 있고,
세마구(洗馬溝) 고량수(高粱水)가 흐르는 지역은 유목(遊牧)의 고장이네.
명(明) 초에는 북쪽 번진(藩鎭)이었고 옛날 원(元)나라 도읍이었던 이 곳은
호수 옆 서산(西山)이 제왕이 일어나는 기운을 안고 있는 고장이네.
이곳 길거리를 이는 먼지로 하늘까지도 어둑어둑 해지도록 만들고는
북극성(北極星) 같은 천자께서 북두성(北斗星) 모양의 북경(北京)으로 옮겨오신 때문이네.
밭도랑 물에 메이고 더럽혀져 썩은 땅이 된 곳도 있어
궁정에 어울릴 샘물의 근원을 찾아 나서서,
맑은 물이 고여 있는 단릉반(丹稜沜)을 겨우 찾아
강희황제(康熙皇帝)께서 언덕이 진 곳에 먼저 창춘원(暢春園)을 만들었네.

창춘원의 풍광은 남원(南苑)보다 빼어나서
천자께서 수레를 타고 납시어 늘 잔치하고 놀았네.
땅의 신령께서는 옛 옹산호(甕山湖)를 아끼지 않으시어
그 자리에 천자께서 다시 원명전(圓明殿)을 지어 액자를 달게 하셨네.

원명전은 처음엔 세자였던 옹정제(雍正帝)에게 내려졌기 때문에,
옹정제는 뒤에 이 곳으로 다시 돌아와 교외의 이궁(離宮)으로 건설하였네.
열여덟 개의 대문이 구불구불한 호수 물 따라 세워지고
그 속에 일곱 기둥 전전(正殿)이 큰 소나무들 옆에 이룩되었네.
사십경(四十景)에는 모두 호수 따라 경치 감상하는 장랑(長廊)이 세워지고
산과 바위는 울쑥불쑥 솟아 바람은 그 밑에서만 일고 있네.
감천궁(甘泉宮)처럼 피서를 하다가 그대로 계속 머물러 있게도 되었고,
이궁에 천자를 따라온 사람들은 사냥을 즐기기도 하였네.
건륭황제(乾隆皇帝)께서 왕위를 계승하여 전성시대를 이루니
온 천하 태평하여 황제께서 놀러 나오시기 고대하였네.
행행(行幸)하다가 머물던 안란원(安瀾園)·첨원(瞻園)·사자림(獅子林)·소유천원(小有天園)을 감상하시고
화공(畵工)에게 그 곳 경치를 그리게 하여 갖고 와서 똑같은 경치를 원명원에 만들었네.
누가 강남 풍경 빼어난다 하였는가?
천지를 축소시켜 옮겨다 놓아 임금님 품안에도 모두 있게 된 것을!

당시의 천자께서는 주(周) 문왕(文王)의 영유(靈囿)처럼 만들고자 한 것이니
노대(露臺)를 만드는 것 같은 적은 경비야 셈이나 했겠는가?

3. 청 말엽의 시 | 307

부지런히 안일하게 지내지 않고 교만하고 사치스런 생각을 경
　　계하셨으나
가경황제(嘉慶皇帝)가 공경스럽고 검소하지 않을 줄이야 어찌
　　알았으랴?
도광황제(道光皇帝)에 와서는 가을 사냥의 의식도 그만두게 되
　　었고,
요상한 병란(兵亂)의 기운이 어느덧 남북으로 전파되고 있었네.
관리들의 정치가 문란해지자 백성들은 곤경에 빠지고
큰 고래 같은 서양 전함이 물결 헤치고 나타나자 바다 물결도
　　말라 버렸네.
도광(道光)·함풍(咸豊)의 이재(理財) 관리들은 비로소 놀라며
　　재정을 걱정하여
천자의 행궁(行宮)을 팔아 자금 유통을 도우려 하였네.

오십년 전의 일 골똘히 생각해보니
땔나무 곁에 불을 두어 이미 불이 타 올은 셈이네.
태평천국(太平天國)의 군대가 북경을 침범하려 하였고
협기(俠氣) 있는 난군들은 탐관오리를 찾아 죽였네.
이때 함풍황제(咸豊皇帝)는 걱정스럽고 위태로운 실성을 일고
칙명(勅命)으로 세 신하를 뽑아 군대를 나가 돌보도록 하였는데,
황제의 궁전에는 앞자리에 앉아 시중해주는 이도 없게 되었으니
황제는 교외의 재궁(齋宮)으로 나가 제단 앞에서 한을 품고 어
　　려운 백성들을 위하여 곡하였네.
해마다 천자의 수레 다니던 길 위에는 봄풀만이 자랐고

모든 것들이 가슴 아프게 하니 아름다운 꽃과 새조차도 슬프게 하네.
이쁜 여인들과 투호(投壺)나 하며 억지로 웃고 노래하고
금 술잔 던져주며 술 권하기를 저녁부터 새벽까지 이어 하네.
함풍황제는 원명원의 사철 풍경 좋아하여 교외로 나와 지내다가
동지(冬至)가 되어서야 궁전 안으로 들어가서는 또 봄이 시작되기를 바랐네.
날씬한 네 명의 궁녀가 천자의 수레 따라다니며
한 밤이 다가도록 궁관(宮館) 문 드나들었네.
함풍황제의 궁녀들은 한(漢)나라 때 최씨(崔氏) 머리 쪽을 흉내 내었고,
황후께서는 한나라 선왕(宣王)의 강후(姜后)처럼 귀고리 떼어 놓고 임금 잘못을 간하였네.
황제의 수레가 다니던 길에 외국 군대가 쳐 들어와 곧 슬퍼해야 하게 되있는데
따져볼 사이도 없이 황제께서 돌아가시어 동치(同治)황제가 즉위하셨네.
황제가 열하(熱河)에서 돌아가시어 활과 칼만이 한을 안고 공연히 돌아왔는데,
교외의 원명원은 한 자루 햇불에 타 연기되어 날아가 버렸네.

옥 같은 샘물 슬프게 오열하고 곤명호(昆明湖)는 메워졌는데
오직 구리로 만든 외뿔소 만이 가시덤불 지키고 있네.
청지수(靑芝岫) 안에서는 밤이면 여우가 울고 있고

수의교(繡漪橋) 아래에서는 물고기가 부질없이 울고 있네.
복원문(福園門) 지키던 늙은 태감(太監)은 어떤 사람인가?
일찍이 조정의 반열(班列)에 끼어 황제를 받들던 이라고 하는데,
옛날에는 시끄러워 조정의 귀한 이들 오는 것 싫어했으나
지금 와서는 쓸쓸하여 놀러 오는 사람도 좋아한다네.
놀러오는 사람 시절과 조정의 귀한 이들의 시절이 적적하고 시
　　끄러운 것이 달라졌지만
우연히 오는 사람들 중엔 다시는 글 잘하는 관원은 없는 형편
　　되었다네.
현량문(賢良門)은 닫쳐지고 부서져 벽돌 조각만이 남았고
광명전(光明殿)은 불에 타 무너진 벽이나 찾아야 했네.

함풍황제는 새로이 청휘당(淸輝堂)을 지었는데
전호(前湖) 가까이의 새벽빛을 받아들이기 위해서였네.
요상하게 황제의 꿈에 원신(園神)이 나타났는데 이품(二品)의
　　벼슬도 마다하고 떠나버렸다 하고,
불교의 나라를 본떠 지은 사위성(舍衛城) 등도 부서져 사방으
　　로 흩어졌네.
호수 속에는 창포와 피가 쑥쑥 자라있고
섬돌 앞에는 쑥대가 버석버석 소리 내고 있네.
말라죽은 나무에 다시 솟은 움은 땔나무 감으로 훔쳐가고
헤엄치는 물고기는 잠시 뛰어올라보기도 하지만 그물이 던져
　　져 놀라네.
그밖에 개운루월대(開雲鏤月臺)가 있는데

태평성대의 강희(康熙)·옹정(雍正)·건륭(乾隆)의 세 황제가
　　함께 오셨던 곳이네.
그 곳에 어지러이 대나무가 이끼를 뚫고 솟아나고
봄꽃이 이슬에 젖어 눈물 흘리듯 피는 것 보지 못하게 될 줄이
　　야 어찌 알았으랴!
평호(平湖) 서쪽으로 가면 건물과 정자들이 있는데
벽에는 멋진 필체로 연이어 글이 적혀 있었네.
황금 사다리에는 한 걸음 한 걸음 연꽃을 피웠다는 미인들이
　　걸어갔을 것이고,
푸른 창 앞에는 곳곳이 눈썹까지도 화장한 미인들이 있었으리라!

옛날 함풍황제가 영불(英佛) 군대의 침입으로 갑자기 낙타를
　　타고 열하(熱河)로 도망갈 때
숙직하는 궁녀들과 여관(女官)들도 남겨놓은 채,
갈잎피리 짧게 부는 소리 들으며 가을 달 따라가면서
콩죽으로 허기 달래며 열하를 향해 가야만 하였네.
북경의 상동문(上東門)이 열리어 영불 연합군 장교들이 들어
　　오자
바로 왕공(王公)들은 영접하느라 길가에 늘어서게 되었고,
적군이 옹문(雍門)의 가래나무에 불을 지르기도 전에
이 원명원은 불에 타 버렸네.
봉도(蓬島)를 지키던 한 외로운 신하 문풍(文豐)만이 가련하니
그는 고결한 뜻을 지키고자 굴원(屈原)처럼 복해(福海)에 몸을
　　던졌네.

승상(丞相)들은 적병을 피한 뒤 사절(使節) 표시를 갖고 그들을
　　맞아들였는데,
낮은 사람들은 적을 막다가 문 앞에서 죽었네.
지금까지도 복해에는 원한이 바다처럼 깊으니
신주(神洲)라는 이 땅에 아직도 신이 있다고 누가 믿겠는가?

백 년 동안에 이루어지고 무너진 것이 얼마나 갑작스런 일이었
　　는가?
온 세상이 황폐해지고 부서져서 눈앞에 있는 듯 하네.
단봉성(丹鳳城)이나 자금성(紫禁城)으로도 돌아갈 수 있을 터
　　인데
강남의 제비가 돌아와 숲 속 나무에 집을 지었다는 얘기를 듣
　　게 될 줄이야!
무너진 건물과 기울어진 집터를 그대들 잘 보게!
어렵고 위태로워져야 나라의 중흥이 어렵다는 것을 비로소 알
　　게 되네.
어사(御史) 중에 원명원의 보수를 말하였다가 징계를 받은 이
　　가 있으니,
환관(宦官)을 보내어 비단을 짜오도록 하지 말아야 하네!
비단은 공연히 강남의 부세(賦稅)만 다 짜내어 소비하게 되고,
원앙 무늬나 용 발톱의 무늬는 새것에 옛것들이 섞이게 될 다
　　름이네.
궁성문의 결채(結綵)를 전체적으로 늘인다 하더라도
옛날 서호(西湖) 둘레 길가의 아름다움만 하겠는가?

서호의 땅은 땅이 척박하기 순하(郇瑕)와 비슷하여

명(明)대에 무청후(武淸侯)가 잠시 그곳에 살았는데 바로 집안이 망했네.

오직 물고기 잡고 벼를 심어 백성들의 이익이 되도록 하여야 할 곳이니,

버드나무에 꾀꼬리 날며 궁원의 꽃과 아름다움 다투도록 하지 말아야 했네.

글 짓는 문신이 도성(都城)을 논하는 부의 뜻을 알겠는가?

수레 앞 손잡이 끌어서는 낙양(洛陽)으로 놀러 나가는 황제의 수레는 못 움직이네.

한(漢)나라 사마상여(司馬相如)도 부질없이 상림부(上林賦) 읊었으니

좋은 때 만나지 못하면 공연히 스스로만 탄식하게 되네.

宜春苑[2]中螢火飛[3]하고, 建章[4]長樂柳十圍[5]라.
(의춘원중형화비 건장장락유십위)

離宮[6]從來奉游豫[7]니, 皇居那復在郊圻[8]리오?
(이궁종래봉유예 황거나부재교기)

舊池[9]澄綠流燕薊[10]하고, 洗馬[11]高粱游牧地라.
(구지징록유연계 세마고량유목지)

北藩[12]本鎭故元都요, 西山[13]自擁興王氣라.
(북번본진고원도 서산자옹흥왕기)

九衢[14]塵起[15]暗連天하니, 辰極星[16]移北斗[17]邊이라.
(구구진기암련천 진극성이북두변)

3. 청 말엽의 시 | 313

溝洫[18]塡淤成斥鹵[19]하여, 宮庭映帶[20]覓泉原이라.
(구혁전어성척로 궁정영대멱천원)

渟泓[21]稍見丹棱沜[22]하니, 陂陀[23]先起暢春園이라.
(정홍초견단릉반 파타선기창춘원)

暢春風光秀南苑[24]하니, 蜺旌[25]鳳蓋[26]長游宴이라.
(창춘풍광수남원 예정봉개장유연)

地靈不惜邕山湖[27]하여, 天題[28]更刱圓明殿이라.
(지령불석옹산호 천제갱창원명전)

圓明始賜在潛龍[29]이러니, 因回邸第[30]作郊宮이라.
(원명시사재잠룡 인회저제작교궁)

十八籬門[31]隨曲澗하고, 七楹正殿[32]倚喬松이라.
(십팔리문수곡간 칠영정전의교송)

軒堂四十[33]皆依水요, 山石參差[34]盡亞風이라.
(헌당사십개의수 산석참치진아풍)

甘泉[35]避暑因留蹕[36]하고, 長楊[37]扈從[38]且弢弓[39]이라.
(감천피서인류필 장양호종차도궁)

純皇[40]纘業[41]當全盛하니, 江海無波待游幸이라.
(순황찬업당전성 강해무파대유행)

行所[42]留連[43]賞四園[44]하고, 畫師寫放[45]開雙境[46]이라.
(행소류련상사원 화사사방개쌍경)

誰道江南風景佳오? 移天縮地在君懷라.
(수도강남풍경가 이천축지재군회)

當時只擬成靈囿[47]니, 小費何曾數露臺[48]리오?
(당시지의성령유 소비하증수로대)

殷勤[49]毋佚[50]箴[51]驕念이러니, 豈意元皇[52]失恭儉이리오?
(은근무일잠교념 기의원황실공검)

秋獮[53]俄聞罷木蘭[54]하고, 妖氛[55]暗已傳離坎[56]이라.
(추선아문파목란 요분암이전리감)

吏治陵遲[57]民困痡[58]하니, 長鯨[59]跋浪[60]海波枯라.
(이치릉지민곤부 장경발랑해파고)

始驚計吏[61]憂財賦하여, 欲賣行宮助轉輸[62]라.
(시경계리우재부 욕매행궁조전수)

沈吟[63]五十年前事[64]하니, 厝[65]火薪邊然[66]已至라.
(침음오십년전사 조화신변연이지)

揭竿[67]敢欲犯阿房[68]하고, 探丸[69]早見誅文吏라.
(게간감욕범아방 탐환조견주문리)

此時先帝[70]見憂危히고, 詔選三臣[71]出視師[72]나,
(차시선제견우위 조선삼신출시사)

宣室[73]無人侍前席하고, 郊壇[74]有恨哭遺黎[75]라.
(선실무인시전석 교단유한곡유려)

年年輦路[76]看春草하고, 處處傷心對花鳥라.
(연년련로간춘초 처처상심대화조)

玉女[77]投壺[78]强笑歌하고, 金杯擲酒連昏曉라.
(옥녀투호강소가 금배척주연혼효)

四時景物愛郊居하여, 玄冬[79]入內望春初라.
(사시경물애교거 현동입내망춘초)

裊裊[80]四春[81]隨鳳輦하고, 沈沈[82]五夜[83]遞銅魚[84]라.
(요뇨사춘수봉련 침침오야체동어)

內裝[85]頗學崔家髻[86]요, 諷諫頻除姜后珥[87]라.
(내장파학최가계　풍간빈제강후이)

玉路[88]旋悲車轂鳴[89]하고, 金鑾[90]莫問殘鐙事[91]라.
(옥로선비거곡명　금란막문잔등사)

鼎湖[92]弓劍恨空還하니, 郊壘[93]風煙一炬間이라.
(정호궁검한공환　교루풍연일거간)

玉泉[94]悲咽昆明[95]塞하고, 惟有銅犀[96]守荊棘이라.
(옥천비열곤명색　유유동서수형극)

靑芝岫[97]裏狐夜啼하고, 繡漪橋[98]下魚空泣이라.
(청지수리호야제　수의교하어공읍)

何人老監[99]福園門고? 曾綴[100]朝班[101]奉至尊으로,
(하인로감복원문　증철조반봉지존)

昔日喧闐[102]厭朝貴[103]터니, 於今寂寞喜游人이라.
(석일훤전염조귀　어금적막희유인)

游人朝貴殊喧寂[104]하고, 偶來無復金閨客[105]이라.
(유인조귀수훤적　우래무부금규객)

賢良門[106]閉有殘磚하고, 光明殿[107]毁尋頹壁이라.
(현량문폐유잔전　광명전훼심퇴벽)

文宗新構淸輝堂[108]하니, 爲近前湖[109]納曉光이라.
(문종신구청휘당　위근전호납효광)

妖夢[110]林神辭二品하고, 佛城舍衛[111]散諸方이라.
(요몽림신사이품　불성사위산제방)

湖中蒲稗[112]依依[113]長하고, 階前蒿艾[114]蕭蕭[115]響이라.
(호중포패의의장　계전호애소소향)

枯樹重抽[116]盜作薪하고, 游鱗暫躍驚逢網이라.
(고수중추도작신　유린잠약경봉망)

別有開雲鏤月臺[117]하니, 太平三聖[118]昔同來러라.
(별유개운누월대　태평삼성석동래)

寧[119]知亂竹侵苔出고? 不見春花泣露開라.
(영지란죽침태출　불견춘화읍로개)

平湖[120]西去軒亭在하니, 題壁[121]銀鉤[122]連倒薤라.
(평호서거헌정재　제벽은구연도해)

金梯[123]步步度蓮花[124]하고, 綠窓[125]處處留嬴黛[126]라.
(금제보보도련화　녹창처처유라대)

當時[127]倉卒動鈴駝[128]하여, 守宮上直[129]餘嬪娥[130]라.
(당시창종동령타　수궁상직여빈아)

蘆笳[131]短吹隨秋月이러니, 豆粥[132]長飢望熱河라.
(노가단취수추월　두죽장기망열하)

上東門[133]開胡雛[134]過하니, 正有王公班道左[135]라.
(상동문개호추과　정유왕공반도좌)

敵兵未熱[136]雍門萩[137]러니, 牧童[138]已見驪山火라.
(적병미열옹문추　목동이견여산화)

應憐蓬島[139]一孤臣[140]이니, 欲持高絜[141]比靈均[142]이라.
(응련봉도일고신　욕지고결비령균)

丞相[143]避兵生取節[144]이나, 徒人[145]拒寇死當門이라.
(승상피병생취절　도인거구사당문)

卽今福海[146]寃如海하니, 誰信神州[147]尚有神이리오?
(즉금복해원여해　수신신주상유신)

百年成毁[148]何怱促[149]고? 四海荒殘如在目이라.
(백년성훼하총촉 사해황잔여재목)

丹城紫禁[150]猶可歸어늘, 豈聞江燕巢林木[151]고?
(단성자금유가귀 기문강연소림목)

廢宇傾基君好看하라! 艱危始識中興難이라.
(폐우경기군호간 간위시식중흥난)

已懲[152]御史言修復하니, 休遣中官[153]織錦紈하라!
(이징어사언수복 휴견중관직금환)

錦紈[154]枉竭江南賦[155]요, 鴛文龍爪[156]新還故라.
(금환왕갈강남부 원문용조신환고)

總饒[157]結綵[158]大宮門이나, 何如[159]舊日西湖路[160]아?
(총요결채대궁문 하여구일서호로)

西湖地薄[161]比郁瑕[162]니, 武淸[163]暫住已傾家라.
(서호지박비순하 무청잠주이경가)

惟應魚稻資民利니, 莫敎鶯柳鬪宮花[164]하라!
(유응어도자민리 막교앵류투궁화)

詞臣詎[165]解論都賦리오? 挽輅[166]難移幸雒車[167]라.
(사신거해논도부 만핵난이행락거)

相如[168]徒有上林頌하니, 不遇良時空自嗟라.
(상여도유상림송 불우량시공자차)

註釋) 1) 圓明園(원명원)- 북경의 만수산(萬壽山) 동쪽에 있는 청나라 황실의 화원(花園). 강희(康熙) 48년(1709)에 짓기 시작하여 건륭(乾隆) 9년에 기본이 완성되었고, 이후로도 억만의 경비를 드려 수건(修建)

하였다. 그러나 함풍(咸豊) 10년(1860) 영불(英佛) 연합군이 북경에 쳐들어왔을 적에 불에 타버렸다. 이후로도 약탈과 파괴가 이어져 지금까지 폐허인 채로 공원으로 보존되고 있다. 동치(同治) 10년(1871) 작자가 이 곳을 찾았다가 이 시를 지었다. 시 앞머리에는 서수균(徐樹均)의 서문이 있으나 편폭이 너무 길어 번역하지 않았다. 2) 宜春苑(의춘원)- 진(秦)나라 때 황궁 동편에 있던 궁원(宮苑) 이름. 원명원에 견주어 말한 것임. 3) 螢火飛(형화비)- 반딧불이 날게 되다, 황폐해진 것을 뜻함. 4) 建章(건장)- 장락(長樂)과 함께 한(漢)나라의 궁전 이름. 모두 장안(長安)에 있었으나 역시 원명원을 비겨 말한 것임. 5) 柳十圍(유십위)- 버드나무가 열 아름이나 되다. 세월이 많이 흘렀음을 뜻함. 6) 離宮(이궁)- 정궁(正宮) 이외의 별궁(別宮). 7) 游豫(유예)- 놀며 즐기는 것. 8) 郊圻(교기)- 황성(皇城)의 교외. '기'는 기(畿)와 통함. 9) 舊池(구지)- 서호(西湖), 원명원은 서호로 둘러싸여 있는데, '구지'라고도 불렀다(『水經注』). 10) 燕薊(연계)- 북경을 가리킨다. 춘추(春秋)시대 연(燕)나라는 도성이 계(薊, 지금의 北京 서남지역)에 있었다. 11) 洗馬(세마)- 고량(高粱)과 함께 강물 이름. 서호의 물이 동쪽으로 흘러 세마구(洗馬溝)가 되고 다시 동남쪽으로 흐르면서 고량하(高粱河)에 합쳐진다. 12) 北藩(북번)- 북경은 명(明)대 초기에는 성조(成祖) 주체(朱棣)의 봉지(封地)였는데 뒤에 수도를 그 곳으로 옮겼고, 원(元)나라 때에는 나라의 수도(首都)였다. 13) 西山(서산)- 지금의 북경 서쪽 교외에 있는 산들의 총칭(總稱). 14) 九衢(구구)- 사통팔달(四通八達)하는 길, 북경의 거리를 가리킴. 15) 塵起(진기)- 명 초에 혜제(惠帝)가 여러 번왕(藩王)들의 권세를 빼앗으려 하자 연왕(燕王) 주체(朱棣)가 군사를 일으키고 남하하여 그 일을 꾀한 자들을 처단하였는데, 이를 정난지역(靖難之役)이라 부른다. 이 구절은 이 사건을 뜻한다. 연왕은 곧 스스로 왕위에 올라 성조(成祖, 永樂帝)가 되고 수도를 남경(南京)으로부터 북경으로 옮긴다. 16) 辰極星(진극성)- 북극성, 황제를 상징함. 17)

北斗(북두)- 북경을 상징함.　18) 溝洫(구혁)- 밭도랑. 들판에 흐르는 물.　19) 斥鹵(척로)- 썩고 소금끼가 있는 땅.　20) 暎帶(영대)- 비쳐주고 둘러싸 주는 것, 강물과 호수가 궁정에 잘 어울리는 것.　21) 渟泓(정홍)- 물이 많이 고요히 고여있는 것.　22) 丹棱沜(단릉반)- 호수 이름. 명대 무청후(武淸侯) 이위(李偉)의 청화원(淸華園)이 있던 곳이며, 강희(康熙)황제도 서쪽 교외로 놀러 나와 이곳에 머물고 다시 창춘원(暢春園)을 여기에 만들었다 한다.　23) 陂陀(파타)- 지세가 울퉁불퉁 한 것.　24) 南苑(남원)- 북경 영정문(永定門) 밖에 있는 명나라 성조가 건설한 정원으며, 남해자(南海子)라고도 부른다.　25) 蜺旌(예정)- 천자의 깃발, 오색(五色) 우모(羽毛) 장식이 무지개 빛을 띄워 그렇게 부른다.　26) 鳳蓋(봉개)- 수레 지붕을 봉황새 무늬로 장식한 것.　27) 甕山湖(옹산호)- 옹산은 옹산(甕山)이라고도 하며 지금의 만수산(萬壽山). '옹산호'는 서호(西湖)를 가리키는데, 수원이 옹산에 있기 때문에 그렇게 부른다.　28) 天題(천제)- 천자가 액제(額題)를 쓰는 것. 강희황제가 원명(圓明)이라는 액제를 썼다. 이 '창춘원'을 바탕으로 원명원이 만들어진 것이다.　29) 潛龍(잠룡)- 황자(皇子)를 가리킨다. 여기서는 제위에 오르기 전의 옹정(雍正)황제를 가리킨다.　30) 因回邸第(인회저제)- 그래서 이곳 궁전으로 되돌아와 옹정황제는 강희황제가 납시던 곳이라 하여 쓰지 않고 있다가, 황제가 된 다음 옹정 3년(1725)에야 다시 개수를 하고 피서청정(避暑聽政)하는 교궁(郊宮)으로 사용하였다.　31) 籬門(이문)- 행궁(行宮)의 문.　32) 七楹正殿(칠영정전)- 앞에 일곱 기둥이 있는 궁전, 원 안에 있던 정대광명전(正大光明殿)을 가리킨다.　33) 軒堂四十(헌당사십)- 원명원 안에는 사십경(四十景)이 있었는데, 모두 물가에 풍경을 감상할 장랑(長廊)과 건물이 세워져 있었다.　34) 參差(참치)- 들숭날숭 한 것.　35) 甘泉(감천)- 진(秦) 한(漢)대의 이궁(離宮) 이름, 원명원을 가리킨다.　36) 留蹕(유필)- 황제의 수레가 머무는 것.　37) 長楊(장양)- 역시 진·한대의 이궁 이름, 원명원을 가리킴. 38) 扈從(호종)- 황제의 출행에 수행하는 사람들. 39) 弢弓(도궁)- 활집과 활, 활을 들고 사냥도 즐겼다는 뜻. 40) 純皇(순황)- 고종(高宗) 건륭(乾隆)황제의 시호(諡號). 41) 纘業(찬업)- 선제(先帝)의 사업을 계승하는 것. 42) 行所(행소)- 황제가 행행(行幸)하는 곳. 건륭황제가 강남 지방을 유람한 것을 가리킨다. 43) 留連(유련)- 노는데 정신이 팔리어 돌아갈 생각도 않는 것. 44) 四園(사원)- 해녕(海寧)의 안란원(安瀾園)·강녕(江寧, 南京)의 첨원(瞻園)·전당(錢塘, 杭州)의 소유천원(小有天園)·오현(吳縣, 蘇州)의 사자림(獅子林)의 네 곳 강남의 경치가 뛰어난 정원. 45) 寫放(사방)- 모방하여 그리는 것, 그대로 베끼는 것. 46) 雙境(쌍경)- 한 쌍이 되는 경치. 건륭황제는 강남의 유명한 네 정원의 설계와 풍경을 화공에게 그리게 한 다음 북경으로 돌아와 원명원 안에 그것들과 똑같은 풍경의 정원을 건설케 하였다. 47) 靈囿(영유)- 주(周)나라 문왕(文王)이 사냥을 즐기던 원림(園林), 천자가 백성들과 함께 즐기는 원림을 가리킴(『詩經』靈臺). 48) 露臺(노대)- 양대(凉臺). 49) 殷勤(은근)- 무지런히 힘쓰는 것. 50) 卌佚(부일)- 번이 놀면서 시내시 잃는 것. 51) 箴(잠)-교훈을 따라 경계하는 것. 52) 元皇(원황)- 인종(仁宗) 가경(嘉慶)황제를 가리킴. 53) 秋獮(추선)- 가을 사냥. 54) 木蘭(목란)- 지금의 하북성(河北省) 위장현(圍場縣) 경계에 있던 사냥터 이름. 청대에는 강희(康熙)·옹정(雍正)·건륭(乾隆)·가경(嘉慶) 연간에 걸쳐 황제들은 가을이 되면 신하들을 거느리고 목란으로 가서 사냥을 하는 습관이 있어 이를 '목란추선(木蘭秋獮)'이라 하였다. 그러나 도광(道光) 이후로는 나라 안팎으로 어려운 일이 연이어 일어나 이 행사를 중지하였다. 55) 妖氛(요분)- 요상한 기운. 내란을 가리킨다. 56) 離坎(이감)-『역경』설괘전(說卦傳)에 의하면 '이'는 남쪽, '감'은 북쪽을 가리킨다. 가경(嘉慶)연간부터 백련교(白蓮敎)·천리교(天理敎)의 난 등이 일어나기 시작하여 도광(道光)연간에 와서는 아편전쟁(阿片戰爭, 1838-1843)·태평천국(太平天

國)의 난(1850-1864) 등이 일어난 것을 뜻한다. 57) 陵遲(능지)-무너지는 것. 58) 困痡(곤부)- 곤경에 빠지고 병이 나는 것. 59) 長鯨(장경)- 큰 고래, 서양 배를 가리킴. 60) 跋浪(발랑)- 물결을 헤치고 오는 것. 61) 計吏(계리)- 진(秦)·한(漢)대 나라의 회계를 맡았던 관리. 여기서는 도광(道光)·함풍(咸豊) 시대의 돈과 재물만을 좋아하던 이재대신(理財大臣)들을 가리킨다. 62) 轉輸(전수)- 재물의 운송, 자금의 운용. 63) 沈吟(침음)- 깊이 탄식하는 것. 64) 五十年前事(오십년전사)- 도광(道光) 황제 이후의 일. 이때의 50년전은 꼭 도광 원년(1821)이다. 65) 厝(조)- 놓다. 66) 然(연)- 불타는 것, 연(燃). 67) 揭竿(계간)- 진(秦)나라 때 진섭(陳涉) 등이 막대기에 깃발을 달고 기의(起義)했던 일에서 나온 말. 여기에서는 함풍(咸豊) 3년(1853) 태평천국(太平天國)의 북벌군(北伐軍)이 천진(天津)을 진공(進攻)하여 조정을 놀라게 하였던 일을 가리킨다. 68) 阿房(아방)- 진시황(秦始皇)의 아방궁. 여기서는 청나라 조정을 뜻한다. 69) 探丸(탐환)- 한(漢)나라 때 장안(長安)에 탐관오리가 많다 하여 협기(俠氣)가 있는 젊은이들이 모여 여러 가지 색깔의 공을 잡아 그 색깔에 따라 각기 다른 역할을 담당하여 많은 관리들을 죽였던 일에서 나온 말이다(『漢書』尹賞傳). 여기서는 태평천국(太平天國)의 난을 비롯한 여러 가지 민란(民亂)이 일어났던 일을 가리킨다. 70) 先帝(선제)- 문종(文宗) 함풍(咸豊) 황제를 가리킨다. 71) 三臣(삼신)- 증국번(曾國藩)·승보(勝保)·원갑삼(袁甲三)의 세사람. 72) 視師(시사)- 군대를 돌보다, 세 사람에게 군사를 거느리고 출정케 한 것을 뜻함. 73) 宣室(선실)- 한(漢)나라 미앙궁(未央宮) 전전(殿前)의 정실(正室). 이하 두 구절은 함풍(咸豊)황제가 전란으로 피폐한 민생을 가엾이 여기고 함풍 9년(1859) 밤 재궁(齋宮)에 머물면서 통곡했던 일을 가리킨다. 74) 郊壇(교단)- 교외 재실의 제단(祭壇). 75) 遺黎(유려)- 전란을 겪고도 살아있는 백성들. 76) 輦路(연로)- 황제의 수레가 다니던 길. 77) 玉女(옥녀)- 동왕공(東王公)이 옥녀와 투호(投壺)를 하는데, 옥녀가 살가치를 던져 병 속에 그것이 들어가지 않으면 하늘이 웃었다는 얘기(『神異經』 東荒經)를 근거로 한 표현. 여기서는 함풍황제가 주색으로 세월을 보내게 되었음을 표현한 것이다. 78) 投壺(투호)- 병을 앞에 놓고 살가치를 던져 그 속에 넣기를 겨루는 놀이의 일종. 79) 玄冬(현동)- 동지(冬至) 무렵. 80) 裊裊(요뇨)- 몸매가 부드럽고 아름다운 모양. 81) 四春(사춘)- 함풍황제가 원명원에 데리고 다니면서 총애하던 네 명의 희첩(姬妾), 곧 행화춘(杏花春)·무릉춘(武陵春)·모란춘(牡丹春)·해당춘(海棠春)의 네 여자. 82) 沈沈(침침)- 밤이 깊어가는 모양. 83) 五夜(오야)- 옛날에는 한 밤을 갑(甲)·을(乙)·병(丙)·정(丁)·무(戊)의 5단으로 나누어 북을 울려 시각을 알리고 경계를 하였다. 84) 遞銅魚(체동어)- '동어'는 밤에 문을 드나들 때 쓰는 부신(符信), 미인들이 밤새도록 번갈아가며 황제를 시중하였음을 뜻한다. 85) 內裝(내장)- 궁내 여자들의 치장. 86) 崔家髻(최가계)- 최씨는 한(漢)나라 때 유모로 궁중에 들어간 궁녀(自注). 87) 姜后珥(강후이)- 강후의 귀고리. '강후'는 주(周) 선왕(宣王)의 황후(皇后). 선왕이 아침에 늦게 일어나자 강후는 비녀와 귀고리를 풀어놓고 자기 잘못으로 황제가 조회(朝會)에 늦었다고 영항(永巷)에서 대죄(待罪)하여 선왕이 조회에 늦지 않고 부지런히 나랏일을 돌보게 하였다 한다(『列女傳』 周宣姜后). 88) 玉路(옥로)- 황제의 수레가 다니던 길. 89) 車轂鳴(거곡명)- 수레바퀴통이 울다. 함풍 10년(1860) 8월 영불 연합군이 북경으로 쳐들어와 황제가 급히 열하(熱河)로 도피하였던 일을 가리킨다. 90) 金鑾(금란)- 궁중의 비문(秘聞), 궁중의 알기 어려운 일(韓偓의 『金鑾密記』에서 따온 말). 91) 殘鐙事(잔등사)- 함풍황제가 함풍 11년(1861) 열하의 행궁(行宮)에서 죽은 뒤 분명치 않은 경위로 동치(同治)황제가 뒤를 이은 것을 가리킨다(釋文瑩의 『湘山野錄』에 실린 宋太祖의 죽을 적 기록을 근거로 한 표현임). 92) 鼎湖(정호)- 옛날 황제(黃帝)가 형산(荊山) 기슭에서 구리로 솥(鼎)을 만들었는데, 곧 용이 내려와 황제를 등에 태우고 하늘로 올라갔다. 70여명의 신하들이 따라갔으나 많은 신하들은 용의 수염을 잡고 올라가다 수염이 빠져 땅에 떨어졌는데 그때 활도 함께 떨어졌다. 그 이후 그곳을 '정호'라 부르게 되었다 한다(『史記』封禪書). 여기서는 문종(文宗) 함풍황제가 죽은 것을 읊고 있다. 93) 郊壘(교루)- 교외의 원명원을 가리킨다. 94) 玉泉(옥천)- 지금의 북경 해정구(海淀區)에 있는 이화원(頤和園) 서쪽 옥천산(玉泉山) 기슭에 있는 샘물 이름. 95) 昆明(곤명)- 이화원의 곤명호(昆明湖). 이화원을 유람한 뒤 원명원으로 갔던 것이다. 96) 銅犀(동서)- 동으로 만든 외뿔소. 이 시의 서문에 "저녁에 곤명호로부터 돌아와 보니 다리 옆에 동으로 만든 외뿔소가 가시덤불 속에 너머져 있었는데, 외뿔소 등의 황제의 명문(銘文)을 분명히 읽을 수가 있었다"고 쓰고 있다. 97) 靑芝岫(청지수)- 곤명원 중에 있던 관상석(觀賞石). 그 빛깔이 푸르고 윤기가 나며, 지금은 이화원(頤和園)의 낙수당(樂壽堂) 정원에 옮겨져 있다. 98) 繡漪橋(수의교)- 원명원에 있던 다리 이름. 99) 老監(노감)- 동씨(董氏) 성을 가진 원명원 지기. 그때 나이는 70여세, 도광(道光) 초년에 원명원 지기로 들어와 품계(品階)는 오품(五品)이 되었고 복원문(福園門) 옆에 살고 있었다(詩序 의거). 100) 綴(철)- 이어지다, 한목 끼다. 101) 朝班(조반)- 조정의 반열(班列). 102) 喧闐(훤전)- 매우 시끄러운 것. 103) 朝貴(조귀)- 조정의 귀한 사람. 104) 殊喧寂(수훤적)- 시끄럽고 쓸쓸하고 한 것이 다르다. 105) 金閨客(금규객)- 글 잘하는 관원(江淹「別賦」; 金閨之諸彦.). 106) 賢良門(현량문)- 곤명원 중의 궁전 문. 107) 光明殿(광명전)- 원명원 중의 정대광명전(正大光明殿). 108) 淸輝堂(청휘당)- 청휘전(淸輝殿), 준공이 되자마자 불에 탔다. 109) 前湖(전호)- 정대광명전 뒤쪽에 있는 호수 이름. 110) 妖夢(요몽)- 원명원이 불에 타기 일년 전에 이런 요언이 전해졌다. 황제(함풍)가 침전(寢殿)에 앉아있는데 머리가 흰 늙은이가 나타나 스스로 원신(園神)이라 하면서 떠나가겠다고 하였다. 황제는 꿈속에서 신에게 이품(二品)의 품계를 내려주고, 다음날 사당(祠堂)으로 가 제사를 지내도록 하였다는 것이다. 그 뒤 일년도 못되어 원명원이 무너졌다. 111) 佛城舍衛(불성사위)- '사위'는 인도의 성 이름, 그곳에 기원정사(祇園精舍)가 있다. 부처님이 설법(說法)한 곳 중의 하나. 원명원 후호(後湖) 서북쪽의 사위성(舍衛城)을 말하는데, 인도의 성과 비슷하게 세웠다 한다. 112) 蒲稗(포패)- 창포와 피, 물 속에 자라는 잡초. 113) 依依(의의)- 부드럽고 긴 모양. 114) 蒿艾(호애)- 쑥대, 쑥. 115) 蕭蕭(소소)- 풀이 버석거리는 소리. 116) 抽(추)- 움이 돋아난 것. 117) 開雲鏤月臺(개운루월대)- 원명원 중의 누월개운(鏤月開雲)이라는 건축군(建築群). 118) 太平三聖(태평삼성)- 강희(康熙)·옹정(雍正)·건륭(乾隆)의 세 황제. 세종(世宗, 雍正)이 황자(皇子)였을 적에 원명원에 꽃이 만발하자 성조(聖祖, 康熙)를 그곳으로 모셨는데, 그때 고종(高宗, 乾隆)은 12세로 그 자리에 있었다. 세 천자는 수복(壽福)이 중국역사상 유례가 없는 이들인데 한 자리에 모였던 것이다. 건륭황제는 뒤에 시를 지어 늘 이것을 자랑하였다. 119) 寧(영)- 어찌. 120) 平湖(평호)- 원명원 40경(景) 중의 하나, 항주(杭州)의 서호(西湖)를 본떠 만든 것이라 한다. 121) 題壁(제벽)- 벽에 시나 글을 적는 것. 122) 銀鉤(은구)- 도해(倒薤)와 함께 필법(筆法) 중의 하나(豐坊『書訣』). '은구'는 힘있게 뻗힌 필획이고, '도해'는 부추 잎을 거꾸로 세운 듯이 쭉 뻗은 필획임. 123) 金梯(금제)- 황금 사다리. 124) 度蓮花(도연화)- 건너가면서 연꽃이 피어나게 하다. 아름다운 여자가 걸어가는 모습을 형용한 말(『南史』齊東昏侯紀). 125) 綠窗(녹창)- 푸른 창, 궁전의 창을 아름답게 표현한 말. 126) 螺黛(라대)- 옛날 여자들이 눈썹 화장하는데 쓰던 청흑색(靑黑色)의 안료(顏料). 미녀들을 가리킴. 127) 當時(당시)- 함풍 10년(1860) 6월, 영불연합군이 천진(天津)을 협락하고 북경을 공격하자 함풍황제는 황급히 열하(熱河)의 행궁(行宮)으로 도피하였던 것을 말함. 128) 動鈴駝(동령타)- 목에 방울을 단 낙타를 타고 움직이다. 129) 上直(상직)- 숙직(宿直)을 하는 것. 130) 嬪娥(빈아)- 여관(女官), 궁녀들. 131) 蘆笳(노가)- 갈잎 피리. 132) 豆粥(두죽)- 콩 죽. 함풍황제가 열하로 도피할 적에는 워낙 창졸간에 떠난 것이라 식사 준비도 되어있지 않아 두유(豆乳)와 보리 죽을 먹으면서 열하로 갔다 한다(詩序). 133) 上東門(상동문)- 고대 낙양(洛陽)의 성문 이름. 도성문을 가리킴. 134) 胡雛(호추)- 영불연합군의 장교들. 135) 班道左(반도좌)- 길옆에 늘어서다. 왕공(王公)들이 화의(和議)를 위하여 연합군 장교들을 마중한 것이다. 136) 爇(열)- 불사르다, 불붙이다. 137) 雍門萩(옹문추)- '옹문'은 제(齊)나라 도성 서문 이름, '추'는 가래나무(『左傳』 襄公 18年의 글을 援用한 것임.)로 여기서는 원명원의 문을 가리킴. 138) 牧童(목동)- 진시황(秦始皇)은 죽은 뒤 여산(驪山) 기슭에 무덤을 크게 만들고 묻히었다. 뒤에 한 목동이 치던 양을 잃어 그것을 찾으려고 밤에 횃불을 들고 찾아다니다가 굴 속으로 들어가 잘못하여 그 속의 관을 태워버렸다 한다(『漢書』 劉向傳). 여기서는 원명원이 타버린 것을 가리킨다. 139) 蓬島(봉도)- 원명원 40경(景) 중의 하나인 봉래요대(蓬萊瑤臺). 140) 一孤臣(일고신)- 관원대신(管園大臣)이던 문풍(文豐). 영불연합군이 원명원 문앞에 다다르자 문풍은 그들을 설복하여 들어오지 못하게 하였다. 그러나 결국 혼자의 힘으로는 어찌할 수 없음을 알고 복해(福海)로 가서 몸을 던져 죽었다. 그 뒤로 민간인들이 원명원으로 들어와 멋대로 약탈을 하고 불을 질렀다 한다. 그 뒤에 영불연합군이 그 곳으로 왔다(詩序 의거). 141) 絜(결)- 결(潔)과 통함. 142) 靈均(영균)- 전국(戰國)시대「이소(離騷)」의 작자 굴원(屈原). 그는 뜻이 이루어지지 않자 강호(江湖)를 유랑하다가「이소」를 짓고는 강물에 몸을 던져 죽었다 한다. 143) 丞相(승상)- 대학사(大學士) 계량(桂良)의 무리들. 성문을 열어 영불연합군을 맞아들이어 화의(和議)를 이룩하고 천진조약(天津條約)을 맺은 인물임. 144) 生取節(생취절)- 살아서 사신(使臣)의 부절(符節)을 들고 화의를 맺은 것을 뜻함. 145) 徒人(도인)- 손에 아무것도 들지 않은 사람, 문풍(文豐)을 가리킴. 146) 福海(복해)- 원명원 중의 큰 호수 이름, 문풍이 죽은 곳임. 147) 神洲(신주)- 중국 땅을 가리킴. 148) 百年成毀(백년성훼)- 원명원이 백년 동안에 이루어졌다가 무너져 버린 것. 옹정(雍正) 10년(1725) 원명원을 확장한 이래 함풍(咸豊) 10년(1860) 원명원이 타버리기까지 135년간이다. 149) 恩促(총촉)- 다급한 것. 150) 丹城紫禁(단성자금)- 북경의 궁성. 151) 江燕巢林木(강연소림목)- 강가에 사는 제비가 숲속 나무에 둥지를 틀다. 이 구절은 백성들이 제대로 살만한 곳을 잃었음을 뜻한다(『資治通鑑』宋 元嘉 28年). 152) 已懲(이징)- 이미 징계를 받다. 동치(同治) 초년(1862) 어사(御史) 덕태(德泰)가 상주하여 원명원을 수건(修建)할 것을 제의하였는데, 여러 대신들이 너무나 사치스런 짓이라고 하며 귀양보낼 것을 주장하여, 그는 분하고 화가 나서 죽어버렸다. 이로부터 아무도 다시 그런 제의를 못하였다. 153) 中官(중관)- 환관. 목종(穆宗)인 동치(同治) 황제 때의 안득해(安得海)를 가리킨다. 그는 함풍황제가 숙을 부렵무터 상당한 권세를 지니고 있었는데, 농지 8년 7월 그는 강남으로 가서 태자(太子)의 옷감을 짜오겠다고 하면서 북경을 출발하여 강남으로 가면서 도처에서 뇌물을 긁어모았다. 그러나 8월에는 산동(山東)의 순무(巡撫) 정보정(丁寶楨)이 관리를 풀어 그를 잡아 처형하였다. 154) 錦紈(금환)- 비단. '환'은 흰 얇은 비단. 155) 賦(부)- 부세(賦稅). 156) 鴛文龍爪(원문용조)- 원앙새 무늬와 용 발톱. 비단의 무늬를 형용한 말. 157) 總饒(총요)- 매우 풍부하다, 전체적으로 많다. 158) 結綵(결채)- 여러 색깔의 천을 두르는 것. 동치황제의 대혼(大婚) 때엔 궁문에 결채를 한 것만도 비단 80여만 필로 10여만의 비용을 썼고, 전체 비용은 천만(千萬)을 써서 사치를 다하였다. 159) 何如(하여)- 견주어보면 어떻게 되겠는가? 160) 西湖路(서호로)- 원명원 서호 가의 길. 평화로웠던 원명원의 아름다운 길에는 비길 수도 없다는 뜻. 161) 地薄(지박)- 땅이 척박

(瘠薄)한 것. 162) 郇瑕(순하)- 지금의 산서성(山西省) 해현(解縣) 부근에 있던 나라 이름. 163) 武淸(무청)-명(明)대 무청후(武淸侯) 이위(李偉). 그는 원명원 자리에 이가화원(李家花園)을 건설하였는데, 곧 집안이 망하였다. 164) 鶯柳鬪宮花(앵류투궁화)- 꾀꼬리와 버드나무가 궁전의 꽃과 다투다, 아름다운 별궁을 짓고 주색가무를 즐기는 것을 말함. 165) 詎(거)- 어찌. 166) 輆(핵)- 수레 앞에 가로 댄 나무. 167) 幸雒車(행락거)- 낙양(洛陽)으로 가는 황제의 수레. 함풍황제가 열하(熱河)로 도피하는 것을 말함. 168) 相如(상여)- 한(漢)대의 부(賦)의 대가 사마상여(司馬相如), 그는 「상림부(上林賦)」라는 천자의 유렵(遊獵)을 노래한 부를 지어 무제(武帝)에게 절검(節儉)을 권하였다.

(解說) 이 시는 1871년 봄 작자가 친구들과 원명원 폐지(廢址)에 놀러가 그때 느낀 감회를 읊은 것이다. 원면원의 흥폐를 바탕으로 역사적인 감상을 일게 하는 작품이어서, 이 시가 이루어지자 한 때 널리 전송(傳誦)되었고, 서수균(徐樹鈞)이 지은 긴 이 시의 서문도 시와 함께 널리 읽히었다.

시의 의경(意境)이 매우 광대하고 깊은 감회가 쌓여있으며, 문장 표현에도 변화가 무쌍하여 번역이 힘들었다. 청나라 말엽을 대표하는 시사(詩史)라 할만한 작품이다.

··· **작가 약전**(略傳) ···

황준헌(黃遵憲, 1848-1907) 자가 공도(公度)이며, 광동(廣東) 가응주(嘉應州, 지금의 梅縣) 사람이다. 동치(同治) 12년(1876) 향시(鄕試)에 합격 거인(擧人)이 된 뒤, 다음 해부터 해외로 나가 청나라 왕조의 주(駐) 일본·영국·미국·싱가폴 등지의 대사관 참찬(參贊)·총령사(總領事) 등의 직책을 19년간이나 역임하였다. 1894년에 귀국하여는 양계초(梁啓超)와 함께 무술변법(戊戌變法)에 참여하기도 하였고, 호남안찰사(湖南按察使) 벼슬을 지내기도 하였다. 오국에 오래 거주하여 안목이 넓고 진보적이다. 시에 있어서는 "자기 손으로 자기 말을 쓸 것(我手寫我口)"하는 개성적인 자기 나름이 새로운 시를 쓸 것을 주장하였다. 시집으로는 「인경려시초(人境廬詩草)」가 있다.

산가(山歌)

기이(其二)

사람들 모두 후생(後生)의 인연을 맺으려 하지만

나는 오직 금생(今生)에 눈앞의 것을 맺고자 하네.
열두 시각 서로 떨어지지 않고
임이 길가거나 임이 앉아 있거나 언제나 옆에 따라다니고 싶네.

> 人人要結後生緣이나, 儂¹⁾只今生結目前이라.
> (인인요결후생연 농지금생결목전)
> 一十二時不離別하고, 郎行郎坐總隨肩²⁾이라.
> (일십이시불리별 낭행랑좌총수견)

(註釋) 1) 儂(농)- 나. 2) 隨肩(수견)- 어깨를 따르다, 늘 옆에 붙어있는 것.

기사(其四)

임 문 나서기 재촉하는 닭 어지러이 울고,
임 떠나보낼 강물은 서쪽에서 동쪽으로 흐른다.
물은 거꾸로 서쪽으로 되 흐르게 할 재주 없으나,
이제부턴 새벽닭일랑 기르지 말자.

> 催人出門雞亂啼하고, 送人別離水東西라.
> (최인출문계단제 송인별리수동서)
> 挽水¹⁾西流想無法이나, 從今不養五更²⁾雞하리라.
> (만수서류상무법 종금불양오경계)

(註釋) 1) 挽水(만수)- 강물의 흐름을 잡아끄는 것. 2) 五更(오경)- 새벽 시각.

기육(其六)

한 집 딸이 새색시 되니,
열 집 딸들은 거울 들여다본다.
거리에 쇠북 소리 둥둥 울리니,
쇠북 소리 마음 속 때리어 낭군 얘기만 하게 한다.

> 一家女兒做新娘[1]하니, 十家女兒看鏡光이라.
> (일가녀아주신낭 십가녀아간경광)
> 街頭銅鼓[2]聲聲打하니, 打着中心只說郎이라.
> (가두동고성성타 타착중심지설랑)

(註釋) 1) 新娘(신낭) - 신부(新婦), 새색시. 2) 銅鼓(동고) - 징, 쇠북.

(解說) 9수의 「산가」 중에서 3수를 뽑아 번역하였다. '산가'는 옛날부터 중국 민간에 유행하던 노래이다. 이 시들은 민간에 유행하는 노래 중에서 옮겨 적어도 좋을만한 것들을 고른 것이라고 앞의 작자 서문에서 밝히고 있다. 필자가 편역한 『명시선(明詩選)』에는 뒤에 여러 편의 「산가」 번역이 실려 있으니 참고 바란다. 그것은 명(明)대의 풍몽룡(馮夢龍)이 수집하여 편찬한 책 중에서 뽑은 것이다. 작자는 생동하는 새로운 형식의 시를 추구하기 위하여 이러한 민요에 관심을 두었던 것이다.

평양을 슬퍼하다(悲平壤)

먹구름 덮인 풀 산은 우뚝이 솟았는데,
성 안을 굽어보며 대포를 일제히 터뜨리니
불꽃 가는데 따라 우레 소리 우르릉
살점 비 오듯 뿌려지고 붉은 피 날리네.
비취 깃 단 화려한 관을 쓴 이가 성 위로부터 떨어지자
한 장수가 황급히 그를 말가죽으로 싸네.
하늘과 땅을 뒤흔드는 울음소리 구슬프고
성 남쪽엔 어느 사이에 항복 깃발 꽂혔으니,
삼십륙계 줄행랑이 제일이라
사람과 말이 함께 날뛰면서 서로를 짓밟네.
달리고 달리어 다급히 성을 빠져 나가니
뒤쪽에선 시끄러이 뒤쫓는 굶주린 솔개 소리 들리네.
먼 동쪽나라 사람들은 기뻐 춤추고 가까운 동쪽나라 사람들은
　　원망하는 중에
걸핏하면 창을 반대 방향으로 돌리고 숨어서 화살을 날리네.
긴 창이며 짧은 칼과 철로 만든 화승총이
말할 수도 없이 어지러이 길가에 버려져 있네.
하루 밤을 미친 듯이 삼백 리나 달렸으나
적군은 이미 압록강을 건너가 있어서,
한 장수는 포로가 되고 한 장수는 전사하니
만 오천 명의 군사들은 항복 졸개 되었네.

黑雲草山山突兀[1]한데, 俯瞰[2]一城礮[3]齊發하니,
(흑운초산산돌올 부감일성포제발)

火光所到雷硠礚[4]하니, 肉雨騰飛飛血紅이라.
(화광소도뇌홍륭 육우등비비혈홍)

翠翎[5]鶴頂城頭墮하니, 一將倉皇[6]馬革裹[7]라.
(취령학정성두타 일장창황마혁과)

天跳地踔[8]哭聲悲,하니 南城早已懸降旗라.
(천도지탁곡성비 남성조이현항기)

三十六計[9]莫如走니, 人馬奔騰相踐蹂[10]라.
(삼십륙계막여주 인마분등상천유)

驅之驅之速出城하니, 尾追翻聞[11]餓鴟[12]聲이라.
(구지구지속출성 미추번문아치성)

大東[13]喜舞小東[14]怨하고, 每每倒戈[15]飛暗箭[16]이라.
(대동희무소동원 매매도과비암전)

長矛短劍磨鐵鎗[17]이, 不堪狼藉[18]委道旁이라.
(장모단검마철창 불감낭자위도방)

一夕狂馳三百里러니, 敵軍便渡鴨綠水하여,
(일석광치삼백리 적군변도압록수)

一將囚拘一將誅하고, 萬五千人作降奴라.
(일장수구일장주 만오천인작항노)

註釋 1) 突兀(돌올)- 높이 우뚝 솟은 모양. 2) 俯瞰(부감)- 내려 보는 것. 3) 礮(포)- 대포, 포(砲). 4) 硠礚(홍륭)- 돌이 부딪치는 소리. 5) 翠翎(취령)- 관을 장식하는 비취 깃. 학정(鶴頂)- 새 깃으로 장식한 투구. '취령' 과 함께 신분이 높은 장군을 가리킨다. 여기서는 평양성

3. 청 말엽의 시 | 333

에서 일본군과 용감히 싸우다가 죽은 산동(山東) 출신의 좌보귀(左寶貴)를 뜻한다. 6) 倉皇(창황)- 다급한 것, 창졸간. 7) 馬革裹(마혁과)- 말가죽으로 싸다. 동한(東漢) 때의 장수 마원(馬援)은 나라를 위하여 큰 공을 세워 신식후(新息侯)로 봉해지기까지 하였던 사람인데, 일찍이 "남자라면 전장에 나가 죽어 몸이 말가죽에 싸여 돌아와 묻혀야 어찌 침대 위에서 아녀들 수중에서 죽을 수 있겠는가?"고 말하였다 한다. 죽은 장군의 시신을 거두어주었음을 형용한 구절이다. 8) 天跳地踔(천도지탁)- 하늘도 뛰고 땅도 뛰다, 하늘과 땅이 뒤흔들리다. 9) 三十六計(삼십륙계)- "삼십륙계불여둔(三十六計不如遁)"(『冷齋夜話』)에서 나온 말, '삼십륙책주시상계(三十六策走是上計)'라고도 하는 고래의 숙어로, '도망치는 것이 가장 좋은 방책'이라는 말. 10) 踐蹂(천유)- 짓밟는 것. 11) 翻聞(번문)- 바로 들리다. 12) 餓鴟(아치)- 굶주린 솔개, 사람의 고기를 먹으려는 솔개. 13) 大東(대동)- 큰 동쪽 나라, 일본을 가리킨다. 14) 小東(소동)- 작은 동쪽 나라, 조선을 가리킨다. 15) 倒戈(도과)- 전장에서 창끝을 반대로 자기 편 쪽으로 돌리어 서로 싸우는 것. 16) 暗箭(암전)- 남 모르게 숨어서 쏘는 화살. 17) 磨鐵鎗(마철창)- 쇠로 만든 화승총. 18) 狼藉(낭자)- 어지러이 놓여있는 것.

(解說) 중일갑오전쟁(中日甲午戰爭)이 벌어지자 고종(高宗) 31년(1894) 9월 15일 청(淸)나라 군대와 일본 군대가 평양에서 만나 싸웠던 전쟁의 모습을 읊은 시이다. 먼저 청나라 장수 좌보귀(左寶貴)·마옥곤(馬玉昆)·위여귀(衛汝貴)가 20000여명의 군사를 거느리고 평양을 지키고 있었는데, 일본군이 공격하여 청나라 군대에 큰 손실을 안겨주면서 평양을 점령하였다. 평양에서 패전한 청나라 군사들을 슬퍼하면서 작자는 이 시를 썼겠지만, 필자는 우리나라의 중요 도시를 오국 군대가 지키고 공격하고 하면서 전쟁을 벌였던 역사가 더 슬프기만 하다. 이 싸움에서 청나라 군사

들은 2000여명의 사상자를 내었다고 하지만 무고한 평양의 시민들은 또 얼마나 희생을 당하였을까? 다시는 이런 일이 있어서는 안 될 것이다.

여순을 슬퍼함(哀旅順[1])

바다 물 매우 깊고 넓은데 안개도 구주(九州) 따라 아홉 점이니,
웅장하게도 이 곳은 실로 천험의 땅일세.
포대가 우뚝우뚝 서있는 것이 호랑이가 포효(咆哮)하고 있는 듯하니
청나라의 대포는 위세가 장엄하네.
아래쪽에는 항구가 있는데 커다란 군함이 줄지어 있고
맑은 날에도 우레 소리 울리고 밤중이면 번갯불 번쩍이네.
가장 높은 산봉우리 위에서 멀리 바라보니
백 장(丈)이나 되는 청나라 용 깃발이 바람에 펄럭이네.
만리장성은 이곳을 해자로 삼고 있는데
고래와 붕(鵬)이 서로 밀치면서 한 입에 이곳을 삼키려 하였네.
머리를 들고 곁눈질하는 눈길 얼마나 날카로운가?
손을 뻗어 낚아채려 하면서도 끝내 하지 못하였네.
말하기를 바다는 메울 수 있고 산은 쉽사리 흔들 수 있을런지 모르지만
만 마리의 귀신이 모여서 꾀해보아도 이곳을 어찌할 담력(膽力)은 없을 거라 하였네.

3. 청 말엽의 시

이런 곳이 하루아침에 와해되어 영원히 재가되어버렸는데
듣건대 적군은 등 뒤에서 쳐들어 왔다네.

海水一泓[2]煙九點[3]하니, 壯哉此地實天險이라.
(해수일홍연구점   장재차지실천험)

礮[4]臺屹立[5]如虎闞[6]이오, 紅衣大將[7]威望儼[8]이라.
(포대흘립여호함   홍의대장위망엄)

下有窪池[9]列巨艦하니, 晴天雷轟[10]夜電閃[11]이라.
(하유와지열거함   청천뢰굉야전섬)

最高峰頭縱遠覽하니, 龍旗[12]百丈迎風颭[13]이라.
(최고봉두종원람   용기백장영풍점)

長城萬里此爲塹[14]이러니, 鯨鵬[15]相摩[16]圖一噉[17]이라.
(장성만리차위참   경붕상마도일담)

昂頭側睨[18]何眈眈[19]고? 伸手欲攫[20]終不敢이라.
(앙두측예하탐탐   신수욕확종불감)

謂海可塡山易撼[21]이로되, 萬鬼聚謀無此膽이라.
(위해가전산이감   만귀취모무차담)

一朝瓦解成劫灰[22]하니, 聞道敵軍蹈背來[23]라.
(일조와해성겁회   문도적군도배래)

(註釋) 1) 旅順(여순)- 요녕성(遼寧省) 요동반도(遼東半島) 남쪽 끝에 있는 항구로 황해(黃海) 북안 최고의 천혜(天惠)의 군항(軍港)이었다. 지금은 옆의 대련(大連)과 합쳐 여대시(旅大市)가 되어있다. 2) 泓(홍)- 물이 깊고 넓은 것. 3) 煙九點(연구점)- 안개가 아홉 점임, 구주(九州)에 안개가 걸쳐 있다는 뜻. 4) 礮(포)- 대포, 포(砲). 5) 屹立(흘립)- 높이 우뚝 서 있는 것. 6) 闞(함)- 호랑이가 포효(咆哮)하는

것. 7) 紅衣大將(홍의대장)- 청나라의 대포를 가리킴. 청나라 태종(太宗)의 천총(天聰) 5년(1631)에 홍의대포(紅衣大炮)가 이루어지자 황제가 '천우조위대장군(天祐助威大將軍)'이라 이름을 새기게 하였다 한다(『淸朝文獻通考』). 8) 儼(엄)- 점잖고 위엄이 있는 것. 9) 窪池(와지)- 깊이 파인 연못, 항구를 가리킴. 10) 轟(굉)- 소리가 크게 울리는 것. 11) 閃(섬)- 불빛이 번쩍이는 것. 12) 龍旗(용기)- 용이 그려진 깃발, 청나라 국기. 13) 颭(점)- 바람에 펄럭이는 것. 14) 塹(참)- 해자, 성 둘레의 연못. 15) 鯨鵬(경붕)- 큰 고래와 붕새, 열강(列強)을 가리킴. 16) 相摩(상마)- 서로 밀치는 것. 17) 噉(담)- 입으로 삼키는 것, 담(啖). 18) 睨(예)- 흘겨보다, 노려보다. 19) 眈眈(탐탐)- 노려보는 것, 무서운 눈길로 보는 것. 20) 攫(확)- 낚아채는 것. 21) 撼(감)- 흔들다. 22) 劫灰(겁회)- 영원한 재, 완전한 재. 23) 蹈背來(도배래)- 등을 밟고 오다, 배후에서 오다. 갑오전쟁(甲午戰爭) 때 일본은 여순을 정면으로 공격해서는 안 된다고 생각하고 먼저 대련(大連) 쪽으로 상륙하였다. 이때 대련을 지키던 조회익(趙懷益)은 도망가 겼고, 공성여(龔聖璵) 통솔하에 여순을 지키던 장수들 중 서방도(徐邦道) 만이 나가 싸우다가 크게 패하여 일본군은 한 명의 군사의 손실도 없이 대련을 점령하였다. 열흘 뒤에 일본군이 다시 여순을 공격하자 공성여도 천진(天津)으로 도망치고 서방도 홀로 대항을 하다가 쉽게 여순도 함락되었다. '배후로부터 쳐들어왔다' 는 것은 대련 쪽으로부터 쳐들어왔음을 뜻한다.

(解說) 여순은 요동반도의 남쪽 끝에 있으며 산동(山東)의 위해위(威海衛)와 마주보면서 함께 발해만(渤海灣)의 길목을 지키는 전략상의 요새이다. 청일갑오전쟁(淸日甲午戰爭) 당시 여순항 해안에는 13좌(座)의 포대(砲臺)가 있고 또 육로포대(陸路砲臺)도 9좌가 있었으며, 대포 7, 80문과 많은 군사시설이 되어 있어서 북양수사(北洋水師)의 가장 중요한 기지였다. 그런데 1894년 11월에 일본

군에게 이 여순이 쉽사리 함락되었던 것이다. 이 시는 다음 해 1895년에 지은 것이다.

　작자는 이런 요새의 함락을 노래하면서 청나라 군사들의 잘못이나 실수에 대하여는 한 마디도 하지 않고 있다. 그러나 이 침묵은 몇 천 마디의 꾸짖음보다도 더 신랄하고, 피를 토하는 울음보다도 더 처절하게 느껴진다.

하늘 우러러보며(仰天)

하늘 우러러보며 항아리 두드리면서 어이어이 창을 하나니
난간 치면서 절박(節拍)하다 못하여 타호(唾壺)까지 두드려 부수네.
오랜 동안 병들어 있다보니 늘어난 넓적다리 비계 살 차마 못 만지겠고,
난리 끝에도 살아있어 놀라워서 멀쩡한 머리 쓰다듬어 보네.
책장 속에 적혀있는 명사들 명단은 법에 걸릴 사람들인데,
벽에는 열강(列强)이 나라를 조각내어 가는 그림 걸려있네.
내 어찌 간악한 자들 의지하여 황제에게 봉사하겠는가?
스스로 하늘 문 열고 들어가 구름 제쳐내고서 소리쳐야지!

　　仰天擊缶[1]唱烏烏[2]하니, 拍遍闌干[3]碎唾壺[4]라.
　　(앙천격부창오오　박편난간쇄타호)

　　病久忍摩新髀肉[5]하고, 劫餘[6]驚撫好頭顱[7]라.
　　(병구인마신비육　겁여경무호두로)

篋⁸⁾藏名士株連⁹⁾籍이오, 壁掛群雄¹⁰⁾豆剖圖¹¹⁾라.
(협장명사주련적 벽괘군웅두부도)

敢托鴆¹²⁾媒從鳳駕¹³⁾아? 自排閶闔¹⁴⁾撥雲呼로다!
(감탁짐매종봉가 자배창합발운호)

(註釋) 1) 缶(부)- 항아리 모양의 질그릇 타악기. 2) 烏烏(오오)- 창하는 소리. 3) 拍遍闌干(박편난간)- 난간을 두드리며 절박하면서 창을 하는 것. 송(宋) 신기질(辛棄疾)이「수룡음(水龍吟)」사에서 "난간박편(闌干拍遍)"을 노래하면서 아무도 자기의 장심(壯心)을 알아주는 이가 없음을 고민한 표현을 인용한 것이다. 4) 碎唾壺(쇄타호)- 타호를 부수다. 옛날에 왕처중(王處仲)이란 사람이 술만 마시면 타호를 두드리면서 자기의 장심(壯心)을 알아주는 이가 없음을 탄식했던 고사(『世說新語』豪爽)를 인용한 것이다. '타호'는 방안에 놓고 침을 뱉는 그릇. 5) 新髀肉(신비육)- 새로 생긴 넓적다리 살. 삼국시대 유비(劉備)가 만년에 자기의 넓적다리에 늘어난 비계 살을 보고 "말을 타고 활동을 하지 못하여 이렇게 되었다"고 탄식했다는 고사(『三國志』蜀書 先主傳 裵注)를 인용한 것이다. 6) 劫餘(겁여)- 겁후여생(劫後餘生), 난리 뒤에도 살아남은 것. 난리는 무술정변(戊戌政變)을 가리킴. 7) 好頭顱(호두로)- 멀쩡한 머리. 수(隋)나라 양제(煬帝)가 스스로 "이 멀쩡한 머리를 누가 자르겠는가?"고 한 말을 인용한 것임(『資治通鑑』唐紀一). 8) 篋(협)- 상자, 책 상자. 9) 株連(주련)- 한 사람의 범죄에 다른 사람이 연루(連累)되는 것. 10) 群雄(군웅)- 열강(列强)을 가리킴. 11) 豆剖圖(두부도)- '두부'는 잘게 여러 개로 나누는 것. 광서(光緒) 24년 무술(戊戌, 1898)에 흥중회(興中會) 회원 사찬태(謝纘泰)가 서양 열강들이 중국 땅을 각기 떼어 먹는 그림을 그렸다 한다. 이 시국전도(時局全圖)인 듯 하다. 12) 鴆(짐)- 굴원(屈原)의「이소(離騷)」에 보이는 독이 있는 새로, 간악한 인간에 견

준 것이다. 13) 鳳駕(봉가)- 황제의 수레, 임금님의 일 또는 나랏일을 가리킨다. 14) 閶闔(창합)- 하늘 문.

解說   이 시는 작자가 무술정변(戊戌政變)에 참여했다가 실패하여 관직에서 쫓겨난 뒤 광서(光緖) 25년(1899)에 지은 것이다. 정변의 실패를 가슴 아파하는 작자의 마음이 잘 나타나 있다. 이런 것이 조국이 어려움에 처했을 적의 우국지사의 고민이라 할 것이다.

양임보에게 드림(贈梁任¹⁾父同年²⁾)

한 치 한 치의 나라 땅은 한 치 한 치의 황금이나 같은 것인데
떼어지고 찢어지고 하는 것을 누가 무슨 힘으로 막겠는가?
두견새 보고 재배하던 심정으로 하늘의 뜻 걱정되어 눈물 흘리고,
정위새가 동해 메울 뜻 버리지 않듯이 나라 위하는 마음 영원하리!

寸寸河山寸寸金이어늘, 侭離³⁾分裂力誰任⁴⁾고?
(촌촌하산촌촌금 과리분렬역수임)
杜鵑再拜⁵⁾憂天淚하고, 精衛⁶⁾無窮塡海心이라.
(두견재배우천루 정위무궁전해심)

註釋   1) 梁任父(양임보)- 양계초(梁啓超, 1873-1929). 그의 호가 임공(任公)인데, 그 첫 자에 남자에 대한 존칭으로 이름 끝에 붙이던 '보

(父)'자를 덧붙이어 '임보'라 부른 것이다. 2) 同年(동년)- 같은 해 향시(鄕試)나 과거에 합격한 사람을 이르는 말. 3) 觚離(과리)- 떨어지는 것, 떼어가는 것. 4) 力誰任(역수임)- 힘으로 누가 감당하겠는가? 5) 杜鵑再拜(두견재배)- 두견새에게 두 번 절하다. 촉(蜀)나라 망제(望帝) 두우(杜宇)가 죽어서 두견새가 되었다 한다(『寰宇記』). 당나라 두보(杜甫)가 "두견새가 늦봄에 와서 슬프게 울고 있어서, 나는 보기만 하면 늘 재배하는데 그가 옛 황제의 혼임을 존중해서이네.(杜鵑暮春至, 哀哀叫其間. 我見常再拜, 重是古帝魂.)"이라 읊은 것을 빌린 표현이다. 6) 精衛(정위)- 전설적인 새 이름. 본시 염제(炎帝)의 딸 여왜(女娃)였는데 동해(東海)에 놀러 나갔다가 물에 빠져 죽었다. 그 혼이 정위새가 되어 서산(西山)의 돌과 나무를 물어다가 동해를 메우려고 동해에 던졌다 한다(『山海經』 北山經).

(解說) 1896년 양계초와 함께 무술정변(戊戌政變)을 일으키기 2년 전에 지은 시이다. 작자는 1894년에 귀국하여 강유위(康有爲)와 양계초가 이끄는 강학회(强學會)에 가입하고, 이 때에는 상해(上海)로 와서 양계초와 함께 『시무보(時務報)』를 내고 있었다. 이 시는 열강에게 무참히 침략당하고 있는 조국을 생각하며 조국을 위해 목숨을 바칠 뜻을 동지에게 전하고 있다.

⋯ 작가 약전(略傳) ⋯

강유위(康有爲, 1858-1927) 자는 광하(廣廈), 호는 장소(長素) 또는 갱생(更生)이라 하였으며, 광동(廣東) 남해(南海, 지금의 廣州市) 사람이다. 그는 광서(光緒) 14년(1888)에 황제에게 글을 올려 변법자강(變法自强)을 건의하였고, 청일전쟁 직후에는 그가 발의하여 '공거상서(公車上書)'를 올렸다. 그리고 북경에 강학회(强學會)를 설립하였다. 광서 24년(戊戌, 1898)에는 '백일유신(百日維新)' 에 참여하였으나, 그 무술변법(戊戌變法)이 실패한 뒤 일본으로 망명하였는데, 그 뒤로부터 사상이 보수화(保守化) 하였다. 그의 시에는 그의 시대를 반영하는 작품이 많으며, 작품집으로 『강남해선생시집(康南海先生詩集)』이 전한다.

가을에 월왕대에 올라(秋登越王臺)

가을바람 속에 남월왕(南越王)의 대 옆에 말을 세우고 보니
어지러이 뱀과 용 같은 인물들이 다투었던 일이 가장 슬프게 느껴지네.

오랜 역사의 시작을 어디서부터 얘기해야 하는가?
긴 세월 속에 얼마나 많은 왕조(王朝)가 바뀌었는가?
고루한 선비의 심사를 하늘에 소리쳐 물어보노라니
대지 위의 산과 강물이 바다 위로 몰려오네.
날아다니는 구름 멀리 바라보니 이 세상 저편을 가로지르고 있는데,
어찌 칼을 짚고 있는 웅재를 찬탄할만한 인재가 없겠는가?

秋風立馬越王臺[1]하니, 混混[2]蛇龍[3]最可哀라.
(추풍립마월왕대 혼혼사룡최가애)
十七史[4]從何說起오? 三千劫[5]歷幾輪廻[6]오?
(십칠사종하설기 삼천겁력기륜회)
腐儒[7]心事呼天問이러니, 大地山河跨海來[8]라.
(부유심사호천문 대지산하과해래)
臨睨[9]飛雲橫八表[10]어늘, 豈無倚劍[11]歎雄才리오?
(임예비운횡팔표 기무의검탄웅재)

(註釋) 1) 越王臺(월왕대)- 지금의 광주시(廣州市) 월수산(越秀山) 위에 있는 누대로, 서한(西漢) 시대에 남월왕(南越王) 조타(趙佗)의 유적이라 한다. 2) 混混(혼혼)- 어지러운 모양. 3) 蛇龍(사룡)- 뱀과 용. 여러 잘나고 못난 군웅(群雄)을 가리킨다. 4) 十七史(십칠사)- 이는 송(宋)대의 문천상(文天祥)이 "일부의 십칠사를 어디에서부터 얘기를 시작하여야 하는가?(一部十七史, 從何處說起?)"(『紀年錄』)고 한 말을 인용한 것. 『사기(史記)』이후로 송대 앞의 『오대사(五代史)』에 이르기까지 중국의 정사(正史)는 17종이어서, 오랜 중국의 역사를 가리킨다. 5) 三千劫(삼천겁)- 오랜 세월을 가리킴. 불교에서는 천

지가 생성되어 없어지는 기간이 1겁이다. 6) 輪廻(윤회)- 불교에서 중생(衆生)이 끊임없이 삼계육도(三界六道)를 수레바퀴가 돌 듯 끝없이 돌면서 생사를 거듭한다고 믿는 사상. 여기서는 왕조(王朝)의 흥망과 세상이 바뀌는 것을 뜻한다. 7) 腐儒(부유)- 썩은 선비, 고루한 선비. 자신을 가리킴. 8) 跨海來(과해래)- 바다 위로 몰려오는 것. 바닷가의 산하의 웅장한 기세를 표현한 말이다. 9) 臨睨(임예)- 멀리 바라보다. 10) 八表(팔표)- 세상 팔방(八方)의 저쪽. 11) 倚劍(의검)- 칼에 기대어 서다, 칼을 짚고 서 있는 것.

(解說) 이 시는 광서(光緖) 5년(1879) 가을 작자가 22세 때에 광주(廣州)의 월왕대(越王臺)에 올라갔을 적의 감상을 읊은 시이다. 월왕대에 올라가 조국 산하를 바라보니 중국민족의 역사와 함께 어려운 처지에 놓인 조국의 현실이 가슴 속에 만감이 교차하게 하였던 것이다. 어지러운 조국을 위하여 무언가 큰일을 해보려는 젊은이의 웅대한 포부가 잘 드러난 시이다.

도성을 나가면서 제공들에게 이 시를 남겨주고 작별함(出都留別諸公)

푸른 바다엔 물결 놀라고 나라 안엔 온갖 괴물들이 횡행(橫行)하여,
당구(唐衢) 같은 인물이 시국 위해 통곡하니 모든 사람들 놀라네.
높은 봉우리 우뚝 솟으니 여러 산들이 질투하고

황제께서 말씀 없으시니 온갖 요귀(妖鬼)들이 간악한 짓을 하네.

어찌 조정에서 계속 한(漢)나라 가의(賈誼) 같은 나를 계속 생각하겠는가?

한나라에선 이형(禰衡) 같은 사람을 강하(江夏)에 내쳐 죽이었네.

나라가 위태로워 이미 우리 중원 땅 위하여 탄식하고 있었으니 뒷날 마땅히 노(魯)나라 두 제자 같은 나 생각하게 되리라!

滄海驚波百怪[1]橫하여, 唐衢[2]痛哭萬人驚이라.
(창해경파백괴횡 당구통곡만인경)

高峰[3]突出諸山妬하고, 上帝無言百鬼[4]獰[5]이라.
(고봉돌출제산투 상제무언백귀녕)

豈有漢廷思賈誼[6]리오? 拚[7]敎江夏[8]殺禰衡[9]이리.
(기유한정사가의 변교강하살이형)

陸沈[10]預爲中原歎이니, 他日應思魯二生[11]하리라!
(육침예위중원탄 타일응사노이생)

註釋 1) 百怪(백괴)- 온갖 요괴, 조정안에 변법(變法)을 반대하는 서태후(西太后)를 따르는 무리들. 2) 唐衢(당구)- 당(唐)나라 때 문재는 갖고 있으면서도 늙도록 아무런 일도 이루지 못하여 늘 나라를 위하여 통곡했던 사람 이름(『唐書』唐衢傳). 자신에 견준 것이다. 3) 高峰(고봉)- 높은 봉우리, 재주가 뛰어난 자신에 비긴 것이다. 4) 백귀(百鬼)- 앞의 백괴(百怪)와 같은 말. 5) 獰(녕)- 흉악한 것, 간악한 짓을 하는 것. 6) 賈誼(가의)- 한(漢)나라 문제(文帝) 때의 문인. 그

는 나이가 어려서부터 나라를 위한 건의를 많이 하여 문제가 그를 경상(卿相)의 자리에 앉히려고 하였으나 늙은 신하들의 반대로 장사왕(長沙王) 태부(太傅)로 귀양을 갔었다(『漢書』 賈誼傳). 7) 抃(변)- 치다, 내치다. 8) 江夏(강하)- 지금의 호북성(湖北省) 운몽현(雲夢縣) 동북쪽에 있던 고을 이름. 9) 禰衡(이형)- 한나라 말엽의 문인. 조조(曹操)의 조정에 고사(鼓師)로 들어가 북을 치면서 조조를 욕하여, 조조가 크게 노하고 그를 잡아 강하태수(江夏太守) 황조(黃祖)에게 보내어 이형을 죽이도록 하였다. '강하'는 강하태수 황조를 뜻한다. 10) 陸沈(육침)- 땅이 가라앉다, 나라가 망해가는 것을 비유하는 말. 11) 魯二生(노이생)- 노나라의 두 제생(諸生). 한나라 초에 숙손통(叔孫通)이 고조(高祖)를 위하여 예의를 제정하려고 노나라 제생(諸生) 30여명을 데리고 장안(長安)으로 가려 하였다. 그러나 제생 중 두 사람만은 "선생님은 여러 임금을 섬기면서 아부하여 출세하려 하는데, 우리는 그렇게 하지 못하겠습니다. 우리를 더럽히지 말고 혼자 가시오!" 하고 거절하였다 한다(『史記』 叔孫通傳).

(解說) 다섯 수 중 한 수를 뽑았다. 작자는 이 시의 제목 아래 스스로 다음과 같은 주를 달고 있다. "나는 제생(諸生, 곧 秀才)으로서 상서하여 변법을 요청하였는데 개국 이래의 처음 있는 일이었다. 여러 사람들의 의심만이 늘어나 이에 떠나가는 것이다.(吾以諸生, 上書請變法, 開國未有. 群疑交集, 乃行)"

그는 광서(光緖) 14년(1888)에 북경에 가서 순전향시(順天鄕試)를 보게 된 기회를 이용하여 황제에게 "변성법(變成法), 통하정(通下情), 신좌우(愼左右)"하기를 요청하는 변법(變法)을 상소하였다. 이 상서는 밑의 반대파들 방해로 황제의 손에까지 전달되지는 못하였으나 사대부들 사이에 큰 반향을 일으켰다. 강유위는 다음 해 1889년에 북경을 떠나면서 이 시를 지은 것이다. 이 때 작자는 32세의 젊은이였다. 나라를 구원하려는 변법(變法)에 대한 정열이 뜨겁게 느껴진다. 이 뒤 10년 만에 강유위는 양계초(梁啓超)와 함께 무술변법(戊戌變法)을 결행하지만 결국 실패하고 만다.

들건대 화의가 이루어졌으나 동삼성을 러시아에게 떼어 준다는 밀약을 달리 하여 각 성 인사들이 일어나 투쟁을 하게 됨(聞和議成¹⁾而東三省²⁾別有密約割與俄³⁾, 各直省人士紛紛力爭)

옛날 위강이 오랑캐들과 화의한 것을 어찌 공로가 있다 하겠는가?
오직 구름과 안개가 요동 땅을 덮고 있는 것이 걱정일세.
애국지사들의 의기에 의지하여 우리나라가 지탱되고는 있으나
해외에서 조국 산하 바라보며 북풍 대하고 눈물 뿌리네.

魏絳和戎⁴⁾豈有功고? 只愁雲霧蔽遼東⁵⁾이라.
(위강화융기유공 지수운무폐료동)

憑將士氣扶中夏⁶⁾하니, 淚灑山河對北風⁷⁾이라.
(빙장사기부중하 누쇄산하대북풍)

(註釋) 1) 和議成(화의성)- 광서(光緖) 26년(1900) 의화단(義和團)이 북경(北京)·천진(天津) 일대에서 일어나자 열강(列强)은 8국의 연합군을 조직하여 북경으로 진공하였다. 서태후(西太后)는 황제를 데리고 서안(西安)으로 도망을 가고 이홍장(李鴻章)이 북경으로 들어와 화의를

진행시킨 끝에 1901년에 '신축조약(辛丑條約)'을 맺은 것을 가리킨다. 2) 東三省(동삼성) – 만주(滿洲), 요녕(遼寧)·길림(吉林)·흑룡강(黑龍江)의 삼성. 3) 割與俄(할여아)- 러시아에 쪼개주다. 1900년 러시아는 연합군에 참여하여 북경으로 들어오면서 홀로 군대를 따로 보내어 동삼성을 점거하였다. '신축조약'이 체결된 뒤에도 러시아는 그곳으로부터 철군을 하려 하지 않았다. 그 뒤로 영(英)·미(美)·일(日)의 이해 충돌로 인한 간섭과 중국과 러시아 사이의 논의로 여러 번 파란을 거치면서 중국 지식인들을 자극하여 거아(拒俄)운동을 일으키게 하였다. 4) 魏絳和戎(위강화융)- 위강은 춘추(春秋)시대 진(晉)나라 대부(大夫). 그는 산융(山戎)이 침공하자 진나라 도공(悼公)에게 화의를 권하여 오랑캐들과 화의를 맺도록 하였다. 5) 遼東(요동)- 요하(遼河)의 동쪽 지방, '동삼성'을 가리킴. 6) 中夏(중하)- 중국. 7) 北風(북풍)-『시경』패풍(邶風)「북풍」시의 정현(鄭玄)의 『전(箋)』에 "한량(寒凉)한 바람은---임금의 정교(政敎)가 지나치게 포악하여 백성들을 어지러이 흩어지게 함을 비유한 것이다"고 설명하고 있다.

(解說) 이 시는 작자가 싱가폴에 나가 있으면서 '신축조약' 소식을 듣고 나라를 걱정하는 심정을 노래한 것이다. 특히 '동삼성'의 문제는 작자가 걱정하고 있는 대로 이후 러시아가 중국을 크게 애를 먹도록 만든다. 곧 러시아는 이후로 여러 번 동삼성으로부터의 철군약속을 어기어 중국인들을 흥분케 한다.

황우탄(黃牛灘¹⁾)

황우산 아래 바위 우뚝우뚝하고
청옥색 푸른 시냇물 마름으로 덮여 있네.
텅 빈 산은 십 리를 가도 사람 보이지 않고
오직 새우는 소리 들리고 긴 삼나무만 푸르네.

黃牛山²⁾下石矗矗³⁾하고, 縹碧⁴⁾青溪藻荇⁵⁾覆이라.
(황우산하석족족 표벽청계조행복)

空山十里不見人하고, 但有鳥啼長杉⁶⁾綠이라.
(공산십리불견인 단유조제장삼록)

(註釋) 1) 黃牛灘(황우탄)- 광서성(廣西省) 계림(桂林)에 흐르고 있는 이강(漓江)의 이른바 '360탄(灘)' 중의 하나. '탄'은 여울물의 뜻. 2) 黃牛山(황우산)- 구우산(九牛山)이라고도 하며, '황우탄' 옆에 있는 산 이름. 3) 矗矗(촉촉)- 바위가 우뚝우뚝 솟은 모양. 4) 縹碧(표벽)- 푸른 옥 빛. 5) 藻荇(조행)- 마름. '조'와 '행' 모두 마름의 일종. 6) 杉(삼)- 삼나무.

(解說) 강유위는 광서(光緒) 22년(1896) 그의 학사(學舍)를 광주(廣州)의 만목초당(萬木草堂)으로 옮기고 다음 해 계림을 여행하면서 지은 시이다. 아름다운 계림의 자연 속에서 휴식을 취하며 나라를 위해 일할 기운을 기르고 있는 것이다.

··· 작가 약전(略傳) ···

담사동(譚嗣同, 1865-1898) 자는 복생(復生), 호는 장비(壯飛), 호남성(湖南省) 유양(瀏陽) 사람이다. 어려서부터 큰 포부를 지니고 글을 공부하였다. 18941년의 청일전쟁 이후로 유신운동에 뛰어들었다. 광서(光緖) 24년(1898) 무술(戊戌)년 북경으로 와 강유위(康有爲)·양계초(梁啓超)가 이끄는 유신운동(維新運動)에 참가하였다. 무술변법(戊戌變法)이 실패한 뒤 잡혀 옥에 갇혀 있다가 처형되었다. 그는 개성적인 시를 쓰기에 힘썼으며, 작품집으로 『망창창재집(莽蒼蒼齋集)』이 있다.

동관(潼關[1]))

높은 구름이 옛날부터 이 성을 감싸 왔는데,
가을바람이 말발굽 소리 불어 흩어놓고 있네.
황하(黃河)가 넓은 들판을 흘러가면서도 구속을 받고 있는 듯
 하고,
여러 산은 동관으로 몰리어서는 평평한 것을 잊은 듯하네.

終古²⁾高雲簇³⁾此城이러니, 秋風吹散馬蹄聲이라.
(종고고운족차성 추풍취산마제성)

河⁴⁾流大野猶嫌束⁵⁾하고, 山入潼關不解⁶⁾平이라.
(하류대야유혐속 산입동관불해평)

(註釋) 1) 潼關(동관)- 섬서성(陝西省) 동관현(潼關縣)에 있는 관 이름. 섬서·산서(山西)·하남(河南) 세 성의 요충지(要衝地)이며 지세가 험요(險要)하다. 2) 終古(종고)- 옛날부터. 3) 簇(족)- 몰려들다, 감싸다. 4) 河(하)- 황하(黃河). 5) 束(속)- 구속을 받다. 6) 不解(불해)- 알지 못하다, 이해하지 못하다.

(解說) 광서(光緒) 8년(1882) 가을 작자가 18세 때 호남성(湖南省) 유양(瀏陽)을 출발하여 아버지가 계신 감숙성(甘肅省) 난주(蘭州)로 가다가 동관을 지나면서 지은 시이다. 간단한 시 속에 동관의 웅혼(雄渾)함과 젊은이의 큰 기상이 한꺼번에 표현되고 있다.

배를 잡아끄는 아이(兒纜¹⁾船)

[서문] 친구가 배를 타고 형양(衡陽)을 지나다가 바람이 불어 배가 거의 뒤집혀질 지경이 되었는데, 배에 있던 겨우 열 살 쯤 되는 아이가 배를 끌고 항구로 들어갔다. 그때 바람에 밀리어 배가 물러나면서 계속 잡아끌어 아이는 넘어졌으나, 아이는 울부짖으면서도 밧줄을 놓지 않고 끝내 1배를 끌고 항구로 들어갔는데, 아이의 두 손바닥엔 뼈가 드러나 있었다.

友人泛舟衡陽[2]이라가, 遇風하여, 舟瀕覆[3]이라. 船上兒甫十齡[4]이, 曳舟入港이러니, 風引舟退하여, 連曳兒仆[5]로되, 兒嚌[6]不釋纜하여, 卒曳入港이러니, 兒兩掌見骨焉이라라.

註釋 1) 纜(람)- 닻줄, 밧줄, 밧줄을 끌다. 2) 衡陽(형양)- 호남성(湖南省)의 고을 이름. 3) 瀕覆(빈복)- 거의 뒤집힐 지경이 되다. 4) 甫十齡(보십령)- 겨우 열 살. 5) 仆(부)- 엎어지다, 앞으로 넘어지는 것. 6) 嚌(제)- 울부짖다.

북풍이 쌩쌩 불고
큰 물결 우레 소리 내는 중에,
아이가 배 닻줄을 끌고 바람을 거슬리어 가네.
배 안의 사람들은 어쩔 줄을 모르고
죽고 사는 목숨이 아이 손에 맡겨졌네.
닻줄이 아이를 끌어 넘어뜨리어 아이는 자주 엎어지면서도
닻줄을 더욱 힘주어 잡으니 닻줄에 살이 뭉그러져서
아이의 살이 닻줄에 묻어 나가
아이 손바닥엔 뼈가 들어났네.
손바닥에 뼈가 들어나도
아이는 울지도 않았으니,
아이 손바닥엔 흰 뼈가 드러났으나
강물 속엔 죽은 이의 시체 없게 되었네.

　　北風蓬蓬[1]하고, 大浪雷吼러니,
　　(북풍봉봉　대랑뢰후)

小兒曳纜逆風走라.
(소아예람역풍주)

惶惶²⁾船中人은, 生死在兒手러라!
(황황선중인 생사재아수)

纜倒曳兒兒屢仆로되, 持纜愈力纜靡³⁾肉하니,
(남도예아아루부 지람유력남미육)

兒肉附纜去하여, 兒掌惟見骨이라.
(아육부람거 아장유현골)

掌見骨이로되, 兒莫哭하고,
(장현골 아막곡)

兒掌有白骨이나, 江心⁴⁾無白骨이라.
(아장유백골 강심무백골)

(註釋) 1) 蓬蓬(봉봉)- 북풍이 불어오는 소리. 2) 惶惶(황황)- 두려워하며 당황하는 모양. 3) 靡(미)- 얽히다, 뭉그러지다, 미(靡)의 뜻. 4) 江心(강심)- 강물 속. '강물 속에 백골이 없다'는 것은 물에 빠져 죽은 사람이 없었음을 뜻한다.

(解說) 이 시는 광서(光緖) 14년(1888)에 지은 시이다. 배에 있던 아이가 자기 몸도 돌보지 않고 배가 풍랑으로 뒤집히려 할 적에 배를 끌어 무사히 항구에 대피시킨 일을 읊은 것이다. 열 살 아이의 과감한 행동이 영웅답다. 시의 문장도 매우 평이하다는 것이 큰 특징이라 할 것이다.

옥 안의 벽에 적음(獄中題壁)

장검(張儉)처럼 도망 다니면서도 어느 집에서나 환영받으면서
　묵고 있을 동지들 생각하나니
두근(杜根)처럼 한 동안 죽음을 참고 있다 조정으로 돌아와 일
　하게 되기를!
나는 스스로 칼 옆에서 하늘 우러러 크게 웃나니
도망간 이나 남아있는 이나 성실한 마음 지닌 두 위대한 인물
　때문일세.

　　望門投止[1]思張儉하나니, 忍死須臾待杜根[2]이라.
　　(망문투지사장검　인사수유대두근)
　　我自[3]橫刀向天笑하나니, 去留[4]肝膽[5]兩崑崙[6]이라.
　　(아자횡도향천소　거류간담양곤륜)

(註釋) 1) 望門投止(망문투지)- 한(漢)나라 말엽에 장검(張儉)이란 사람이 백성들을 괴롭히는 환관(宦官) 후람(侯覽)을 탄핵하였으나, 도리어 후람의 미움을 사 후람이 장검을 모함하여 체포령이 내려졌다. 장검은 목숨을 살려 도망을 쳤는데 가는 곳마다 "집의 문을 보고 그 집에 투숙을 하려 하면(望門投止)" 사람들은 그를 알아보고 누구나 위험을 무릅쓰고 후한 대접을 하였다 한다(『後漢書』張儉傳). 여기에서는 무술정변(戊戌政變)을 일으켰던 유신파(維新派) 사람들을 장검에 비기고 있는 것이다. '투지'는 투숙(投宿)의 뜻. 2) 杜根(두근)- 동한(東漢) 안제(安帝) 때 사람. 안제가 나이가 많아졌는데도 등태후(鄧太后)가 계속 수렴청정(垂簾聽政)을 하자 두근이 정사를 황제에게 넘겨주라는 상서를 하였다. 두태후는 화를 내고 그를 잡아 큰 자

루 속에 묶어 넣고 때려죽이게 하였다. 그러나 법을 집행하는 사람은 그가 죽지 않을 만큼 때리고 밖으로 내다 버렸다. 두태후가 죽은 시체를 다시 검사하게 하였지만 죽음을 가장하여 살아나, 등태후가 처벌을 받은 뒤에 다시 조정으로 돌아와 시어시(侍御史)가 되었다. 이 구절은 도망 다니고 있는 유신인사들이 죽음을 이겨내고 뒤에 다시 두근처럼 조정으로 돌아와 일하게 되기를 바라는 뜻을 담고 있다. 3) 我自(아자)- 내 스스로. 양계초(梁啓超)의「담사동전(譚嗣同傳)」에, 무술정변 뒤에 어떤 사람이 담사동에게 도망치기를 권하자 그는 "여러 나라를 보면 유신(維新)은 피를 흘려 이룩하고 있다. 중국도 피를 흘려야 유신이 이루어실 것이기 때문에 내가 먼저 내 피를 흘려야 하겠다"는 결심을 말하며 거절하였다 한다. 이 구절은 작자의 그러한 희생 결심을 읊은 것이다. 4) 去留(거류)- 도망치는 것과 머물러 있는 것. 5) 肝膽(간담)- 진실한 성심(誠心). 6) 兩崑崙(양곤륜)- 두 위대한 인물. 강유위(康有爲)와 협객(俠客) 대도(大刀) 왕오(王五)를 가리킨다. 담사동은 일찍이 왕오에게서 검술을 배웠고, 변법(變法)에 뜻을 같이하고 있었디 힌다(梁啓超『飮氷室詩話』). '곤륜'은 중국의 가장 큰 산맥, 파밀고원에서 시작하여 신강(新疆)·서장(西藏)·청해(靑海)·감숙(甘肅) 등지로 크게 뻗어있다. 여기서는 큰 인물을 뜻한다.

(解說) 광서(光緖) 무술(戊戌)년(1898) 6월 광서황제는 강유위·담사동 등의 유신파를 기용하여 유신변법(維新變法)을 시행하였다. 그러나 9월에는 서태후(西太后) 일당이 일어나 유신파를 포살(捕殺)하고 광서황제를 구금하여 무술변법(戊戌變法)이 실패하였다. 대부분이 해외로 망명하였으나 담사동은 국내에 그대로 남아 잡혀 있다가 처형되었다. 이 시는 그가 처형당하기 직전에 감옥 안에서 쓴 시이다. 특히 작자의 희생정신이 고귀하게 느껴진다.

… 작가 약전(略傳) …

양계초(梁啓超, 1873-1929) 자는 탁여(卓如), 호는 임공(任公), 음빙실주인(飮氷室主人)이라 스스로 부르기도 하였으며, 광동성(廣東省) 신회현(新會縣) 사람이다. 광주(廣州)에서 고전 공부를 하다가 강유위(康有爲)의 만목초당(萬木草堂)으로 들어가 새로운 학문에 눈을 뜨고 변법유신(變法維新) 운동을 전개하였다. 무술변법(戊戌變法)에 실패하고도 일본으로 건너가 계속 개혁운동을 전개하였다. 그러나 입헌보황(立憲保皇)의 입장을 견지하여 혁명파(革命派)에 밀리기 시작하였다. 일시 귀국하여 법부총장(法部總長) 등을 지내기도 하였으나, 곧 정치에서 손을 떼고 고전연구와 저술활동에 전념하였다. 한 때는 시계혁명(詩界革命)과 함께 소설계혁명(小說界革命)·문계혁명(文界革命)을 주도하기도 하였고, 그의 수많은 저술을 모아놓은 『음빙실전집(飮氷室全集)』이 있다.

나라를 떠나는 노래(去國行)

아아! 나라의 어려움 해결하기엔 재주가 모자라면서

멍청히 선비인 체 하였구나!
간악한 자들의 머리 베지도 못하고
의로운 칼은 아무런 공도 못 세웠네.
임금의 은혜 친구의 원수 모두 갚지 못하였으니,
도적들 손에 죽는 것이 차라리 영웅답지 않았겠는가?
어머니도 버리고 눈물 삼키며 나라 밖으로 나와
되돌아보지도 않고 나는 동쪽으로 향하네!

동방의 나라 일본은 옛날부터 군자국이라 일컬었으니
종족이며 문화가 우리와 모두 같았네.
근래에 러시아가 욕심을 내어 이를 갈고 서북 지방을 삼켜버리자
일본과 우리는 입술과 이빨처럼 같은 환난을 겪으며 서로 뜻이 통하였네.
대륙의 산하가 다 부서지다시피 되었으니
무너진 둥지 속의 알이 온전할 수가 없는 법이라,
나는 초(楚)나라 신포서(申包胥)처럼 칠일을 곡하여서라도 구원을 청하려고 왔으니
일본이란 나라는 아직도 다행히 사리에 어둡지 않네.

그런데 일본의 역사를 읽고 일본의 옛 일을 얘기해 본다면,
삼십년 전의 일들은 모두 지금과 같지 않았네.
성 아래 여우나 사당(社堂)의 쥐 같은 무리들이 위세와 권리를 누리고

왕실은 혼란하여 골병이 든 듯 하였네.
뜬 구름이 해를 가리고 있는 꼴이었지만 간악한 자들을 쓸어내
　　지 못하고
앉아서 개미들이 응룡(應龍)을 뜯어먹게 버려두었네.
가련하게도 지사들은 나라를 위해 죽었으나
앞에서 엎어지면 뒤에서 일어나면서 뜻을 계속 이어,
한 남자가 과감히도 백 명의 궁수(弓手)를 향해 활을 쏘고
수호(水戶)에서 살마(薩摩)·장주(長州)에 이르는 지경이 피로
　　붉은 강을 이루었네.
그 뒤로 명치(明治)의 새로운 정치가 온 땅에 빛을 발하고
유럽을 능가하고 미국을 앞지르도록 기운이 왕성해졌네.
옆 사람들은 그들의 노래 소리는 듣고 있지만 어찌 옛날 통곡
　　하던 소리 들었으랴?
이것은 바로 수백 수천의 지사들이 머리와 피눈물 바쳐 세상을
　　돌려놓았기 때문일세.

아아! 남아가 삼십이 되도록 별 공로도 없이
이 보잘 것 없는 몸을 하늘에 되돌려드리겠다 맹서하였네.
불행할 경우엔 월조(月照)스님 같은 사람 될 것이고
다행할 경우엔 남주옹(南州翁)처럼 되리라!
그렇지도 않다면 고산(高山)·포생(蒲生)·상산(象山)·송음
　　(松陰) 사이의 한 자리 차지하여
그들의 소나무 대나무 같은 절조 지키며 엄동을 보내리라.

그렇게 앉아서 봄이 돌아오기 기다리노라면 마침내는 봄바람
 이 불어오리라!

아아! 옛 사람들은 가고 볼 수가 없으나
산 높고 물 깊은 중에 옛 자취가 들리누나!
쏴쏴 비바람은 천지에 가득 찼는데
훌쩍 한 소리 지르며 쑥대 굴러가듯 떠나가네.
머리 풀어헤치고 긴 휘파람 불면서 하늘을 바라보니
앞길에 있는 봉래산(蓬萊山)은 만 겹 산과 물 저편에 있네.
되돌아보지도 않고 나는 동쪽으로 향하네!

  嗚呼라! 濟艱[1]乏才兮여, 儒冠[2]容容[3]이라.
  (오호 제간핍재혜 유관용용)
  佞頭[4]不斬兮여, 俠劍無功이라.
  (영두불참혜 협검무공)
  君恩友仇兩未報하니, 死于賊手毋乃非英雄가?
  (군은우구양미보 사우적수무내비영웅)
  割慈[5]忍淚出國門하여, 掉頭不顧[6]吾其東[7]이라!
  (할자인루출국문 도두불고오기동)

  東方古稱君子國[8]이오, 種族文敎咸我同이라.
  (동방고칭군자국 종족문교함아동)
  爾來封狼[9]逐逐[10]磨齒啖西北하니, 脣齒[11]患難尤相通
   이라.
  (이래봉랑축축마치담서북 순치환난우상통)

大陸山河若破碎하여, 巢覆完卵[12]難爲功하니,
(대륙산하약파쇄 소복완란난위공)
我來欲作秦廷七日哭[13]이러니, 大邦[14]猶幸非宋聾[15]이라.
(아래욕작진정칠일곡 대방유행비송농)

却讀東史[16]說東故면, 卅年[17]前事將毋同이라.
(각독동사설동고 십년전사장무동)
城狐社鼠[18]積威福하고, 王室蠢蠢[19]如贅癰[20]이라.
(성호사서적위복 왕실준준여췌옹)
浮雲蔽日[21]不可掃하니, 坐令螻蟻[22]食鷹龍[23]이라.
(부운폐일불가소 좌령루의식응룡)
可憐志士死社稷하고, 前仆[24]後起形影從하며,
(가련지사사사직 전부후기형영종)
一夫敢射百抉拾[25]하니, 水戶[26]薩長[27]之間流血成川紅
 이라.
(일부감사백결습 수호살장지간류혈성천홍)
爾來明治新政耀大地하니, 駕歐凌美[28]氣葱龍[29]이라.
(이래명치신정요대지 가구릉미기총롱)
旁人聞歌[30]豈聞哭고? 此乃百千志士頭顱[31]血淚回蒼
 穹[32]이라.
(방인문가기문곡 차내백천지사두로혈루회창궁)

吁嗟乎! 男兒三十無奇功,하니 誓把區區[33]七尺[34]還
 天公이라!
(우차호 남아삼십무기공 서파구구칠척환천공)

不幸則爲僧月照[35]요, 幸則爲南州翁[36]이리라.
(불행즉위승월조 행즉위남주옹)

不然高山[37]蒲生象山[38]松陰之間占一席하여, 守此松筠[39]涉嚴冬[40]하리라.
(불연고산포생상산송음지간점일석 수차송운섭엄동)

坐待春回終當有東風하리라!
(좌대춘회종당유동풍)

吁嗟乎! 古人往矣不可見이로되, 山高水深聞古踪[41]이라.
(우차호 고인왕의불가견 산고수심문고종)

瀟瀟[42]風雨滿天地하니, 飄然[43]一聲如轉蓬[44]이라.
(소소풍우만천지 표연일성여전봉)

披髮[45]長嘯覽太空하니, 前路蓬山[46]一萬重이라.
(피발장소남태공 전로봉산일만중)

掉頭不顧吾其東이로다!
(도두불고오기동)

(註釋) 1) 濟艱(제간)- 나라의 어려움을 해결하는 것. 2) 儒冠(유관)- 유생들이 쓰는 관, 공부하는 신분임을 뜻함. 3) 容容(용용)- 멍청히 따르는 모양. 4) 侫頭(영두)- 간악한 자들의 머리. 5) 割慈(할자)- 어머니를 떼어버리는 것. '자'는 자당(慈堂), 어머니. 6) 掉頭不顧(도두불고)- 머리를 돌려 돌아보지 않다, 되돌아보지 않다, 모르는 체 하다. 7) 東(동)- 동쪽의 일본. 8) 君子國(군자국)- 일본을 가리킴(『山海經』海外東經에 보이는 말). 9) 封狼(봉랑)- 큰 이리, 러시아

를 가리킴. 10) 逐逐(축축)- 다투어 추구하는 모양, 욕심을 내는 모양. 11) 脣齒(순치)- 입술과 이빨. 순망치한(脣亡齒寒) 곧 '입술이 없으면 이빨이 추위를 느끼게 된다'는 속담(『左傳』僖公 5年에 보임)을 인용한 표현. 12) 巢覆完卵(소복완란)- 소복무완란(巢覆無完卵) 곧 '새 둥지가 부서져 뒤집어지면 온전한 알이 그 속에 그대로 있을 수가 없다'는 고사(『世說新語』言語에 보임)를 인용하여 표현한 말. 13) 秦廷七日哭(진정칠일곡)- 진나라 조정에서 7일 동안 통곡하다. 초(楚)나라에 갑자기 오(吳)나라가 쳐들어 왔을 적에 초나라 대부 신포서(申包胥)가 진(秦)나라로 구원을 요청하러 갔는데, 진나라 애공(哀公)이 말을 들어주지 않자 그대로 진나라 조정에서 7일 동안 계속 곡을 하여 애공은 감동한 나머지 군사를 내어 초나라를 도와 주었다(『左傳』定公 4年). 14) 大邦(대방)- 큰 나라, 일본을 가리킴. 15) 宋聾(송롱)- 송나라는 귀머거리이다. 『좌전』에서 "정(鄭)나라는 명철(明哲)하고 송(宋)나라는 우매(愚昧)하다"는 뜻에서 '송롱'이라 한 말(定公 14年)을 인용한 표현이다. 16) 東史(동사)- 일본 역사. 따라서 '동고(東故)'는 일본의 지난 일들. 17) 卅年(십년)- 30년, 일본은 1868년이 명치(明治) 원년이며 이후 유신(維新) 정치가 행해지는데, 이 시는 1898년에 지은 것이니 꼭 그 사이가 30년이다. 18) 城狐社鼠(성호사서)- 성 밑에 사는 여우와 사당(社堂)에 사는 쥐. 성 밑의 여우를 잡으려면 성이 무너지기 쉽고, 사당의 쥐를 잡으려다간 사신(社神)을 다치기 쉬워서 손을 대지 못한다. 따라서 제거하기 어려운 간신(奸臣)들을 가리키는 말로 흔히 쓰였다(『晉書』謝鯤傳). 19) 蠢蠢(준준)- 벌레가 꿈틀거리는 모양, 혼란한 모양. 20) 贅癰(췌옹)- '췌'는 혹이 생기는 것, '옹'은 종기가 나는 것. 두 가지를 합쳐 난치병을 가리킴. 21) 浮雲蔽日(부운폐일)- 뜬 구름이 해를 가리다. 간신들의 농락으로 임금이 올바로 정치를 못하는 상황을 말함. 22) 螻蟻(루의)- 개미. 23) 應龍(응룡)- 나래가 달린 용, 또는 천년 묵은 용. 24) 仆(부)- 앞으로 엎어지는 것. 25) 決拾(결습)-

'결'은 활을 쏠 적에 시위를 잡아당기기 위하여 손가락에 끼는 깍지. '습'은 활 쏘는 사람이 어깨에 걸치던 어깨걸이. 합쳐서 궁수(弓手), 활쏘는 사람을 가리킨다.   26) 水戶(수호)- 일본 본주(本州) 동부에 있는 도시. 자성현(茨城縣)의 수부(首府)이며 나가천(那珂川) 어귀에 있는 동서 수로(水路)의 요진(要津)이다.   27) 薩長(살장)- 살마(薩摩), 곧 지금의 구주(九州) 녹아도현(鹿兒島縣)과 장주(長州) 곧 지금의 본주(本州) 산구현(山口縣). 막부(幕府)를 타도하는 데에 이 두 곳의 사람들이 가장 눈부신 활약을 하였다.   28) 駕歐凌美(가구릉미)- 유럽을 앞서고 미국을 뛰어넘다, 유럽과 미국을 능가(凌駕)하다.   29) 葱蘢(총롱)- 번성하고 무성한 모양.   30) 聞歌(문가)- 일본이 잘 되고 있다는 얘기만을 듣는 것. 따라서 '문곡(聞哭)'은 옛날 일본의 어려웠던 시절의 일 얘기를 듣는 것.   31) 頭顱(두로)- 머리. '로'는 두개골의 뜻.   32) 蒼穹(창궁)- 푸른 하늘, 창천(蒼天), 나라의 운명을 가리킴.   33) 區區(구구)- 작은 모양, 보잘 것 없는 모양.   34) 七尺(칠척)- 자기 몸을 가리킨다.   35) 僧月照(승월조)- 일본 서경(西京) 청수사(淸水寺)의 주지스님이있는데, '존왕양이(尊王攘夷)' 활동으로 덕천막부(德川幕府)의 미움을 사 쫓겨다니다가 결국은 몰리어 다른 유신(維新)의 지사(志士)인 서향융성(西鄕隆盛)과 서로 끌어안고 바다에 몸을 던졌다. 그러나 월조는 죽고 서향은 살아남았다.   36) 南州翁(남주옹)- 앞에 얘기한 서향융성(西鄕隆盛), 그는 일본 남단의 녹아도(鹿兒島)를 근거로 하여 활약하였기에 그렇게 부른 것이다.   37) 高山(고산)- 고산정지(高山正之), '포생(蒲生)'은 포생수실(蒲生秀實), '송음(松陰)'은 길전송음(吉田松陰), 세 사람 모두 일본의 유신운동을 전개하였던 사상가들임.   38) 象山(상산)- 남송(南宋)의 학자 육구연(陸九淵), 강서성(江西省) 금계(金溪)의 상산에 상산학원(象山學院)을 세우고 강학(講學)하였다.   39) 松筠(송윤)- 소나무와 대나무. 앞에 든 사람들 같은 올곧은 절조(節操)를 가리킨다.   40) 嚴冬(엄동)- 나라의 어려운 시기를 뜻한다.   41) 古踪(고종)- 옛분들의 발자취. 42) 瀟瀟(소소)- 빗바람이 어지러이 치는 모양. 43) 飄然(표연)- 훌쩍 날으는 것, 훌쩍 떠나는 모양. 44) 轉蓬(전봉)- 바람에 불려 굴러다니는 마른 쑥대. 45) 披髮(피발)- 머리를 풀어헤치는 것. 46) 蓬山(봉산)- 신선의 고장 봉래산(蓬萊山), 일본을 가리킨다.

解說 광서(光緖) 24년(1898) 무술정변에 실패한 뒤 일본으로 망명을 하면서 지은 시이다. 광서황제는 영대(瀛臺)에 유금(幽禁)되고 여러 명의 동지들이 잡혀 죽었음으로 유신운동에 실패한 비분강개가 느껴진다. 그러나 일본에 대하여는 작자가 지나치게 큰 기대와 환상을 지니고 있었던 듯하다. 이런 것 모두가 망국민의 한이다.

뜻을 이루지 못하고(志未酬)

뜻을 이루지 못하였는데,
뜻을 이루지 못하였는데,
묻노니 그대의 뜻은 언제 이루려나?
뜻도 한량이 없고
이루는 일도 정해진 때가 없네.
세계의 진보는 멈추어 있는 때가 없고,
나의 희망도 멈추어 있는 때란 없네.
뭇 백성들의 고뇌는 엉클어진 실처럼 끊이지 않고,
나의 슬픔과 고민도 엉클어진 실처럼 끊일 날 없네.
높은 산에 올라보면 더 높은 산이 있고,

넓은 바다로 나가보면 더 넓은 바다가 있네.
용이 치솟고 호랑이 날뛰는 대로 맡겨 두고 이 한평생 보내야지
이루는 일이 얼마나 된다는 건가?
비록 이루는 것 조금이라 하더라도
감히 스스로 가벼이 여겨서는 안 될 것이니,
조금이 없다면
많은 것이 어디에서 생겨나겠는가?
다만 넓고 아득한 앞길만 바라볼 것이니,
그 누가 이런 내 뜻에 동감하지 않겠는가?
아아!
남아로서 천하의 일에 뜻을 두었다면
오직 전진 뿐 멈추는 일이란 없을 것이니,
뜻을 이루었다는 것은 곧 뜻이 없다는 말이 되네.

志未酬[1]하고, 志未酬어늘, 問君之志幾時酬아?
(지미수 지미수 문군지지기시수)

志亦無盡量이오, 酬亦無盡時라.
(지역무진량 수역무진시)

世界進步靡[2]有止期요, 吾之希望亦靡有止期라.
(세계진보미유지기 오지희망역미유지기)

衆生苦惱不斷如亂絲어늘, 吾之悲憫亦不斷如亂絲라.
(중생고뇌부단여란사 오지비민역부단여란사)

登高山復有高山하고, 出瀛[3]海更有瀛海로다.
(등고산부유고산 출영해갱유영해)

任龍騰虎躍以度此百年⁴⁾兮여, 所成就其能幾許아?
(임용등호약이도차백년혜 소성취기능기허)

雖成少許라도, 不敢自輕이니,
(수성소허 불감자경)

不有少許兮면, 多許奚自⁵⁾生이리오?
(불유소허혜 다허해자생)

但望前途之宏廓⁶⁾而寥遠⁷⁾兮여, 其孰能無感于余情고?
(단망전도지굉곽이료원혜 기숙능무감우여정)

吁嗟乎! 男兒志兮天下事어든,
(우차호 남아지혜천하사)

但有進兮不有止니, 言志已酬便無志라.
(단유진혜불유지 언지이수변무지)

(註釋) 1) 酬(수)- 댓가를 받는 것, 뜻을 이루는 것. 2) 靡(미)- 없다, 부정사. 3) 瀛(영)- 넓은 바다. 4) 百年(백년)- 사람의 한 평생. 5) 奚自(해자)- 어디로부터. 6) 宏廓(굉곽)- 넓은 것. 7) 寥遠(요원)- 아득히 먼 것.

(解說) 광서 27년(1901) 작자가 일본으로 망명하여 시계혁명운동(詩界革命運動)을 전개하며 유신운동에 몰두하고 있을 적의 작품이다. 그의 중국시 혁명의 이상은 이 시에 잘 드러나 있고, 유신에 대한 그의 열정도 뜨겁게 느껴지는 작품이다.

스스로를 격려함(自厲)[1] 이수(二首)

기일(其一)

평생 동안 가장 싫어한 것은 불평불만의 말이었으니
일부러 괴로운 듯 신음소리 내어보아야 그것으로 누구를 원망하겠다는 것인가?
세상만사는 불행 속에 행복이 깃들어 있는 것이니,
일생을 두고 힘써 운명을 이끌어 나가야 할 것이네.
몸담고 살아가는 데 있어서 어찌 몸담을 곳 없음을 걱정하랴?
나라를 위함에 있어서 오직 때늦을 지도 모름만을 걱정해야 하네.
영웅의 길은 배우지 못했으되 먼저 올바른 도를 배웠거늘
내가 잘 되고 못 되는 것을 일반 사람들에 비겨서야 되겠는가?

平生最惡牢騷[2]語니, 作態[3]呻吟苦恨誰아?
(평생최오로소어 작태신음고한수)
萬事禍爲福所倚[4]니, 百年[5]力與命相持[6]라.
(만사화위복소의 백년력여명상지)
立身[7]豈患無餘地아? 報國惟憂或後時라.
(입신기환무여지 보국유우혹후시)
未學英雄先學道어늘, 肯將榮瘁[8]校[9]群兒[10]아?
(미학영웅선학도 긍장영췌교군아)

(註釋) 1) 厲(려)- 격려하다, 려(勵)의 뜻. 2) 牢騷(로소)- 불평불만을 하는 것, 불만스럽게 투덜거리는 것. 3) 作態(작태)- 일부러 몸가짐을 꾸미는 것. 4) 福所倚(복소의)-『노자(老子)』에 "화 속에 복이 깃들어 있고, 복 속에 화가 숨겨져 있다.(禍兮, 福之所倚; 福兮, 禍之所伏)"고 한 말을 응용한 표현이다. 5) 百年(백년)- 사람의 한 평생. 6) 相持(상지)- 서로 경쟁을 하는 것. 7) 立身(입신)- 몸담고 살아가는 것. 8) 榮瘁(영췌)- 사람이 뜻대로 잘 되는 것과 잘 못 되는 것, 영광과 오욕. 9) 校(교)- 견주다, 비교하다. 10) 群兒(군아)- 일반 사람들.

기이(其二)

내 몸을 바쳐 달갑게 만인이 공격하는 화살을 받는 표적이 되고 싶고
지은 글로써 백 대를 두고 사람들의 스승이 되고 싶네.
백성들의 권리를 각성시키어 사회의 낡은 습속을 개량하고
올바른 이치를 더욱 연구하여 새로운 지식을 열 것을 맹세하네.
십 년 뒤가 되면 나를 생각하게 될 것인데
온 나라 사람들이 아직도 돌아있으니 누구와 얘기하면 좋겠는가?
이 세계도 무궁무진하고 내 바람도 무궁무진하여
드넓은 하늘과 바다를 대하듯이 한동안 우뚝이 서 있네.

獻身甘作萬矢的[1]이오, **著論求爲百世師**라.
(헌신감작만시적 저론구위백세사)

誓起民權移舊俗[2]하고, 更研哲理牖[3]新知라.
(서기민권이구속 갱연철리유신지)

十年以後當思我리나, 擧國猶狂欲語誰오?
(십년이후당사아 거국유광욕어수)

世界無窮願無盡하니, 海天寥廓[4]立多時라.
(세계무궁원무진 해천료곽입다시)

註釋 1) 萬矢的(만시적)- 만인이 쏘는 화살을 받는 과녁. 여러 사람들의 나라나 사회에 대한 불만에서 나오는 공격을 모두 자신이 책임지고 싶다는 뜻. 2) 移舊俗(이구속)- 낡은 습속을 고치다. 3) 牖(유)- 창, 열어주다, 이끌다. 유(誘). 4) 寥廓(요곽)- 아주 넓은 것.

解說 이 시는 광서 27년(1901), 일본에 망명해 있으면서 지은 시이다. 양계초가 가장 개혁운동에 정열을 불태우던 시기이다. 적극적이고 만사에 자신이 책임을 지려는 자세가 특히 돋보인다. 앞 시에서는 나라를 위하여 개인의 영리 같은 것은 문제도 삼지 않으려는 작자의 의지가 뜨겁다. 그리고 뒤의 시에서는 몸을 바쳐 나라 일을 하고 여론을 이끌며, 온 세상 일에 대하여 자기가 책임을 지려는 자부심이 두드러진다.

태평양에서 비를 만나(太平洋遇雨)

한바탕 비가 이리저리 아주(亞洲)와 미주(美洲)에 걸쳐 쏟아지는데 거친 물결이 천지를 휩쓸면서 동쪽으로 흘러가네.
변란에도 살아남은 인물은 물결도 쓸어 없애지 못하니
또 바람과 우레를 일으킬 변법(變法)의 뜻을 품고 먼 길을 가고
있네.

>　一雨縱橫亘二洲[1]하니, 浪淘天地入東流라.
>　(일우종횡긍이주　낭도천지입동류)
>　劫餘人物[2]淘難盡하니, 又挾風雷[3]作遠游[4]라.
>　(겁여인물도난진　우협풍뢰작원유)

(註釋) 1) 二洲(이주)- 아주(亞洲)와 미주(美洲).　2) 劫餘人物(겁여인물)- 무술정변(戊戌政變) 같은 변란 속에서도 죽지 않고 살아남은 인물. 3) 風雷(풍뢰)- 바람과 우레. 유신변법(維新變法) 사상을 가리킴. 4) 遠游(원유)- 멀리 가다, 미국으로 가고 있음을 뜻한다.

(解說)　1899년 작자가 배를 타고 미국으로 가는 도중 비 오는 태평양 위에서 지은 시이다. 유신을 바탕으로 한 웅대한 포부와 기개가 잘 드러나는 시이다.

… 작가 약전(略傳) …

추근(秋瑾, 1875-1907) 자는 선경(璿卿), 도는 경웅(竟雄), 스스로 감호여협(鑒湖女俠)이라 호하였고, 절강성(浙江省) 산음(山陰, 지금의 紹興) 사람. 유명한 민주주의 운동가이며 중국 부녀해방운동의 선구자이다. 부모의 명으로 결혼을 하였으나 의연히 홀로 광서 30년(1904) 일본으로 유학하여 동맹회(同盟會)에 가입 혁명운동에 투신한다. 1906년에 귀국하여 광복군(光復軍)을 조직한 뒤 기의(起義)하려다가 발각되어 소흥(紹興)에서 사형에 처해진다. 그의 시에도 애국과 혁명의 격정이 담겨 있으며, 작품집으로 『추근집(秋瑾集)』이 있다.

지감기에 적음(題芝龕記[1])

예부터 여장원 얘기를 앞 다투어 전하고 있는데,
젊을 적에야 누구인들 제후(諸侯)로 봉해질 것 생각 않겠는가?
마(馬)씨 집 며느리와 심(沈)씨 집 딸도
일찍이 위대한 이름을 온 나라에 떨쳤네.

古今爭傳女狀頭[2]하니, **紅顏**[3]**誰說不封侯**[4]리오?
(고금쟁전여장두 홍안수설불봉후)
馬家婦[5]**共沈家女**[6]이, **曾有威名**[7]**震九州**[8]라.
(마가부공심가녀 증유위명진구주)

(註釋) 1) 芝龕記(지감기)- 청나라 때 호남(湖南)의 동용(董榕)이 지은 전기(傳奇) 작품. 명(明)나라 신종(神宗) 만력(萬曆) 연간(1573-1619)에 나라를 위해 큰 공을 세웠던 여장군 진량옥(秦良玉)과 심운영(沈雲英)의 얘기를 희곡작품으로 쓴 것이다. 2) 女狀頭(여장두)- 여장원(女狀元). 3) 紅顏(홍안)- 얼굴에 핏기가 있는 젊은이. 4) 封侯(봉후)- 큰 공을 세워 제후(諸侯)로 봉해지다. 5) 馬家婦(마가부)- 명나라 때 석주(石砫, 지금의 四川省 石柱縣)의 선무사(宣撫使) 마천승(馬千乘)의 처 진량옥(秦良玉). 그는 여자이면서도 무술에 뛰어나고 글도 잘 하였는데, 남장을 하고 군사를 거느리고 나가 반란군을 토벌하여 나라에 큰 공을 세웠다. 6) 沈家女(심가녀)- 명 말엽 도주(道州, 지금의 湖南省 道縣)의 수비(守備) 심지서(沈至緒)의 딸 심운영(沈雲英). 그는 글도 많이 읽고 무술을 닦은 여인이다. 반란군이 도주(道州)를 공격하여 아버지도 잡히어 죽자, 심운영은 열 명의 기병을 거느리고 적군으로 돌진하여 아버지 시신을 찾아왔고, 뒤에 유격장군(遊擊將軍)이 되어 도주를 지키며 반란군을 토벌하여 큰 공을 세웠다. 7) 威名(위명)- 위세가 있는 이름, 위대한 명성. 8) 九州(구주)- 온 중국을 가리킴.

(解說) 작자가 소녀시절 지은 시. 모두 8수이나 그 중 한 수만을 뽑았다. 이미 소녀 적부터 여자이면서도 남다른 기개와 야망이 있었음을 알게 한다.

일본사람 석정군이 자기 시에 화작하기를 요구하여 원 시의 운을 써서 지음(日人石井君[1]索和[2]卽用原韻[3])

부질없이 여자는 영웅이 되지 못한다 말하고들 있지만
만 리 길을 바람 타고 홀로 일본으로 향하고 있네.
돛단 배 위에 이는 시정은 바다와 하늘처럼 넓기만 하고
꿈에도 넋은 달빛 영롱한 일본 땅에 가 있네.
이민족에게 빼앗긴 조국은 머리 돌려보기도 슬프고
땀 흘리며 애썼으나 아무 공로도 없음이 부끄럽네.
이처럼 크게 마음아파 하면서 나라 잃은 한 품고 있으니
어찌 차마 객향에서 봄철을 잘 보낼 수 있겠는가?

漫云[4]女子不英雄이나, 萬里乘風獨向東[5]이라.
(만운여자불영웅 만리승풍독향동)
詩思 一帆[6]海空闊하고, 夢魂三島[7]月玲瓏[8]이라.
(시사일범해공활 몽혼삼도월령롱)
銅駝[9]已陷悲回首요, 汗馬[10]終慚未有功이라.
(동타이함비회수 한마종참미유공)
如許[11]傷心家國恨하니, 那堪客裏度春風고?
(여허상심가국한 나감객리도춘풍)

(註釋) 1) 石井君(석정군)- 누구인지 알 수 없다. 식정국사랑(石井菊次郞)이란 사람일 가능성이 많다고 알려졌을 따름이다. 2) 索和(색화)- 남에게 시를 지어 준 다음, 다시 그 시에 화작(和作)하기를 요구하는 것. 3) 用原韻(용원운)- 원 시의 운을 사용하여 시를 짓다. 4) 漫云

(만운)- 부질없이 말하다. 5) 向東(향동)- 동쪽 일본으로 배를 타고 가고 있는 것. 6) 一帆(일범)- 한 개의 돛, 항선(航船)을 가리킨다. 7) 三島(삼도)- 일본은 본주(本州)·사국(四國)·구주(九州)의 세 섬으로 이루어져 있다. 8) 玲瓏(영롱)- 아름답게 빛나는 것. 9) 銅駝(동타)- 한(漢)나라 때 동으로 낙타를 세 개 만들어 낙양(洛陽)의 동타가(銅駝街)에 세워놓았다(『洛陽記』). 뒤에 진(晉)나라 색정(索靖)이 나라가 망할 것을 예견하고 낙양 궁전 문앞에 있는 동타를 가리키며 "이놈들이 가시덩굴 속에 묻히게 될 것"이라 말했다 한다(『晉書』 索靖傳). 따라서 '동타이함(銅駝已陷)'은 나라가 망하여 이민족 지배 아래 있음을 뜻한다. 10) 汗馬(한마)- 말이 땀을 흘리다. 크게 활동하면서 땀을 흘린 것을 말한다. 11) 如許(여허)- 그처럼 많은.

(解說) 1904년 작자가 일본으로 유학을 가는 도중 배 위에서 석정(石井)이라는 일본친구를 만나 지은 시이다. 여자이면서도 영웅다운 혁명가로서의 포부와 기개가 크고 애국의 열정이 넘치고 있다.

황해의 배 속에서 일본 사람이 시를 지어주기를 요구하였는데 함께 일로전쟁 지도를 보고 씀(黃海舟中日人索句¹⁾並見日露戰爭²⁾地圖)

만 리 길 바람 타고 갔다가 다시 돌아오는데
외로운 봄으로 동해를 건너시만 가슴 속엔 봄 우레 같은 뜻 품고 있네.
차마 보지 못할 지도 보니 얼굴빛 변하여지나니

어찌 우리 강산 영원히 전란 속에 재로 남게 버려두겠는가?
막걸리로는 나라 걱정하는 이의 눈물 마르게 할 수 없으니
이 시국을 구하려면 응당 뛰어난 인재들이 있어야만 할 것이네.
십만 명의 머리에서 흘린 피를 합쳐서라도
반드시 이 세상 힘써 올바로 되돌려 놓아야지!

萬里乘風去復來[3]하니, 隻身[4]東海挾春雷[5]라.
(만리승풍거부래 척신동해협춘뢰)
忍看[6]圖畵[7]移顔色하니, 肯使江山付劫灰[8]아?
(인간도화이안색 긍사강산부겁회)
濁酒不銷憂國淚요, 救時應仗出群才[9]라.
(탁주불소우국루 구시응장출군재)
拚[10]將十萬頭顱[11]血하여, 須把乾坤[12]力挽回라!
(변장십만두로혈 수파건곤여만회)

(註釋) 1) 索句(색구)- 시를 써 달라고 요구하는 것. 2) 日俄戰爭(일아전쟁)- 일로전쟁(日露戰爭), 1904년 일본과 러시아가 중국의 동북지구를 서로 차지하려고 벌였던 전쟁. 그때 청나라 정부는 '중립'을 선언하고 구경만 하였다. 3) 去復來(거부래)- 갔다가 다시 오다. 작자는 1904년 초에 일본으로 건너가 유학을 시작하였는데, 연말에 일단 귀국하여 학비 등을 마련한 뒤 다시 1905년 봄에 일본으로 건너갔다. 그때 배 위에서 이 시를 지은 것이다. 4) 隻身(척신)- 외로운 몸, 한 몸. 5) 春雷(춘뢰)- 봄 우레, 혁명을 하여 나라를 바로잡으려는 자신의 큰 뜻을 말한다. 6) 忍看(인간)- 차마 어찌 그대로 보겠는가? 7) 圖畵(도화)- 지도. 8) 劫灰(겁회)- 전란, 전란에 재가 되어버리는 것. 9) 出群才(출군재)- 출중한 인재. 10) 拚(변)- 합치다, 모으다.

11) 頭顱(두로)- 머리. 12) 乾坤(건곤)- 천지, 세계 형세.

(解說) 1905년 일단 귀국하였다가 다시 일본으로 되돌아가는 배 위에서 지은 시이다. 역시 혁명과 우국의 정열이 뜨겁기 짝이 없다.

분개를 느끼고(感憤)

드넓은 조국 땅이 한탄스럽게도 다 무너졌으되
시국을 만회해보려 해도 계책이 없으니 구차한 삶이 부끄럽네.
모래 같은 백성들을 뭉쳐 망한 초(楚)나라 일으키듯 조국 다시
    일으키는 것이 소원이고,
옛날 장량(張良)처럼 청나라 임금 치려해도 쇠몽둥이가 없네.
나라가 망하고 나니 비로소 한족(漢族)도 천해졌음을 알게 되고,
의기(義氣) 드높으니 객향의 돈주머니 가난한 것 상관없네.
혁명 계획과 활동은 아직도 동지들의 바람에 보답치 못하고 있
    으니
칼 잡고 슬픈 노래 부르자 눈물만 줄줄 흐르네.

    莽莽[1]神州[2]歎陸沈[3]이로되, 救時無計愧偸生이라.
    (망망신주탄육침 구시무계괴투생)
    摶沙[4]有願興亡楚[5]요, 博浪[6]無椎[7]擊暴秦이라.
    (단사유원흥망초 박랑무추격폭진)
    國破[8]方知人種賤하고, 義高不礙[9]客囊貧이라.
    (국파방지인종천 의고불애객낭빈)

經營¹⁰⁾恨未酬¹¹⁾同志하니, 把劍悲歌涕淚橫이라.
(경영한미수동지 파검비가체루횡)

(註釋) 1) 莽莽(망망)- 풀이 넓은 들판에 자라있는 모양. 여기서는 드넓은 조국 땅을 형용하고 있다. 2) 神州(신주)- 중국을 가리키는 말. 3) 陸沈(육침)- 세상이 무척 혼란한 것을 가리키는 말(『世說新語』 輕詆). 4) 摶沙(단사)- 모래처럼 흩어져 있는 많은 사람들을 단결시키는 것. 송(宋)나라 소식(蘇軾)이 "친구들이란 모래를 모아놓은 것 같아서 손을 놓으면 다시 흩어진다(親友如摶沙, 放手還復散.)"(「二公再和亦再答之」) 고 한 말에서 나왔음. 5) 興亡楚(흥망초)- 망한 초나라를 흥성시키다. 『사기(史記)』에 "초나라는 비록 세 집이 남더라도 진나라를 멸망시킬 것은 반드시 초나라일 것이다(楚雖三戶, 亡秦必楚也.)"(項羽本紀)고 한 말을 응용한 표현임. 6) 博浪(박랑)- 지금의 하남성(河南省)의 현(縣) 이름. 옛날 한(韓)나라가 진(秦)나라에 멸망당하자 장량(張良)은 역사(力士)를 구하여 그로하여금 쇠몽둥이를 몸에 품고 그 곳 박랑사(博浪沙)에서 숨어 있다가 진시황(秦始皇)이 수레를 타고 지나갈 적에 그를 때려죽이도록 하였다. 그러나 부거(副車)를 잘못 알고 쳐서 진시황은 무사하였다(『史記』 留侯世家). 7) 椎(추)- 쇠몽둥이. 8) 國破(국파)- 나라가 망하는 것. 명(明)의 멸망을 뜻한다. 9) 不礙(불애)- 구애받지 않다, 상관이 없다. 10) 經營(경영)- 청나라를 멸망시킬 혁명운동을 계획하고 추진하는 것. 11) 酬(수)- 보답하다.

(解說) 광서 33년(1907) 곧 그가 사형당한 해에 쓴 시라 한다. 죽기 직전까지도 뜨겁게 불태운 조국혁명의 열정이 대단하다. 그 시대의 여성으로서는 더욱 있기 어려운 인물이다.

색 인(索引)

[ㄱ]

가경(嘉慶) ····· 320
가어현(嘉魚縣) ····· 220
가응주(嘉應州) ····· 328
가정(嘉定) ····· 60
가흥(嘉興) ····· 127
갈홍(葛洪) ····· 231
감단(邯鄲) ····· 274
감단도상(邯鄲道上) ····· 156
감분(感憤) ····· 375
감숙성(甘肅省) ····· 350
감회(感懷) ····· 79
갑오전쟁(甲午戰爭) ····· 336
강녕(江寧) ····· 24, 212, 320
강산(江山) ····· 50, 225

강상(江上) ····· 141
강서성(江西省) 52, 136, 142, 263, 362
강소(江蘇) ····· 276
강소성(江蘇省) ····· 31, 39, 47, 57, 64, 94, 98, 128, 153, 177, 184, 194, 222, 234, 246, 255, 259, 262, 298, 299
강유위(康有爲) ····· 26, 341, 349, 354, 355
강음(江陰) ····· 60
강하(江夏) ····· 345
강희(康熙) ····· 45, 47, 78, 114, 127, 149, 151, 317, 320, 324
강희황제(康熙皇帝) ····· 17, 305
거국행(去國行) ····· 355
건륭(乾隆) ····· 317, 320, 324
건륭황제(乾隆皇帝) ····· 17
경구(京口) ····· 65, 184, 246

경사애(經死哀)	267	관중(關中)	168
경세치용(經世致用)	18	관중민(關中民)	167
계림(桂林)	348	광동(廣東)	341
계명곡(鷄鳴曲)	90	광동성(廣東省)	118, 135, 231, 355
고계(高啓)	225	광서(光緖)	343
고구려(高句麗)	144, 201	광서성(廣西省)	348
고사립(顧嗣立)	165	광주(廣州)	343, 355
고소(姑蘇)	299	광주시(廣州市)	342
고소성(姑蘇城)	279	구강(九江)	52
고염무(顧炎武)	18, 21, 58	구강현(九江縣)	52
고요현(高要縣)	135, 158	구구(九衢)	318
고조(高祖)	220, 345	구실보(仇實父)	273
고종(高宗)	206, 324, 333	구영(仇英)	273
곤륜산(崑崙山)	299	구우산(九牛山)	348
곤산(崑山)	58, 60	구점증소곤생(口占贈蘇崑生)	52
공도(龔陶)	266	구주(九州)	262, 334, 362
공등(龔橙)	265	군성(郡城)	100
공상임(孔尙任)	54, 115	군영(軍營)	286
공성여(龔聖璵)	336	군자국(君子國)	360
공수(龔遂)	227, 228	굴대균(屈大均)	21, 118
공자진(龔自珍)	26, 248	굴원(屈原)	310, 325
과오강유감(過吳江有感)	46	권호행(圈虎行)	237
과호북산가(過湖北山家)	91	귀주(貴州)	161
과황주(過黃州)	243	귀주강행망연자기작(歸舟江行望燕子磯作)	189
과회음유감(過淮陰有感)	48	귀주성(貴州省)	162, 267
관산(關山)	50	금릉(金陵)	37, 55, 147
관조행(觀潮行)	25	금릉도상(金陵道上)	146

금릉후관기(金陵後觀棋) ……………… 38	남주옹(南州翁) ……………………… 357
금산(金山) …………………………… 64	남해(南海) …………………… 93, 341
금성사마(金城司馬) ………………… 143	내양(萊陽) …………………………… 76
기해잡시(己亥雜詩) ………………… 254	내인생일(內人生日) ………………… 109
길림(吉林) …………………………… 347	내청헌(來靑軒) ……………………… 127
길림성(吉林省) ……………………… 45	노구(蘆溝) …………………………… 244
김화(金和) ………………… 26, 27, 276	노련대(魯連臺) ………………… 118, 119
	노양공(魯陽公) ……………………… 264
[ㄴ]	노중련(魯仲連) ……………………… 119
	논시(論詩) …………………………… 224
나부(羅浮) …………………………… 231	
낙양(洛陽) …………………… 312, 373	[ㄷ]
난릉(蘭陵) …………………………… 298	
난릉여아행(蘭陵女兒行) …………… 276	단계연(端溪硯) ……………………… 135
난주(蘭州) …………………………… 350	단봉성(丹鳳城) ……………………… 311
남경(南京) … 31, 37, 55, 60, 70, 125,	단주(端州) …………………… 129, 135
147, 154, 184, 190, 299	담사동(譚嗣同) ………………… 26, 349
남경사(覽鏡詞) ……………………… 114	대강동(大江東) ……………………… 125
남경시(南京市) ……………………… 302	대도(大都) …………………… 136, 137, 354
남북조(南北朝) ……………………… 55	대동(大同) …………………………… 139
남송(南宋) …………………… 53, 206, 362	대동(大東) …………………………… 333
남안현(南安縣) ……………………… 73	대현(代縣) …………………………… 139
남웅현(南雄縣) ……………………… 135	덕우(德祐) …………………………… 136
남원(南苑) …………………… 305, 319	도광(道光) …………………… 20, 259
남월왕(南越王) ……………………… 342	도광(韜光) …………………………… 187
남정현(南鄭縣) ……………………… 151	도망시(悼亡詩) ……………………… 149
남조(南朝) …………………………… 53	도망희(悼亡姬) ……………… 190, 192

도방비(道旁碑)	173
도연명(陶淵明)	34, 262, 302
도정(道情)	207
도종(度宗)	53
도주(道州)	371
도홍경(陶弘景)	54, 55
도화원(桃花源)	285
도황행(逃荒行)	25, 198
독진승전(讀陳勝傳)	121
동강(東江)	231
동관(潼關)	349, 350
동관현(潼關縣)	350
동삼성(東三省)	347
동왕공(東王公)	321
동용(董榕)	371
동진(東晉)	143
동한(東漢)	333, 353
두려낭(杜麗娘)	74
두로(杜老)	99
두보(杜甫)	33, 76, 99, 213, 224, 340
두사선(杜嗣先)	176
두우(杜宇)	340
등섬(鄧剡)	129
등주(登州)	156
등태후(鄧太后)	353
등하간내인삽병화희제사절구(燈下看內人揷瓶花戲題四絶句)	34

[ㅁ]

마사영(馬士英)	53
마옥곤(馬玉昆)	333
마외(馬嵬)	212, 213
마원(馬援)	333
마천승(馬千乘)	371
마초행(馬草行)	127
막우지(莫友芝)	26
만감(漫感)	248
만력(萬曆)	371
만망(晚望)	271
만주(滿洲)	347
말릉(秣陵)	124, 125, 147
망라부(望羅浮)	230
망랑회(望郎回)	165
매서사모(賣書祀母)	107
매촌(梅村)	56
명시선(明詩選)	330
모기령(毛奇齡)	114
목동요(牧童謠)	88
무릉(武陵)	270
무릉소서탄(武陵燒書歎)	269
무석현(無錫縣)	153
무술(戊戌)	338
무술정변(戊戌政變)	339, 340
무제(武帝)	229

무진(武進) ·················· 234
무청후(武淸侯) ············ 312
무화(無花) ···················· 31
문신국(文信國) ············ 128
문왕(文王) ············ 306, 320
문종(文宗) ············ 321, 323
문징명(文徵明) ············ 273
문천상(文天祥) ······ 128, 138, 342
문화의성이동삼성별유밀약할여아, 각직성인사분분역쟁(聞和議成而東三省別有密約割與俄, 各直省人士紛紛力爭) ··· 346
미귀(米貴) ·················· 226
미산현(微山縣) ············ 232
밀운현(密雲縣) ············ 122

[ㅂ]

박랑(博浪) ·················· 376
박탁요(餺飥謠) ············ 252
발해(渤海) ·················· 156
발해만(渤海灣) ············ 336
방인곡(榜人曲) ············· 64
방탑(方塔) ···················· 47
백거이(白居易) ······ 187, 213, 225
백등산(白登山) ············ 139
번왕(藩王) ·················· 318
번우(番禺) ·················· 118

변경(汴京) ·················· 273
별노모(別老母) ············ 236
별치녀(別稚女) ············ 120
보리(甫里) ···················· 55
복건성(福建省) ············· 73
복왕(福王) ············ 31, 39, 49
봉랑(封狼) ·················· 360
봉래산(蓬萊山) ············ 358
봉래시(蓬萊市) ············ 156
부구공(浮丘公) ············ 182
부평토사편(浮萍免絲)篇 ······ 83
북경(北京) ··· 49, 55, 127, 136, 152, 305
북송(北宋) ··· 47, 138, 206, 229, 273
불매(不寐) ···················· 71
비가(悲歌) ···················· 42
비낙엽(悲落葉) ·············· 76
비평양(悲平壤) ············ 331

[ㅅ]

사고(謝翶) ············ 129, 137
사귀행(思歸行) ·············· 25
사기(史記) ············ 342, 376
사마상여(司馬相如) ········ 312
사마천(司馬遷) ············ 122
사신행(查愼行) ········ 23, 159
사자림(獅子林) ············ 320

사종(思宗)	196	석주(石砫)	371
사천성(四川省)	151, 182, 243, 304	선도산(仙都山)	139
사형악(私刑惡)	195	선성(宣城)	83, 92, 98, 298
산가(山歌)	328	선왕(宣王)	242, 308, 322
산구현(山口縣)	362	선제(宣帝)	228
산동(山東)	333, 336	선제(先帝)	321
산동성(山東省)	66, 76, 156, 170, 194, 232	선주(宣州)	298
산서성(山西省)	139, 176, 327	설서가(說書家)	54
산음(山陰)	137, 370	설인귀(薛仁貴)	200, 204
산해관(山海關)	204	설중지일(雪中至日)	138
삼도(三島)	373	섬서성(陝西省)	151, 168, 213, 235, 350
삼산(三山)	184	섭현(歙縣)	182
상구(商邱)	155	성당(盛唐)	26
상담(湘潭)	304	성령설(性靈說)	24
상덕시(常德市)	270	성사딩(盛斯唐)	37
상숙현(常熟縣)	31	성조(成祖)	128, 318
상원(上元)	276	성조(聖祖)	324
상주시(常州市)	298	성조(成祖)	68
상해(上海)	340	세완(稅完)	109
서방도(徐邦道)	336	세조(世祖)	137
서산(西山)	127, 318, 340	세종(世宗)	324
서왕모(西王母)	277, 299	소곤생(蘇崑生)	53
서태후(西太后)	344, 346, 354	소년행(少年行)	235
서호(西湖)	187	소동(小東)	333
서회(書懷)	218	소릉원(少陵原)	148
서흥(西興)	53	소산(蕭山)	114
석정(石井)	73	소순흠(蘇舜欽)	138

색인(索引) | 383

소식(蘇軾) … 20, 155, 220, 225, 244, 258, 376
소왕(昭王) …………………… 245
소유천원(小有天園) …………… 320
소주(蘇州) … 60, 116, 128, 138, 184, 247, 299
소창산(小倉山) ………………… 24
소흥(紹興) ………………… 137, 206
손권(孫權) …………………… 302
송강(松江) ……………………… 55
송락(宋犖) ………………… 23, 155
송릉(松陵) ……………………… 47
송옥(宋玉) …………………… 143
송완(宋琬) ………………… 22, 76
수녕현(遂寧縣) ……………… 243
수수(秀水) …………………… 127
순천(順天) …………………… 230
시시(柴市) …………………… 137
시윤장(施閏章) ………… 22, 76, 83
신국공(信國公) ………… 128, 129
신기질(辛棄疾) ……………… 338
신무(神武) ……………………… 55
신성(新城) …………………… 152
신종(神宗) ………… 99, 127, 195, 371
신주(神洲) …………………… 311
신포서(申包胥) ………… 356, 361
신회현(新會縣) ……………… 355
심기제(沈旣濟) ……………… 157

심덕잠(沈德潛) ………… 22, 177
심양(潯陽) …………………… 263
심운영(沈雲英) ……………… 371
심주(沈周) …………………… 273
십륙야설중도강(十六夜雪中渡江) … 245
십이월십오야(十二月十五夜) …… 217

[ㅇ]

아람선(兒纜船) ……………… 350
아미(峨嵋) …………………… 182
아미산(峨眉山) ……………… 182
아미현(娥眉縣) ……………… 182
아습립행(鴉拾粒行) ………… 159
아편전쟁(阿片戰爭) ………… 320
악후(岳侯) ……………………… 53
안란원(安瀾園) ……………… 320
안록산(安祿山) ………… 52, 213
안문관(雁門關) ……………… 139
안제(安帝) …………………… 353
안휘성(安徽省) … 48, 83, 92, 158, 182, 298
앙천(仰天) …………………… 337
애공(哀公) …………………… 361
애려순(哀旅順) ……………… 334
애장사마창수(哀張司馬蒼水) …… 69
애희(愛姬) …………………… 192
약야(若耶) …………………… 171

양계초(梁啓超) …18, 26, 339, 349, 354, 355
양곤륜(兩崑崙) ················· 354
양광(兩廣) ······················· 93
양귀비(楊貴妃) ················· 213
양영언(楊永言) ··················· 60
양유정(楊維楨) ················· 131
양임보(梁任父) ················· 339
양제(煬帝) ······················ 200
양주(揚州) …60, 98, 100, 107, 150, 194, 246
양호(陽湖) ······················ 222
어가(漁家) ······················ 194
어양(漁陽) ······················ 122
엄우(嚴羽) ·························· 21
여강남제자별(與江南諸子別) ········· 65
여대시(旅大市) ················· 335
여순(旅順) ······················ 335
여악(厲鶚) ················· 23, 185
여와(女媧) ······················ 252
여와씨(女媧氏) ················· 251
여왜(女娃) ······················ 340
여요(餘姚) ························ 69
연경(燕京) ························ 34
연관(燕關) ························ 60
연산(燕山) ························ 34
연왕(燕王) ······················ 318
연자(燕子) ························ 80
연자기(燕子磯) ················· 190

염제(炎帝) ······················ 340
영남(嶺南) ························ 93
영암산(靈巖山) ················· 116
영은사(靈隱寺) ················· 188
영은사월야(靈隱寺月夜) ········· 187
영해(嶺海) ························ 93
예맥행(刈麥行) ················· 177
오가기(吳嘉紀) ··················· 94
오강(烏江) ······················ 158
오강현(吳江縣) ··················· 47
오계자(吳季子) ··················· 45
오궁사(吳宮詞) ················· 116
오기(吳綺) ·························· 47
오대사(五代史) ················· 342
오시(吳市) ······················ 247
오언절구(五言絕句) ············· 162
오왕(吳王) ······················ 116
오위업(吳偉業) … 20, 23, 39, 115, 225
오자서(伍子胥) ················· 247
오조건(吳兆騫) ··················· 45
오하(吳下) ······················ 128
오현(吳縣) ······················ 320
오흥(吳興) ························ 47
오흥현(吳興縣) ················· 191
옥대생가(玉帶生歌) ············· 128
옥중잡시(獄中雜詩) ··············· 32
옥중제벽(獄中題壁) ············· 353

옥총호(玉葱湖) ‥‥‥‥‥‥‥‥‥‥ 92	우구우(遇舊友) ‥‥‥‥‥‥‥‥‥‥ 51
옥황(玉皇) ‥‥‥‥‥‥‥‥‥‥‥ 262	우수(牛首) ‥‥‥‥‥‥‥‥‥‥‥ 125
옥황상제(玉皇上帝) ‥‥‥‥‥‥‥ 262	우후(雨後) ‥‥‥‥‥‥‥‥‥‥‥ 160
온주(溫州) ‥‥‥‥‥‥‥‥‥‥‥ 137	운몽현(雲夢縣) ‥‥‥‥‥‥‥‥‥ 345
옹방강(翁方綱) ‥‥‥‥‥‥‥ 22, 230	운중(雲中) ‥‥‥‥‥‥‥‥‥‥‥ 139
옹리빙행(翁履冰行) ‥‥‥‥‥‥‥ 111	원굉도(袁宏道) ‥‥‥‥‥‥‥‥‥‥ 24
옹정(雍正) ‥‥‥‥‥‥‥‥‥ 320, 324	원매(袁枚) ‥‥‥‥‥‥‥‥‥ 24, 212
완대성(阮大鋮) ‥‥‥‥‥‥‥‥‥‥ 53	원명원사(圓明園詞) ‥‥‥‥‥‥‥ 304
완적(阮籍) ‥‥‥‥‥‥‥‥‥‥‥‥ 57	원호문(元好問) ‥‥‥‥‥‥‥‥‥ 225
왕개운(王闓運) ‥‥‥‥‥‥ 26, 27, 304	월야도강(月夜渡江) ‥‥‥‥‥‥‥ 183
왕니(王尼) ‥‥‥‥‥‥‥‥‥‥ 65, 66	월왕대(越王臺) ‥‥‥‥‥‥‥ 342, 343
왕부지(王夫之) ‥‥‥‥‥‥ 18, 21, 58	월조(月照) ‥‥‥‥‥‥‥‥‥‥‥ 357
왕사기(王士騏) ‥‥‥‥‥‥‥‥‥‥ 57	위여귀(衛汝貴) ‥‥‥‥‥‥‥‥‥ 333
왕사정(王士禎) ‥‥‥‥‥‥‥ 21, 141	위장현(圍場縣) ‥‥‥‥‥‥‥‥‥ 320
왕수운(汪水雲) ‥‥‥‥‥‥‥‥‥‥ 53	위해위(威海衛) ‥‥‥‥‥‥‥‥‥ 336
왕염오(王炎午) ‥‥‥‥‥‥‥‥‥ 129	유경정(柳敬亭) ‥‥‥‥‥‥‥ 54, 115
왕예(王睿) ‥‥‥‥‥‥‥‥‥‥‥ 110	유녀(幼女) ‥‥‥‥‥‥‥‥‥‥‥ 234
왕오(王五) ‥‥‥‥‥‥‥‥‥‥‥ 354	유몽매(柳夢梅) ‥‥‥‥‥‥‥‥‥‥ 74
왕원량(汪元量) ‥‥‥‥‥‥‥‥‥‥ 53	유비(劉備) ‥‥‥‥‥‥‥‥‥ 82, 220
왕유(王維) ‥‥‥‥‥‥‥‥‥‥‥‥ 75	유생(柳生) ‥‥‥‥‥‥‥‥‥‥‥ 115
왕유청(汪幼靑) ‥‥‥‥‥‥‥‥‥‥ 38	유안(劉安) ‥‥‥‥‥‥‥‥‥‥‥‥ 48
왕처중(王處仲) ‥‥‥‥‥‥‥‥‥ 338	유양(瀏陽) ‥‥‥‥‥‥‥‥‥‥‥ 349
왕헌지(王獻之) ‥‥‥‥‥‥‥‥‥ 145	유은(柳隱) ‥‥‥‥‥‥‥‥‥‥‥‥ 36
왕휘지(王徽之) ‥‥‥‥‥‥‥‥‥ 144	유현서중화죽정년백포대중승관(濰縣署
요녕성(遼寧省) ‥‥‥‥‥‥ 45, 204, 335	中畵竹呈年伯包大中丞括) ‥‥‥ 210
요양시(遼陽市) ‥‥‥‥‥‥‥‥‥ 204	육구몽(陸龜蒙) ‥‥‥‥‥‥‥‥‥‥ 55
요지(瑤池) ‥‥‥‥‥‥‥‥‥‥‥ 277	육권병간(鬻拳兵諫) ‥‥‥‥‥‥‥ 214

육유(陸游) ·················· 20, 23, 225	자성현(茨城縣) ····················· 362
윤회(輪廻) ··························· 343	자탄(自嘆) ··························· 54
율수현(溧水縣) ····················· 298	장강(長江) ····················· 60, 184
의춘원(宜春苑) ····················· 318	장검(張儉) ··························· 353
이가낭(李家娘) ····················· 106	장겸덕(張謙德) ······················ 36
이백(李白) ····················· 116, 224	장대(張岱) ··························· 115
이위(李偉) ····················· 319, 327	장락파(長樂坡) ····················· 148
이종(理宗) ··························· 136	장량(張良) ············· 49, 302, 376
이형(禰衡) ··························· 345	장릉(長陵) ···························· 68
이홍장(李鴻章) ····················· 346	장문도(張問陶) ················ 25, 243
익도(益都) ··························· 170	장사왕(長沙王) ····················· 345
인종(仁宗) ····················· 128, 320	장사전(蔣士銓) ······················ 26
인초고(人草稿) ····················· 249	장자(莊子) ··························· 301
인화(仁和) ··························· 248	장자문(蔣子文) ····················· 302
일인석정군색화즉용원운(日人石井君索和卽用原韻) ····················· 372	장주(長洲) ············· 165, 177, 362
	장택단(張擇端) ····················· 273
일전행증임무지(一錢行贈林茂之) ··· 97	장황언(張煌言) ·········· 42, 70, 71
임경희(林景熙) ····················· 137	재알효릉(再謁孝陵) ················ 67
임고도(林古度) ······················ 37	재제마외역(再題馬嵬驛) ········· 214
임공(任公) ··························· 339	적벽(赤壁) ····················· 219, 220
임술청명작(壬戌淸明作) ········· 123	적벽부(赤壁賦) ············· 220, 244
임안(臨安) ···························· 53	적벽전(赤壁戰) ····················· 220
	전겸익(錢謙益) ················ 20, 31
[ㅈ]	전당(錢塘) ······· 185, 210, 212, 320
	전당강(錢塘江) ······················ 53
자금성(紫禁城) ····················· 311	전대흔(錢大昕) ······················ 26
자려(自厲) ··························· 366	절강(浙江) ··························· 159

절강성(浙江省) ··· 69, 114, 127, 137, 171, 185, 191, 248, 370	좌보귀(左寶貴) ······················ 333
절새(絶塞) ······························· 45	주씨(朱氏) ···························· 192
정섭(鄭燮) ······················ 25, 194	주원장(朱元璋) ················ 67, 125
정성공(鄭成功) ·················· 42, 73	주이존(朱彝尊) ················· 22, 127
정위(精衛) ······························· 62	주자(朱子) ···························· 227
정이(程頤) ····························· 229	주중견엽견유감(舟中見獵犬有感) ··· 81
정자(程子) ····························· 227	주중입추(舟中立秋) ················· 92
정주(程朱) ····························· 229	주체(朱棣) ···························· 318
정진(鄭珍) ··················· 26, 27, 267	주희(朱熹) ···························· 229
정호(程顥) ····························· 229	중양절(重陽節) ······················· 33
정효서(鄭孝胥) ························ 26	중일갑오전쟁(中日甲午戰爭) ······· 333
제갈량(諸葛亮) ······················ 262	중화문(中華門) ······················· 55
제구실부청명하상도(題仇實父淸明河上圖) ······················· 273	증국번(曾國藩) ······················· 26
	증양임부동년(贈梁任父同年) ······ 339
제지감기(題芝龕記) ················ 370	증오계자(贈吳季子) ·················· 42
제화선(題畵扇) ······················ 117	증유생(贈柳生) ······················ 115
조맹부(趙孟頫) ······················ 129	지미수(志未酬) ······················ 363
조비(曹丕) ····························· 224	진강(鎭江) ····················· 184, 262
조설(阻雪) ······························ 50	진강시(鎭江市) ······················ 246
조우하(朝雨下) ························ 94	진강현(鎭江縣) ······················· 64
조익(趙翼) ······················· 23, 222	진량옥(秦良玉) ······················ 371
조조(曹操) ····················· 156, 220	진삼립(陳三立) ······················· 26
조집신(趙執信) ······················ 170	진시황(秦始皇) ······ 156, 321, 325, 376
조회익(趙懷益) ······················ 336	진운현(縉雲縣) ······················ 139
종남산(終南山) ······················ 148	진주(眞州) ······························ 65
종산(鐘山) ··············· 125, 286, 302	진회(秦淮) ······················· 38, 154
	진회잡시(秦淮雜詩) ················ 153

[ㅊ]

차윤(車胤) ····················· 172
착선행(捉船行) ················· 39
창랑정(滄浪亭) ················· 138
창려현(昌黎縣) ················· 156
창평(昌平) ····················· 128
창힐(蒼頡) ····················· 258
채미(采薇) ····················· 143
채상(柴桑) ····················· 263
천궐산(天闕山) ················· 125
천산(千山) ····················· 45
천총(天聰) ····················· 336
첨원(瞻園) ····················· 320
청강포(淸江浦) ················· 259
청일갑오전쟁(淸日甲午戰爭) ····· 336
청창노난성(聽唱牡丹亭) ·········· 73
초입검경토인개거현암초벽간연제상하, 여원노무이, 도지심측이작시시(初入黔境土人皆居懸岩峭壁間緣梯上下, 與猿猱無異, 睹之心惻而作是詩) ······ 161
촌사(村舍) ····················· 170
추근(秋瑾) ····················· 370
추등월왕대(秋登越王臺) ········· 341
추류(秋柳) ····················· 142
추림(秋霖) ····················· 96
추산(秋山) ····················· 58

춘일잡시(春日雜詩) ············· 216
춘한(春寒) ····················· 189
출도류별제공(出都留別諸公) ····· 343
침중기(枕中記) ················· 157

[ㅌ]

탕현조(湯顯祖) ················· 74
태백(太白) ····················· 235
태수(太守) ····················· 143
태조(太祖) ··················· 67, 125
태종(太宗) ············· 144, 205, 336
태주(泰州) ····················· 94
태창(太倉) ····················· 39
태창현(太倉縣) ················· 57
태평양우우(太平洋遇雨) ········· 368
태평천국(太平天國) ············· 320
태행산(太行山) ················· 176
태화산(太華山) ················· 148

[ㅍ]

팔공산(八公山) ················· 48
패교(灞橋) ····················· 148
패교기내(灞橋寄內) ············· 147
평성현(平城縣) ················· 139
풍몽룡(馮夢龍) ················· 330

[ㅎ]

하(河) ………………………………… 350
하남(河南) ………………………………… 155
하남성(河南省) ………………… 176, 376
하백(河伯) ………………………………… 113
하북성(河北省) … 34, 60, 122, 156, 157,
　　　　　　　176, 204, 245, 274, 320
하소기(何紹基) ……………………………… 26
하오명(何寤明) ……………………………… 37
한거독서(閒居讀書) ……………………… 222
한단(邯鄲) …………………………………… 157
한단시(邯鄲市) ……………………………… 274
한위(漢魏) …………………………………… 26
한유(韓愈) …………………………… 76, 225
한장갑(韓莊閘) …………………………… 232
함풍(咸豊) …………………………………… 20
항우(項羽) …………………………………… 158
항주(杭州) ………………… 53, 187, 254, 324
항청(抗淸) …………………………………… 71
해녕(海寧) ………………………… 159, 320
해상(海上) …………………………………… 61
해상잡시(海上雜詩) ……………………… 155
향산사(香山寺) …………………………… 127
현종(玄宗) …………………………… 52, 213
협객(俠客) ………………………………… 354
형화(螢火) ………………………………… 172

혜산하추류기과방(惠山下鄒流綺過訪)…153
혜제(惠帝) ………………………………… 318
호남(湖南) ………………………………… 371
호남성(湖南省) …… 270, 304, 349, 350
호루제벽(湖樓題壁) ……………………… 192
호북(湖北) …………………………………… 92
호북성(湖北省) ………… 220, 244, 345
홍두곡(紅豆曲) …………………………… 126
화성집도낙엽(和盛集陶落葉) ……… 36
화엄사(華嚴寺) ……………………………47
화의성(和議成) …………………………… 346
화조숙석정(花朝宿石井) ……………… 72
화현(和縣) ………………………………… 158
환가행(還家行) ……………………………… 25
환공(桓公) ………………………………… 301
환온(桓溫) ………………………………… 143
황강현(黃岡縣) ………………… 220, 244
황경인(黃景仁) ………………… 25, 234
황산(黃山) ………………………………… 182
황산송가(黃山松歌) ……………………… 179
황석공(黃石公) …………………………302
황우산(黃牛山) …………………………… 348
황우탄(黃牛灘) …………………………… 348
황정견(黃庭堅) ………………… 20, 26
황제(黃帝) ………………………………… 182
황종희(黃宗羲) ………… 18, 21, 58, 69
황주(黃州) ………………………………… 244

황준헌(黃遵憲) ············· 26, 27, 328
황패(黃覇) ················· 227, 228
황하(黃河). ········ 113, 260, 349, 350
황해(黃海) ······················ 335
황해주중일인색구병견일로전쟁지도(黃海
　舟中日人索句並見日露戰爭地圖)···373
회계현(會稽縣) ··················· 171
회남왕(淮南王) ················ 48, 49
회남자(淮南子) ··················· 258
회안현(淮安縣) ··················· 259
회음(淮陰) ······················· 48
회음시(淮陰市) ··················· 48

횡포(橫浦) ·················· 129, 135
효등도광절정(曉登韜光絶頂) ········ 185
효릉(孝陵) ······················· 67
후원거시(後園居詩) ··············· 227
휘종(徽宗) ······················ 206
흉노족(匈奴族) ··················· 106
흑룡강(黑龍江) ··················· 347
흠종(欽宗) ······················ 206
흥평현(興平縣) ··················· 213
흥화(興化) ······················ 194
희종(熹宗) ······················ 195

淸代詩選(청대시선)

初版 印刷 : 2006年 1月 10日
初版 發行 : 2006年 1月 16日

譯　者 : 金　學　主
發行者 : 金　東　求

發行處 : 明　文　堂
서울특별시 종로구 안국동 17~8
대체 010041-31-001194
Tel　(영) 733-3039, 734-4798
　　　(편) 733-4748
Fax　734-9209
Homepage　www.myungmundang.net
E-mail　mmdbook1@myungmundang.net
등록 1977.11.19. 제1~148호

• 낙장 및 파본은 교환해 드립니다.
• 불허복제

값 20,000원
ISBN 89-7270-801-1　03820

中國學 東洋思想文學
金學主 著書 代表選集

新完譯 **大學·中庸** 金學主 譯著 신국판 / 값 10,000원

新完譯 **老子** 金學主 譯著 신국판 / 값 10,000원

新完譯 **傳習錄** 金學主 譯著 신국판 양장 / 값 25,000원

新完譯 **近思錄** 金學主 譯著 신국판 양장 / 값 25,000원

개정증보판 **中國 古代의 歌舞戲** 金學主 著 신국판 양장 / 값 17,000원

중국고전희곡선 **元雜劇選** (사)한국출판인회의 이달의 책 선정도서(2000. 1·2월호) 金學主 編譯 신국판 양장 / 값 20,000원

修訂增補 **樂府詩選** 金學主 著 신국판 양장 / 값 15,000원

修訂新版 **漢代의 文人과 詩** 金學主 著 신국판 양장 / 값 15,000원

漢代의 文學과 賦 金學主 著 신국판 양장 / 값 15,000원

改訂增補 新譯 **陶淵明** 金學主 譯著 신국판 양장 / 값 12,000원

修訂增補 **墨子, 그 생애·사상과 墨家** 金學主 著 / 값 20,000원

徐花潭文集 金學主 譯著 신국판 양장 / 값 25,000원

詩經選 金學主 譯著 신국판 양장 / 값 20,000원

宋詩選 金學主 譯著 신국판 양장 / 값 25,000원

唐詩選 金學主 譯著 신국판 양장 / 값 25,000원

중국의 경전과 유학 金學主 著 신국판 양장 / 값 20,000원

中國古代文學史 金學主 著 신국판 양장 / 값 20,000원

改訂增補版 新完譯 **詩經** 金學主 譯著 신국판 / 값 18,000원

改訂增補版 新完譯 **書經** 金學主 譯著 신국판 / 값 15,000원

新完譯 **墨子**(上·下) 金學主 譯著 신국판 / 값 각 15,000원

新完譯 **孟子** 金學主 譯著 신국판 / 값 20,000원

明代詩選 金學主 譯著 신국판 양장 / 값 20,000원

중국 고대시에 관한 담론 金學主 著 신국판 양장 / 값 20,000원